学前教育科学研究

主　审　杭　梅
主　编　王　欣
副主编　徐　莉

东北师范大学出版社
长　春

图书在版编目（CIP）数据

学前教育科学研究/王欣主编. —长春：东北师范大学出版社，2014.7（2024.7 重印）

ISBN 978 - 7 - 5602 - 9693 - 7

Ⅰ. ①学… Ⅱ. ①王… Ⅲ. ①学前教育—教育科学科学研究—高等职业教育—教材 Ⅳ. ①G612

中国版本图书馆 CIP 数据核字（2014）第 139564 号

□责任编辑：贾 音 □封面设计：宣是设计
□责任校对：黄玉波 □责任印制：侯建军

东北师范大学出版社出版发行
长春净月经济开发区金宝街 118 号（邮政编码：130117）
电话：010－82893125
传真：010－82896571
网址：http：//www.nenup.com
东北师范大学出版社激光照排中心制版
长春市新颖印业有限责任公司印装
长春市清和街 23 号（邮政编码：130061）
2014 年 7 月第 1 版 2024 年 7 月第 1 版第 12 次印刷
幅面尺寸：185 mm×260 mm 印张：13.25 字数：248 千

定价：28.00 元

前　言

党的二十大报告提出，从现在起，中国共产党的中心任务就是团结带领全国各族人民全面建成社会主义现代化强国、实现第二个百年奋斗目标，以中国式现代化全面推进中华民族伟大复兴。

中国式现代化涵括经济、政治、文化、社会、生态等在内，是民富国强、政治民主、精神文明、社会和谐、生态美丽的全方位现代化。中国式现代化的"全面性"不仅体现在总体的国家现代化上，也体现在各个领域的现代化上，包括教育领域的现代化。党的二十大报告从"实施科教兴国战略，强化现代化建设人才支撑"的高度，对"办好人民满意的教育"作出专门部署，凸显了教育的基础性、先导性、全局性地位，为我们在新时代新征程中推动教育改革发展，办好人民满意的教育，建设教育强国，指明了方向、提供了根本遵循。

教育科学研究是教育事业的重要组成部分，对教育改革发展具有重要的支撑、驱动和引领作用。《幼儿园教师专业标准》（试行）中指出，幼儿教师应当能够运用观察、谈话、作品分析等方法，客观全面地了解和评价儿童。也就是说，当今社会所需要的幼儿教师不只是保教工作的践行者，还应当是具有一定科研能力和教研能力的专业人才。

本书以《幼儿园教师专业标准》和《3—6岁儿童学习与发展指南》为依据，结合幼儿师范学校学生的思维特点和学习方式来编写，突出内容的生动性、丰富性和全面性。具体来说，呈现以下特点：

第一，三全育人，立德树人。

教材编写坚持正确的政治方向和价值导向，注重立德树人、思政育人，注重培养学生的职业认同感及自豪感，将知识、能力和正确价值观的培养有机结合，将"课程思政"元素深植教材。

第二，内容丰富、全面。

科研方面，希望广大学生在迈进幼儿园工作岗位之前掌握文献的查阅方法，能够独立撰写文献综述，能够根据研究对象和研究内容，选择适当的研究方法，如教育观察、教育调查法、个案研究法、作品分析法等；教研方面，希望学生在学习本门课程之后，能够独立撰写教育案例、教学反思等。

第三，方便教师教学和学生学习。

教材中的每一章节都有对应的问题思考和拓展阅读，可以用在课堂教学现场进行探讨、分析，以帮助学生更好地理解学习内容；在每一种研究方法的后面，都有相应的文本，既有理论的讲解，又有优秀案例的拓展阅读，方便教师举例和学生阅读，这也构成了本书的一大特色。

第四，语言通俗易懂。

本书在编写过程中的一大宗旨是让学生能够读懂、喜欢读，在阅读的过程中能够有所收获，真正凸显教育科学研究这门课程的核心知识点和能力要求。

本书引用了国内外同仁的研究成果和相关文献，在此向作者表示感谢！书中的不足之处，还望广大读者批评指正。

编　者

目 录

第一编　学前教育科学研究概述

项目一　概　述

任务一　学前教育科学研究的概念与意义

一、学前教育科学研究的内涵

学前教育科学研究一词是本门课程的核心概念，以下将从研究、科学研究、学前教育科学研究三个层次来解释其含义。

（一）研究的概念

所谓研究，是指人们在一定理论的指导下，采用适宜的方法，按照一定的规范，以研究事物的本质属性和规律的活动。

（二）科学研究的概念

科学研究是指研究者在科学信仰的支持下，恰当地运用科学方法，有目的、有计划、系统地认识客观世界，探索客观真理，发现新事物、获取新知识的活动。是人类获取科学知识的主要途径。

（三）学前教育科学研究的概念

学前教育科学研究是指研究者有目的、有计划、系统地采用科学的研究方法，描述学前教育中的现象和问题，并预测、分析其走向和趋势，解释规律，进而有效推动学前教育教学改革、提升教育教学质量、促进幼儿身心全面协调发展的创造性活动。

【知识要点】学前教育研究：

1. 目的性、计划性明确：学前教育研究是一种有目的、有计划的认识活动。2. 能够揭示本质特征：学前教育研究能够发现问题并探索其规律。3. 目的在于提升教育质量：学前教育研究的最终目的是提升教育质量，指导教育实践。

【拓展阅读】

国内外经典的学前教育研究范例

知识链接：陈鹤琴简介

1. 陈鹤琴先生和他的学前教育研究

陈鹤琴先生一生从事开创性的学前教育研究与实践。1920 年长子陈一鸣出生后，陈鹤琴先生对其进行了持续的观察和实验研究，并用文字与照片做了记录，时间长达 808 天。陈鹤琴于 1923 年创办鼓楼幼儿园，作为儿童理论研究的实验园地。1925 年，他根据教学、研究、观察、实验中所积累的材料，写成《儿童心理之研究》（上、下册），由商务印书馆出版。其中第一章“照相中看一个儿童的发展”，发表了他的儿子陈一鸣从一个半月到两岁七个月的

生活照片共 86 幅，展示了婴儿的发展进程，引起读者极大的兴趣，这在当年可算是先进的研究方法。

2. 格塞尔和双生子爬梯实验

美国心理学家格塞尔曾经做过一个著名的实验：让一对同卵双胞胎练习爬楼梯。其中一个为实验对象（代号为 T），在他出生后的第 46 周开始练习，每天练习 10 分钟。另外一个（代号为 C）在出生后的第 53 周开始练习接受同样的训练。两个孩子都练习到他们满 54 周的时候，T 练了 8 周，C 只练了 2 周。但是，实验结果出人意料：只练了两周的 C 爬楼梯的水平比练了 8 周的 T 好，C 在 10 秒钟内爬上那特制的五级楼梯的最高层，T 则需要 20 秒钟才能完成。格塞尔分析说，其实 46 周就开始练习爬楼梯，为时尚早，孩子还没有做好成熟的准备，所以训练只能取得事倍功半的效果；53 周开始练习爬楼梯，这个时间就非常恰当了，因为孩子做好了成熟的准备，所以训练就能达到事半功倍的效果。

知识链接：格塞尔简介

【典型工作任务】请同学搜集国内外经典的学前教育研究案例，重点关注研究设计、研究得出的结论及其重要价值。

要求：可以 4—6 人为小组，进行资料收集和整理归纳。

二、学前教育科学研究的特点

学前教育科学研究除了具有一般教育科学研究的特点，如客观性、教育性、伦理性、实用性、可行性、准确性之外，还有其自身的特点：

（一）学前教育科学研究对象具有特殊性

学前教育的对象是幼儿，他们有着自己身心发展的特点。我国著名教育家陈鹤琴先生总结儿童心理发展具有七个特征：好奇、好模仿、好游戏、喜欢成功、喜欢野外生活、喜欢被称赞、喜欢合群。因此，进行学前教育研究要考虑幼儿的身心发展特点。

知识链接：陈鹤琴家庭教育孩子心理的七个特征

【拓展阅读】

单向玻璃在学前教育研究中的运用

幼儿心理发展的特点决定了其在被观察的时候，容易表现出和平日不一样的行为举止。因此，为有效地避免成人对幼儿进行观察研究时的干扰影响，幼儿活动观察室中一般会设置单向玻璃或者可旋转的摄像头，以便在自然状态下对幼儿进行观察和记录。

（二）学前教育科学研究与教师专业发展密切相关

20 世纪 60 年代，英国学校委员会和拉菲尔德基金会为培养青年学生对人文课程的兴趣和爱好，联合发起了“人文课程研究”运动。斯腾豪斯作为这个中心的负责人，在这次运动中首次提出了“教师即研究者”概念，要求把教师的教学和研究结合起来，力图改变教师在课程、教学和学习中的原有定位。

知识链接：斯腾豪斯

作为一名幼儿教师，既要成为幼儿学习过程的支持者、合作者和引导者，又要成为专业领域的研究者。在幼儿园的一日生活中，教师如果能由点滴事件发现问题、研究问题、解决问题，成为行动的主人，进行创造性的工作和学习，将会获得大幅度的专业提升与发展。

【拓展阅读】

相关法律、法规中对幼儿教师进行学前教育研究的具体要求：

知识链接：幼儿园教师专业标准

《教师法》第七条 教师享有下列权利：（一）进行教育教学活动，开展教育教学改革和实验；（二）从事科学研究、学术交流，参加专业的学术团体，在学术活动中充分发表意见。

《幼儿园教师专业标准》中提出对教师的基本要求是：幼儿为本、师德为先、能力为重和终身学习。其中，能力为重要求教师能够把学前教育理论与保教实践相结合，突出保教实践能力；研究幼儿，遵循幼儿成长规律，提升保教工作专业化水平；坚持实践、反思、再实践、再反思，不断提高专业能力。

（三）学前教育科学研究是一种生成式的研究

幼儿教师所进行的学前教育科学研究是扎根于实践的研究，是从自身工作出发、为解决实际问题而进行的研究，这要求幼儿教师能够具有相当的敏感度和反思能力，善于发散思维，多角度思考问题；敢于质疑，不断提出新问题，尝试新挑战。

三、学前教育科学研究的意义

（一）学前教育科学研究是社会发展、教育改革进步的客观要求

随着社会的进步和时代的发展，学前教育受到前所未有的重视与关注，世界各国都把学前教育放在了极其重要的位置，如何保证教育公平、提升教育质量被提上研究日程。学前教育科学研究能够从根源上促进教育理论的发展，因此它是学前教育实践改革的重要动力。

2001 年我国进行了基础教育改革，依据专家、学者及众多一线教师的学前教育研究成果，颁布了《幼儿园教育指导纲要（试行）》。《纲要》总结了近年来我国学前教育改革的经验，在充分吸纳世界范围内早期教育优秀思想和研究成果的基础上，立足于我国学前教育改革的现实状况。它的颁布标志着学前教育的课程改革已经与整个基础教育课程改革同步启动，同时也充分说明学前教育的发展和对学前教育研究的重视程度，与社会的发展紧密相关。

2010 年，国务院又下发了《关于当前发展学前教育的若干意见》，提出了加快推进学前教育发展的“国十条”举措，将学前教育的发展放在了举足轻重的位置。这足以说明，社会发展越迅速，教育变革的要求越强烈，教育科学研究的重要性越能够得到凸显。

（二）学前教育科学研究是提升教育质量、促进儿童健康成长的必要条件

学前教育科学研究能够总结行动过程中的得失，让教师能够进一步了解幼儿的发展、评价教育的适宜性，最终提升教育质量、促进儿童健康成长。真正优秀的幼儿教师一定是热爱儿童、热爱教育的教师，一定是渴望汲取有益教育经验和方法，同时也乐于将自身的经验和成果汇集成文，与同行交流分享的教师。如果每一位教师都成为研究型教师，我们的教育方法将会更加有效，教育内容将会不断改进和充实，教育效果也将会更加积极与显著。

（三）学前教育科学研究是教师专业发展、素养提升的有效途径

学前教育科学研究的受益者不仅是幼儿、家长、社会，还有教师自身。观察、评

价、研究能力已经成为一名合格幼儿教师应当具备的专业能力之一。换句话说，研究能力决定了幼儿教师视野的广度与宽度。学前教育研究与在职培训、活动观摩等形式共同构成教师专业发展和素质提升的重要途径。

任务二　学前教育科学研究的基本原则与步骤

一、学前教育科学研究的基本原则

（一）客观性原则

在研究中，研究者必须尊重客观现实，反应客观现实，实事求是，一切以客观现实为基准。首先，研究资料的获得应来源于研究对象的真实情况，不能主观臆测。其次，研究方法的运用应科学规范，收集资料和分析资料应客观，不轻率地下结论。最后，可使用不同研究资料、研究人员、研究理论和研究方法来对同一个研究问题进行分析，进行“三角校正”。

（二）系统性原则

系统性原则是指在研究中一方面要有中心概念和可以为实证性材料检验的命题，另一方面还要有能够将这些分离的命题联系起来的理论结构，以便使各项研究成果逐渐积累成为一个体系，从而获得对研究对象的整体认识。

（三）操作性原则

在所有研究中，所研究的变量和条件必须有可供操作的定义。操作性定义需要依据概念的抽象定义，使操作性定义符合抽象定义的实际含义，并能够说明抽象定义。因此，所依据的抽象定义必须是合适的，被他人普遍承认的。只有合适的操作性定义才有可能被人们承认，才有可能被再次使用以得到验证。所以操作性定义有利于读者判断并了解研究的具体内容和过程。

（四）创新性原则

学前教育科学研究彤其他科学研究一样，要探索未知的现象和问题。科学研究的价值在于创新，这就要求研究者应全面了解相关领域的已有研究成果，把握研究动态，站在所要研究的领域前沿；同时还应注意应从新角度、新内容、新方法、跨学科等方面开展研究。

二、学前教育科学研究的基本步骤

在学前教育研究过程中，由于研究目标、研究内容等的不同，研究者可以采取的研究方法也不尽相同，但一般来说，都要遵循以下步骤：

选择课题→查阅文献→制订研究计划→收集、整理和分析资料→呈现研究结果

（一）选择课题

课题的选择是进行学前教育科学研究的起点，是确定研究目的和研究内容的前提，也是研究过程的方向盘和指南针。一般来说，课题的选择源于“疑惑”和“问题”，是

一个从抽象到具体，思路逐渐清晰的过程。

【知识要点】 学前教育研究课题选择应遵循以下基本原则：

1. 新颖性；2. 价值性；3. 科学性；4. 可行性。

作为幼儿园教师或者学前教育专业的学生，应当选择小而具体的问题作为研究课题。课题的选择主要来源于以下两个方面：

1. 从教育实践中发现问题

幼儿园教师以自身工作为着眼点，在教育实践中积极观察和思考，将工作中的成功、困惑等作为焦点，进行深入探究。例如：有的幼儿园男教师以自身为研究对象，探讨幼儿园男教师稀缺的原因、男教师的入职准备、男女教师在教育中的差异点、男性教师在幼儿体育活动中的优势等。

2. 从理论学习中发现问题

理论与实践密不可分。为了保证教育实践的与时俱进，幼儿园教师和学前教育专业的学生都必须广泛涉猎专业书籍，了解世界范围内的最新专业研究动向。在这个过程中，对相关理论和研究进行思考，提出新的研究方向和问题，或发现现有研究中尚未涉及的领域和需要注意的问题，也能够形成研究课题。

无论从教育实践还是理论学习中选择课题，都应遵循“新颖性”、“价值性”、“科学性”和“可行性”这四个原则。新颖性要求课题对以往的研究有一定的突破和创新；价值性要求课题应立足于解决一些理论或现实问题；科学性要求课题研究应符合一定的规范，研究问题应清楚明确，研究方法应恰当合理；可行性要求研究者应具备可以完成课题的主观和客观条件。

【拓展阅读】

研究者在确定研究选题“幼儿教师育儿焦虑的现状及对策研究”过程中，经历了以下几个阶段：

（一）由生活中的所见所闻引发问题

“作为一名女性，如果你所有的生活都是围绕自己的孩子，或者因孩子可能或者已经遇到的各种问题而经常处于高度紧张状态，时常感到不安但又束手无策，那就很可能成为育儿焦虑症群体的一员。”这句话总结了三联生活周刊 2011 年第 23 期文章的大致观点。文章题目是：育儿焦虑症——为了孩子的资源争夺。该篇文章一针见血地指出了许多母亲在育儿过程中育儿焦虑的表现，介绍了一些国外最新研究的数据和动向，揭示了育儿焦虑的普遍性和作为年轻一代父母的无奈之感。

知识链接：育儿焦虑症

在人们的心目中，幼儿教师是育儿的专家，是教育孩子的能手，专业知识的学习和日常经验的积累让其在养育自己子女的时候游刃有余，实则不然。笔者在与幼儿教师进行深入交谈后发现：不少幼儿教师认为，工作中的集体教育和家庭中的个别教育不完全相同，而在作为一名母亲，面对自己孩子的时候，也会感到压力、焦虑和迷茫，也会感到和一般父母一样的疑惑和矛盾。自此，心里便生成了一个个疑团，育儿焦虑也蔓延到了幼儿教师这个特殊的群体，看似得天独厚的优势并没有让他们在养育自己的子女时感到轻松。到底什么样的原因造成这样的结果？如何让幼儿教师的工作和家庭真正相得益彰？种种的不解和疑惑催生了本研究最初的动力和方向。

（二）查阅相关理论和文献

经反复推敲，以及对相关理论和研究进行的搜索和整理，笔者发现育儿焦虑确实已经被世界范围内的临床医学家、心理学家和教育界的学者所关注。国外的大量研究认为，家庭子女数量的减少是导

致育儿焦虑这一社会现象的主要因素。国内的学者也对父母的育儿焦虑现象进行了研究和探讨。目前，对幼儿教师的关注多集中在其职业发展上，与心理健康相关联的主观幸福感、职业倦怠感等也都是围绕教师工作过程中的心理状态进行的研究；南京师范大学刘芸的硕士论文《养育事件对幼儿教师专业成长的影响》以家庭为切入点，研究了家庭育儿对于幼儿园工作的影响，皇甫敏华的硕士论文《幼儿教师职业对于家庭养育的影响》又从其对立的角度，通过质的研究来探究幼儿教师职业对于家庭育儿的影响，这两个研究视角给了研究者莫大的启发。

（三）确定选题

笔者认为，研究幼儿教师的育儿焦虑现象和对策，对于提升其心理健康、家庭生活质量有着重大意义；如果能够找到家庭育儿和幼儿园工作的结合点，则既能提升其家庭生活的质量，也能为幼儿园教师的职业发展带来益处，这样的研究具有一定的现实意义。因此本研究最终聚焦于幼儿教师的育儿焦虑现象。

【典型工作任务】请同学们回想在幼儿园实习或见习的经历，想一想有没有对某个现象的疑惑和思考。

要求：可作为课堂练习、导入或者课后作业。

实用知识：文献检索的方法与途径等

（二）查阅文献

文献，是指具有历史意义的、比较重要的书面材料。广义的文献指记录有知识的一切载体。而依据国际定义，文献乃指一切情报的载体。学前教育研究的整个过程中，包括确定研究主题、制订研究计划、实施研究，都应查阅与研究主题相关的文献资料，以了解国内外相同问题的研究现状和未来发展趋势。

查阅文献可以使得研究选题更加明确，避免不必要的重复，保证研究过程和结果更有价值；通过看文献，也可解释研究者的疑惑和问题，节省大量的时间和精力，为最终确定选题和制订研究计划做好最充分的准备。可以说，文献查阅能够让研究者“站在巨人的肩膀上眺望世界”。

【拓展阅读】

在撰写《幼儿教师育儿焦虑的现状及对策研究》论文过程中，研究者围绕研究主题，从以下几个问题着手查阅了国内外的相关文献：

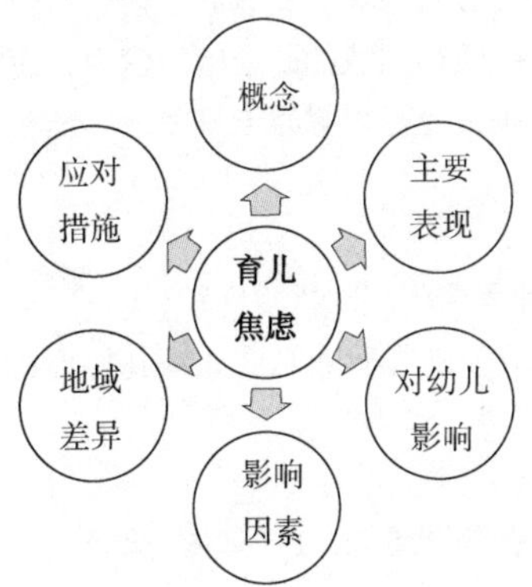

【典型工作任务】文献查阅环节是否一定要进行？可否省略？

要求：教师可以在课堂上请学生针对该问题展开讨论，以加强对文献查阅意义的理解。

（三）制订研究计划

研究计划是在确定研究选题、进行文献查阅的基础上，对整个研究的全面规划和部署。研究计划主要包括：确定研究题目，明确研究目的和意义，选择研究内容和方法，制订研究过程的总体时间安排等。在实际研究过程中，有时会出现一些变动或对计划的适当调整，但总体来说，应当尽量按照计划安排实施研究。

【拓展阅读】

论文《幼儿教师育儿焦虑的现状及对策研究》的研究计划如下：

一、概念界定（研究题目说明）

（一）焦虑（二）育儿焦虑（三）幼儿教师

二、研究目的

本研究拟通过对上海、昆明两地子女年龄在 3—6 岁的 140 名幼儿教师和其他职业家长进行问卷调查，了解、比较目前有 3—6 岁孩子的幼儿教师与一般家长的育儿焦虑程度，并从时间、地域、教养人等方面探求影响幼儿教师育儿焦虑水平的因素，分析导致焦虑的根源；而后通过问卷调查了解幼儿教师职业对其育儿焦虑所产生的影响，深入分析其原因，并探索解决措施，以帮助幼儿教师减轻育儿焦虑程度，找出其职业和家庭生活的结合点，促进其心理健康发展。

三、研究意义

（一）理论意义

从育儿焦虑的角度出发，本研究能够丰富关于特定群体育儿焦虑的研究和幼儿教师心理健康的相关研究。

从幼儿教师的角度出发，本研究把关注点从教师职业发展转移到家庭教育，丰富了幼儿教师职业家庭生活关系的研究。

（二）实践意义

幼儿教师的素质一直都是决定幼儿教育质量的关键所在，而目前社会上屡见不鲜的虐儿事件，很多源自于幼儿教师情绪和心理健康问题，这些问题又可以追溯到其家庭生活和个人生活中的压力和焦虑。

本研究旨在启发人们对幼儿教师的心理健康和家庭生活质量有更深刻的认识和了解，帮助幼儿园教师减少家庭生活焦虑源，寻找家庭育儿和教师职业的契合点，使得幼儿教师职业真正成为其家庭育儿的优势所在，也使得家庭育儿的相关经验能够促进其专业成长和发展，进而提升幼儿教师的心理健康水平和生活工作质量。

四、研究内容

（一）幼儿教师与一般家长育儿焦虑的现状水平比较；（二）影响幼儿教师育儿焦虑度的相关因素分析（时间、地域、教养人等）；（三）幼儿教师职业对育儿焦虑的影响分析；（四）从社会、组织和个人三个方面探索减轻幼儿教师育儿焦虑的对策。

五、研究方法

本研究主要采用问卷调查法和访谈调查法。（具体内容略）

（四）收集、整理和分析资料

收集资料的过程也就是进行研究的过程，要做到客观、真实、规范。一定要按照研究计划进行，力求全面、准确地获取信息。

收集资料的过程需要运用相关的方法，如：观察法、问卷调查法、访谈调查法、个案研究法、行动研究法等，这些具体的研究方法在教材的后面几章中将会逐一进行介绍。

整理、分析资料是对收集来的数据进行加工的过程，应当对数据进行分类、总结，并运用统计原理等进行归纳分析，以便揭示其内在规律，进一步指导教育教学实践的开展。

（五）呈现研究结果

呈现研究结果，一般是指将研究过程及结果以文本形式呈现的过程，具体的表现形式多种多样，有调查报告、观察记录、实验报告、学术论文、教材等。根据研究方法的不同，呈现形式也略有差异。

在本门课程的教学过程中，将针对每一种研究方法给出符合一般要求的研究结果文本呈现范例。

【典型工作任务】请同学们在图书馆的专业期刊中搜索一篇完整的论文，再次感受教育研究的一般过程，巩固所学知识。

要求：教师每节课请一位同学做课前演讲，就自己所查找到的优秀的文献实例进行分析、分享。

任务三　幼儿教师应具备的科研素养与能力

苏联著名教育家苏霍姆林斯基曾说过：如果你想让教师的劳动能给教师带来乐趣，使天天上课不至于成为一种单调乏味的义务，那你就应引导每一位教师走上从事研究这条幸福的道路上来。

今天，课程改革的推进也呼唤教师角色从传统的知识传授者向教育教学的研究者转变，提高科研素养、培养科研能力已成为幼儿教师专业化发展的需求。作为一名合格的幼儿教师，应具有以下科研素养与能力：

一、具有研究意识，做好反思工作

人的每一个外显的行为都能够折射出背后隐含的一些观点和理念。作为一名学前教育专业的学生，首先应当树立正确的研究意识，然后才能在未来的工作实践岗位上不断成长进步。所谓的研究意识，包含两个要点：一是要敢于发现问题；二是要善于发现问题，保持对问题的敏感度。

敢于发现问题，是指在日复一日的工作和学习中，虽然从前人那里和教科书中我们会获得许多知识，但是这些看似平常、正确的信息也有可能不够科学、合理，或者并不能很好地顺应幼儿发展的需要、达到理想的教育效果。这时，我们要勇敢地提出质疑，并对此进行深入研究，以探索更好的教育方式和方法。敢于发现问题也要求我们树立这

样的理念：做研究并不是高校教师和专家学者的专利，每一位幼儿教师都可以也应当成为一名研究者。

善于发现问题，是指许多经典的研究问题来源于对教育细节的反思。习惯反思的人能够发现问题、提出问题，不经常反思的人则只会重复错误、按部就班地进行每天的工作。善于发现问题的前提是我们必须养成反思的习惯和能力，这样才能够提升工作效率，提高教育质量，让更多的幼儿真正受益。

【拓展阅读】

辽宁省大连市金州新区教育科学研究院

思想决定行为，关于什么是教育科研，你怎么看待教育科研，对教科研教师的认识大致有三种：一是把教科研神秘化、专业化，认为教科研是专家的事。二是把教科研与教育教学等同。行动研究，就是教育教学工作本身，教科研被行动取代，往往只有行动没有研究。三是把教科研形式化、庸俗化。认为教科研就是写文章，摆花架子；就是电视里有影，电台里有声，报纸上有名。调查表明：教科研工作的广度和力度还不够，教师的教科研知识还很模糊，欠缺正确的认识。大量的教科研实践表明：教育科学研究是提高教师素质的主要途径，科研能力是 21 世纪教师必备的能力。教师的科研意识尤其是思想意识将直接影响着教师的科研行为，制约着教师科研素质的提高和能力的形成。

二、打牢知识基础，寻找现象背后的道理

在教育实习过程中，很多学前专业的同学都会有这样的想法，认为学校学习的理论知识与教育实践联系不大，或者不太能够从日常现象中挖掘其背后的教育原理，更不用说提出问题、进行研究了。这主要是由于我们在学习知识的过程中没有深入进行思考，只是简单地背诵一些知识点，并没有真正了解现象背后所隐含的教育信息。

那么，如何了解现象背后所隐含的教育信息呢？首先，要打牢专业知识基础，在学习知识的时候多问几个“为什么”，养成追根溯源的好习惯。其次，深入的思考不仅能够帮助我们很好地记忆、掌握相关知识，而且能够使我们在今后的工作中更好地将理论联系于实际，更善于寻找现象背后的原理，久而久之就能够发现问题了。

案例与分析

一位师范学校学前教育专业教师的教学随笔：课堂有小鸟飞过怎么办？

有一天，在上课前问学生一周教育实习的收获，男生 C 迫不及待地站起来，问我：“老师，我在实习过程中遇到一个问题，你能告诉我怎么解决吗？我在组织活动的时候，一只小鸟飞在窗前，小朋友们根本不看我了，全都看小鸟了，我怎么才能不让他们看小鸟啊？”

知识链接：无意注意

我观察了一下周围，看到男生们纷纷议论，有几个学生也提出了自己的观点，这时，我先请学生回答，然后跟大家一起分析这个问题，用心理学中“无意注意”的相关知识启发大家，最后师生共同得出结论：我们不可能不让幼儿去看小鸟，因为无意注意不受主观控制，只能尽快想办法，转移幼儿注意，或者以此为契机，设计相关活动。

以上案例说明，在日常学习和工作中，我们应当注意思考，探索理论与实践的联系。同时，要树立这样一个理念：学校所学习的教育学、心理学和其他课程的理论知识，对实际的教育教学绝对是有价值的，而其价值的大小取决于理论联系实际的能力和对问题的敏感度。

三、掌握教育研究方法和规范要求

工欲善其事必先利其器，掌握基本的教育研究方法和教育研究的规范及要求，也是进行教育研究的一项不可或缺的能力。因此，在学生时代，我们应当充分重视毕业论文的撰写和教育研究方法的学习，掌握不同方法的特点，能够根据研究内容和研究对象的特点选择一到两种适宜的方法进行研究，最大范围地获取研究资料和信息。同时，还应当充分了解教育研究的规范和要求，例如引用他人文献信息的权限、如何查阅文献，撰写教育研究文本的格式要求等，为未来在工作中开展学前教育研究打下扎实的基础。

四、树立严谨的态度，努力探求真知

随着教改的发展，今天，做一名研究型教师已成为一种必然的专业发展趋势，越来越多的幼儿园开始将研究能力作为评价教师专业发展的重要内容之一。由此，也带来一些问题，例如一些幼儿教师在进行教育研究时片面追求形式和结果，主要表现为为了研究而研究，有的则为了追求论文数量和形式，拼凑研究过程和结果等。作为一名准幼儿教师，我们在学生时代就应当树立坚定的信念：务要树立严谨的研究态度，努力通过研究探求真知。

首先，在确定研究课题时，应当反复进行推敲，并通过查阅文献等方式探求研究的意义和价值。其次，研究方法的选择应当符合现实需要，不要一味追求数量和新奇，而应将研究目的放在首位。再次，在实施研究、收集资料的过程中，应做到严谨、客观；分析整理数据时应注意归纳、类比，用通俗易懂的方式呈现研究结果，切忌生拼硬凑、不合实际。

教育研究是一门学问，也是一门艺术。我们应当拥有一份执着精神，不断探索、勇于创新，最终获得真知，做一名研究型的幼儿教师。

【典型工作任务】下列幼儿园教师常见工作中哪些属于教育科学研究的范畴？请把它们勾选出来。

☞指导区域游戏　　☞写观察记录　　☞备课

☞参加教研会　　☞读论文　　☞做环创

第二编　学前教育科学研究方法

项目二　文献研究法

任务一　文献研究法概述

文献研究也称资料研究，是指对文献资料的查阅、整理、分析和研究的一种科学研究方法。

一、文献的定义

所谓文献，是指已发表过的或虽未发表但已被整理、报道过的具有历史价值和研究价值的记录有知识的一切载体，包括以文字、图形、符号、声音、图像等加以呈现的书籍、期刊、研究报告、手稿、录音、摄像等。

二、文献的类型

文献的类型可以从多个角度进行划分：

（一）根据承载文献的载体分为

1. 纸质文献

即以纸张为媒介，用文字、符号、图形或代码等来记录、保存信息的文献。教育类的纸质文献主要有：（1）书籍。包括专著、教科书、手册、资料性工具书等。（2）报刊。包括报纸、期刊。（3）档案资料。包括会议报告、研究论文集、教育年鉴、教育法令集等。

2. 音像文献

即以音频、视频为媒介，记录、保存、传递信息的文献。主要有胶片、唱片、电影、电视、幻灯片、录音、录像等。

3. 机读文献

即以光盘、磁盘为媒介，记录、保存、传递信息的文献。

【知识要点】

1. 随着级别的增加，文献的原始性和可靠程度降低了，但便利性增加了。2. 对研究工作来说，零次文献和一次文献是最重要的第一手材料，我们可以通过二次文献和三次文献提供的线索进行获取。

（二）根据文献内容的加工程度和可靠性程度分为

1. 零次文献

指某些事件、行为、活动的当事人记录的未经加工、整理的第一手资料，如书信、草稿、教育日志、会议记录、备忘录、笔记等。

2. 一次文献

也称一级文献。是作者以本人的科学研究成果为基础撰写的第一手文献资料，如专著、论文、研究报告等，对研究工作有很大的价值。

这类文献既具有原始性，又具有创造性，有人把它称作“离事实最近的文献”。

3. 二次文献

也称二级文献。指在一次文献基础上，经过加工、整理、提炼、压缩而形成的系统化、条理化的文献资料。如索引、书目、文摘等。

二次文献具有报告性、汇编性和简明性的特点，是重要的检索工具，可以帮助我们快速找到自己所需的研究资料。

4. 三次文献

也称三级文献。是在二级文献基础上对一级文献进行分类、整理、加工而成的带有个人观点的文献资料。如研究动态、研究综述、专题述评、进展报告、年鉴、数据手册等。

这类文献信息量大、覆盖面广，既具有综合性，又具有参考性。

（三）根据文献的形式分为

1. 文字文献

即以文字形式记载的文献，包括文字书籍、报刊、档案材料等。

2. 非文字文献

一类为造型艺术作品，如绘画、版画、雕塑等；另一类为音频、视频文献，如电影、电视、录音、录像、幻灯片、照片等。

三、文献研究的意义与作用

对文献资料的研究既可以作为一种独立的研究方法加以使用，也可以作为任何教育科学研究工作的一部分，在研究的准备阶段和进行过程中加以运用。

前者是研究者通过逻辑分析、理论概括的方法去透视文献资料，力图把握其本质、揭示教育现象的发展规律。需要指出的是，在这样的研究过程中应该持一种“扬弃”的态度，对文献资料进行鉴别、比较和分析，并通过重新组合寻找新的联系，以发现规律、提出新的观点或创造新的理论。“推陈出新”是这种研究的真正价值所在。

后者则是为当前研究提供前人的研究信息和参考内容。通过了解他人的研究趋向和成果，既可以帮助我们界定研究问题、确立研究课题，也可以帮助我们拓展研究思路，为当前研究找到创新的突破口，同时避免无意义的重复劳动。此外，通过研究文献资料，我们也可以学习、借鉴他人的研究方法和设计，有助于我们克服困难、少走弯路，提高自身的研究能力。

一般来说，文献研究有以下几点重要意义：

1. 帮助研究者确定研究问题，界定问题范围；
2. 帮助研究者探寻新的研究空间，寻找新的研究思路；
3. 学习新的研究方法，寻找新的理论支持。

任务二　查阅文献的原则、方法和步骤

一、查阅文献的原则

1. 广泛全面原则

作为研究过程最初步骤的查阅文献，为后面的整个研究工作打下了重要基础。只有广泛阅读、拓宽视野（包括收集不同观点的材料），才可能全面深入地考虑问题，也才不致偏听偏信。

2. 由近及远原则

由于越近的信息越能反映最近的研究成果与进展，对先前研究成果的信息包含量也最大，因此查阅已发表或存在的文献时，应从最靠近当前的时间开始，倒推着由近及远地进行查找。

3. 去伪存真原则

为了保证研究资料的准确、可靠性，应尽量查找、收集第一手资料（零次文献和一次文献），不能为了图简便而只依赖二手资料，也不能根据个人喜好有失偏颇地收集特定文献。

4. 善于思考原则

查阅文献的过程不是一个简单的机械操作过程，研究者只有时时联系自己的研究问题、牢记自己的研究目的和任务，不断分析、思考和筛选重要的、有价值的相关信息，才能在收集资料的过程中敏感地发现新问题，找到自己研究的生长点和突破口。

【知识要点】

1. 衡量文献数量是否足够的标准

看与研究内容有关的各方面文献信息是否均已收集完全。当所获信息趋于稳定时，就可停止查找。

2. 避免文献失实的方法

应对收集到的资料进行去伪存真的分析，避免不加推敲地对收集到的资料生吞活剥、主观臆测、以讹传讹。

二、查阅文献的方法

（一）检索法

指利用检索工具，由近及远、先国内后国外、先查原始文献后查二手文献地进行查找。

（二）回溯法

这是一种针对性强、效率高的查找方法，指根据相关文章后面所附的参考文献，顺藤摸瓜地查找其他有关文献。在检索工具不齐全，对课题不熟悉或不需要做深入研究的情况下可以使用这种方法，但要注意查阅权威性的标准参考源。

（三）循环查找法

在查阅条件有限的情况下，可利用现有工具书查出某一段时间内的一批文献，再利用回溯法查出缺少资料时段的文献。

（四）即期积累法

经常阅读现刊，平时注意积累有关信息，以使自己的研究处于前沿。

【知识要点】主要检索工具包括：

1. 目录：它是使用最广泛的检索工具。

2. 索引：具有检索意义的摘录或注释信息，在书后所附或单独成册。

3. 文摘：对文献内容进行简明、扼要介绍，摘录或描述的文献摘要。

4. 参考工具书：包括字典、词典（辞典）、百科全书、统计资料、年鉴、手册、大事记、传记等。

【典型工作任务】每周利用课余时间（如一个中午），到图书阅览室去查阅学前教育专业期刊，并且日常注意从报刊上收集有关信息，用即期积累法查阅、积累文献资料。

要求：经过一段时间后请同学们将自己收集到的学前教育前沿信息汇集起来，进行全班或组内分享，也可办成一份专业小报进行展示。

三、查阅文献的步骤

（一）确定关键问题

1. 分析研究问题，明确研究主题。

2. 确定查找的学科领域。

教育类的研究一般涉及的学科领域有教育学、心理学、社会学、哲学、历史学、经济学等。

3. 确定查找资料的时间范围和语种。

4. 寻找相关的查找线索，以便扩大查阅范围。

（二）进行文献查找

在具体的研究过程中，几种查阅文献的方法往往是混合使用的。

（三）整理筛选资料

先对收集到的资料按内容或重要程度进行分类、排序，然后仔细阅读，剔除无关材料、假材料、重复材料，保留全面、完整、深刻、正确阐明所要研究的问题的有关材料和含有新观点、新方法的材料。

（四）仔细阅读材料，缩小有用文献的范围

阅读文献的方法主要有：浏览（翻阅）、通读、精读。一般几种方法结合使用。

（五）对复杂的或重要的文献进行摘录或总结

（六）按参考文献的要求，准备一份完整的文献目录

（七）撰写文献综述

综合查阅、筛选出的有用文献资料，撰写文献综述。这部分内容将在本项目任务四做详细介绍。

以上所说的几个步骤不是按照一成不变的顺序僵硬执行的，而是可以根据具体情况做出灵活调整。比如通过查阅、整理、分析文献资料，可能发现自己需要修改原先的研究方向，或是发现缺少重要的与研究问题直接相关的资料，这时就需要重新返回到开头进行查找。

四、通过计算机查找文献资料

随着网络技术的发展和计算机的普及使用，今天的人们已经能够运用更为便捷的方式查找所需的信息资料。与传统手工查找方法相比，计算机查找具有方便快捷，查找范围大、效率高的优点。

（一）利用数字图书馆进行查找

目前我国很多院校都已建成自己的数字图书馆，读者在学校的电子阅览室中就可浏览该院校所购买的国内外数字资源。下面以某一所大学的数字图书馆为例，介绍利用数字图书馆查找资料的方法，基本步骤如下：

1. 进入院校的数字图书馆主页面图（图 1），从中文电子资源中选择想使用的电子信息资源，如“中国知网”（图 2）。

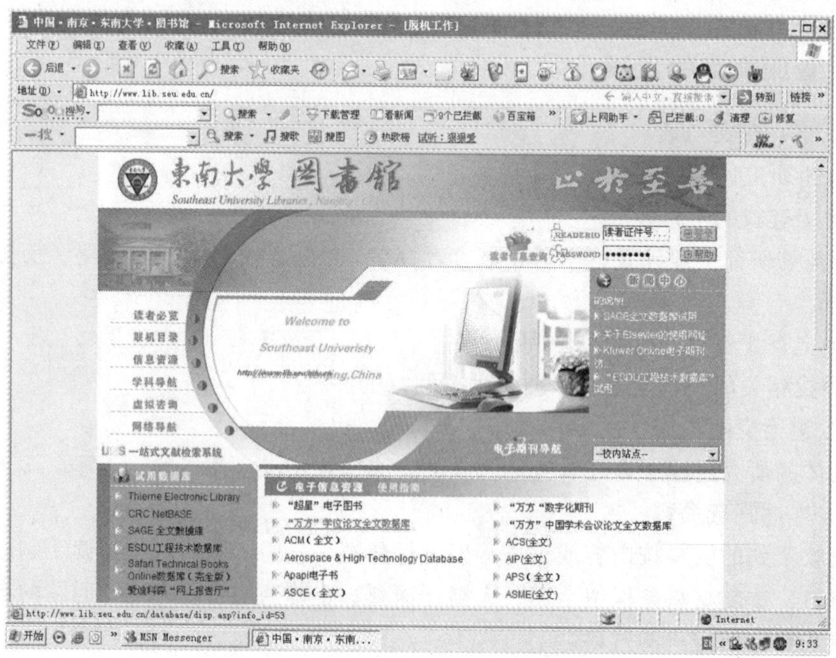

图 1

图 2

2. 选择想要检索的数据库，如中国知网的中国期刊全文数据库（图 3）。

选择发表时间（图 3），分别输入用户名和密码登录。确定检索的问题和范围。选择检索项（如“篇名/关键词/摘要”），输入检索词（如“综述”）、模式（如“精确匹配”）（图 4）。

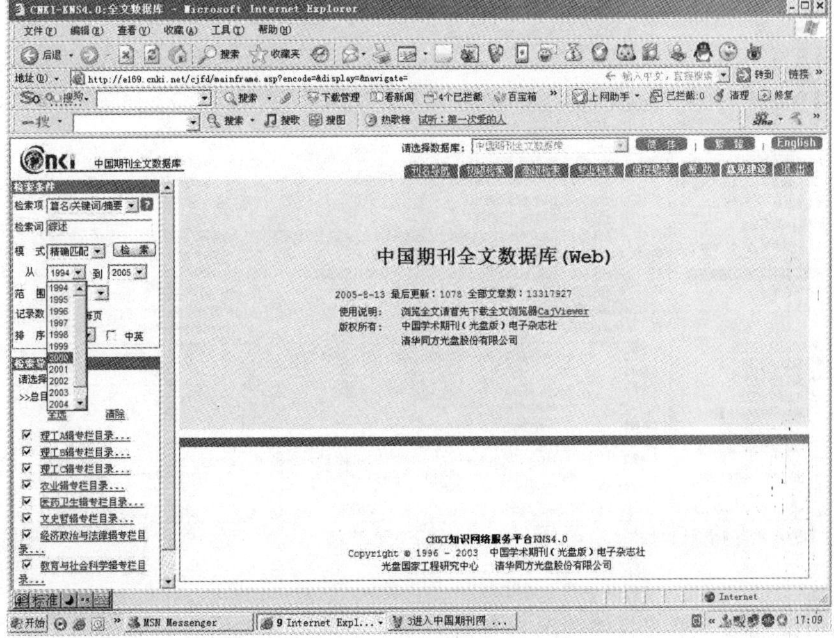

图 3

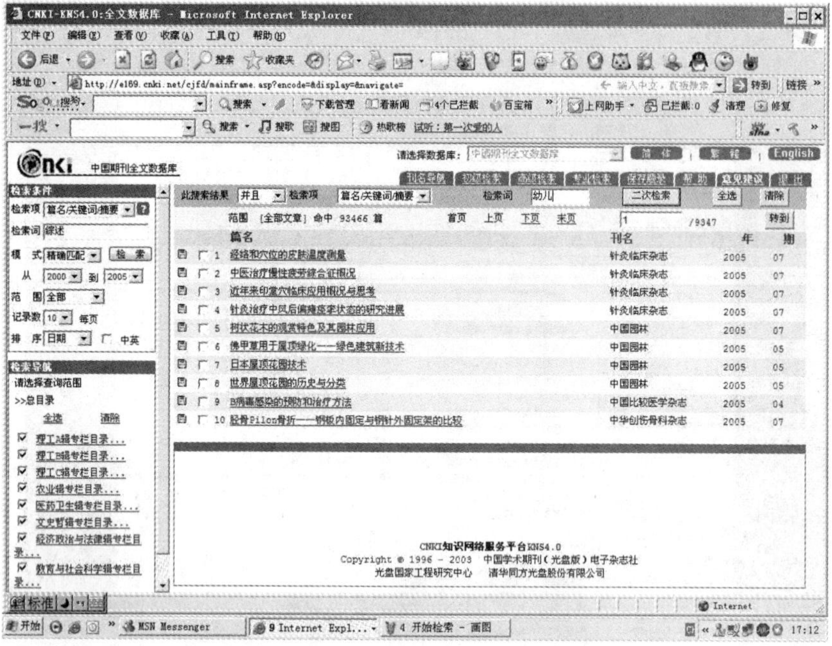

图 4

3. 根据确定的检索内容选择查询的学科领域，如哲学与人文科学、社会科学（图 5）。

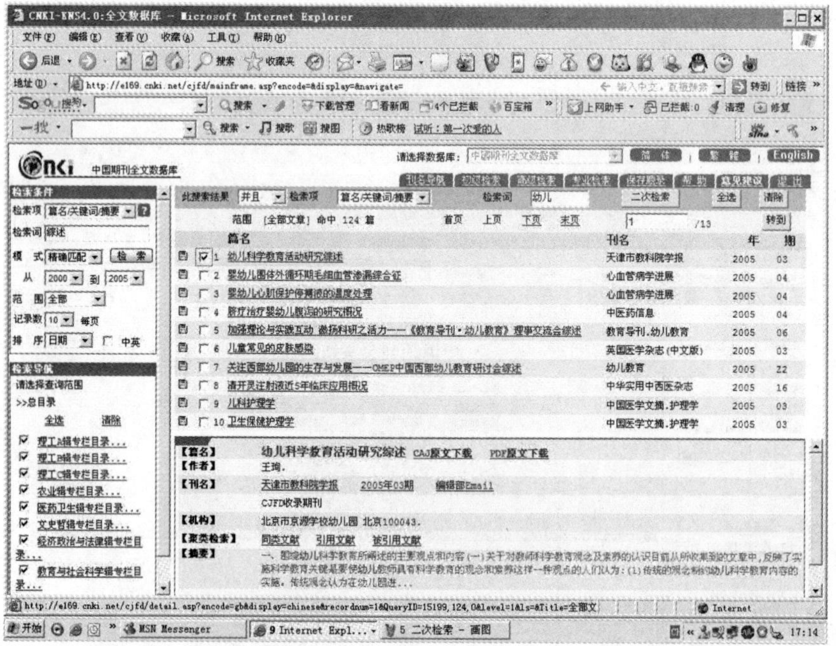

图 5

根据所要查询文献的具体情况，在右边三项中填写有关内容，如在第 2 项“输入目标文献内容特征”中填写“篇名”、“综述”合并“幼儿”，选择“在结果中检索”，获得

的就是有关幼儿教育方面的文献综述。

4. 点击可能需要的文献篇名，如《幼儿科学教育活动研究综述》，阅读其摘要。

如想下载，可根据已有的阅读器点击“下载阅读 CAJ 格式全文”或“下载阅读 PDF 格式全文”，将其保存到电脑的相应文件夹中。(图 6)

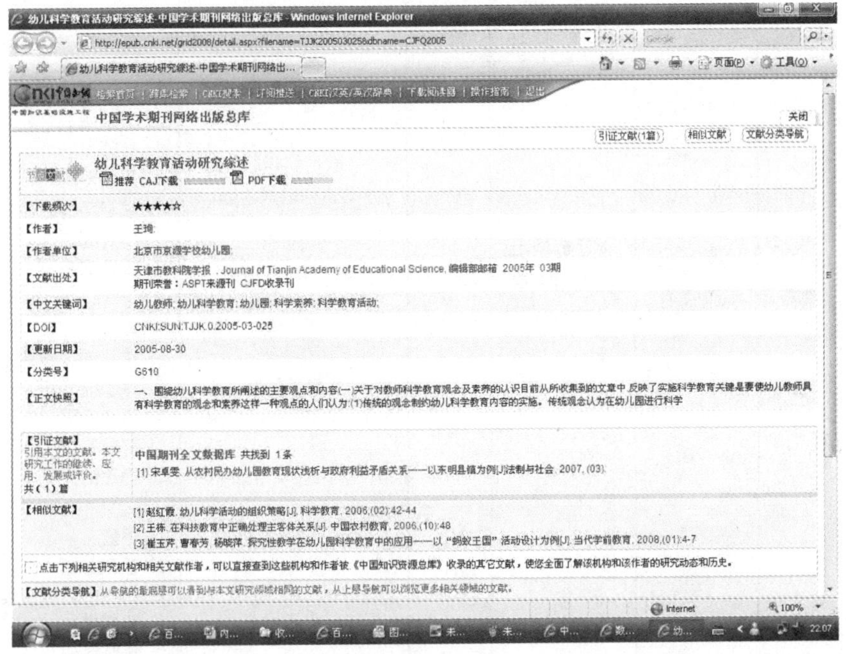

图 6

如果所在院校尚未购买相关的数字资源，也可购买 CNKI 数字图书馆全文数据库(中国知网)专用卡，每下载一篇文献付给一定费用，具体步骤同上 2—4。

(二) 利用网上搜索引擎进行查找

可以在输入栏中键入关键字，利用一些常用的搜索引擎查找资料。如：

1. Baidu：http：//www. baidu. com

2. 新浪搜索 http：//www. sina. com. cn

(三) 利用各种教育类网站进行查找

在已知网址的情况下，也可以利用一些与教育相关的网站提供的网页检索功能查找所需内容。不同的网站设置的检索选项可能不同，有的可能是关键词，有的可能是文章标题，还有的可能允许查阅者自己选择选项。

可利用的相关教育网站有：

1. 中国教育部网址 http：//www. moe. edu. cn/

2. 中国教育报网址 http：//www. jyb. edu. cn/

3. 人民教育出版社网址 http：//www. pep. edu. cn/

4. 中国名师教育网网址 http：//www. cenre. com/index. htm

5. 天空教室网络教育中心 http：//www. classroom. com. cn/

6. 中国科普博览网址 http：//kepu. jsinfo. gov. cn/index. html

7. 科学教育网址 http：//www. sedu. org. cn

【拓展阅读】

部分学前教育和教育类专业期刊（可供文献检索或论文投稿参考）

刊 号	刊 名	主 管	通 信 地 址	邮政 编码	电子信箱	栏 目
ISSN 1004－4 604	幼儿 教育	浙江教育 报刊总社	浙江杭州市 文三路求智 巷3号	310012	教育科学版 yejyjkb@126. com	1. 课程与教学 2. 课题研究 3. 教师发展 4. 儿童发展 5. 家庭与社区教育 6. 研究综述 7. 国外教育
					教育教学版 youerjiaoyu@yejy. net	1. 研究与探索 2. 幼儿园区域活动研究 3. 点题征文 4. 活动方案 5. 教养笔记 6. 管理论谭
ISSN 1000 －4130	学前 教育	北京市教 育委员会	北京市宣武 区白广路8号	100053	xqjy2094@vip. 163. com	1. 声音 2. 教育诊断 3. 幼儿主体性发展与教育 4. 游戏讲谈 5. 教育技能 6. 课程 7. 启蒙者 8. 教育随笔 9. 家园教育 10. 家长园地 11. 农村幼教 12. 活动设计与评析
ISSN 1005－ 6017	早期 教育	江苏省教 育委员会	江苏南京 草场门石 头城9号	210013	教师版 28_102@163. com 家教版	1. 月谭 2. 研究与探索 3. 幼儿园课程游戏化建设 4. 广闻博览 5. 教育故事 6. 家园立交桥 7. 管理智慧 8. 教研案例 9. 活动设计 10. 教育经验 11. 做做玩玩

续 表

刊 号	刊 名	主 管	通信地址	邮政编码	电子信箱	栏 目
ISSN 1005—3476	教育导刊幼儿教育版	广州市教育科学研究所	广东广州市起义路215号四楼	510030	JYDK@163. com	1. 研究与探索 2. 教与学 3. 心理健康教育 4. 管理之道 5. 博士咨询台 6. 活动设计 7. 经验与心理 8. 营养保健 9. 专家谈家教 10. 家园同步 11. 家长手记 12. 游戏乐园 13. 艺术天地
ISSN 1007—8169	学前教育研究	中国学前教育研究会	湖南长沙星沙特立路9号	410100	www. xqjyyj. com	1. 儿童学习与发展 2. 教育管理与政策 3. 课程与教学 4. 教师教育与专业成长 5. 幼儿园教科研
ISSN 1009—010X	教育实践与研究	河北省教育厅	石家庄市中华北大街122号	050061	jysjyyj@vip. 163. com	1. 教育心语 2. 教育理论研究 3. 课程教材改革 4. 教研工作导航 5. 学校管理策略 6. 班级管理策略 7. 学科教学探索
ISSN 1008—8172	上海托幼	上海教育期刊社	上海市长宁路491弄36号	200050	shtuoyou@163. com	1. 专家专文 2. 理论天地 3. 我的育儿经 4. 保教研究 5. 园所管理 6. 营养与保健 7. 特级教师谈教学 8. 德育研究 9. 教案与活动设计 10. 智能训练 11. 家庭教育讲座

续 表

刊 号	刊 名	主 管	通 信 地 址	邮政编码	电子信箱	栏 目
ISSN 1008—164X	幼教博览	总参政治部干部部	北京市西城区旃坛寺东门1号	100034	youjiaobolan@sina.com	1. 专家策划 2. 专家热线 3. 健康广场 4. 园所风采 5. 育儿感悟 6. 探索与争鸣 7. 活动课堂 8. 环境创设

【典型工作任务】确定一个检索问题，通过计算机在中国知网中查找近十年的相关文献资料。

要求：1. 检索的问题是学前教育领域的；2. 将查找到的资料下载保存到U盘的一个命名文件夹中。

任务三　文献综述的撰写

当研究者已经查阅了很多文献资料后，接下来要做的就是对这些资料进行分类、整理和研究。在广泛分析、研究已有文献的基础上，我们将有关信息进行归纳和综合，以文献综述的报告形式对以往的研究进行总结。

文献综述的两大特点：一是“综”，即对文献资料进行综合分析、归纳整理，使材料更加精练明确，更有逻辑层次；二是“述”，即对综合整理后的文献进行比较专门的，全面、深入而系统的论述。

一、文献综述的撰写目的

研究者撰写文献综述的目的主要有以下两个方面：

1. 为自己的课题研究做铺垫

作为课题研究准备阶段的重要环节之一，了解该专题的已有研究状况，可以帮助我们进一步明确研究问题，找到自己的研究重点和难点，并形成一定研究假设，从而有助于我们合理地制订研究计划。

在这种情况下，文献综述的撰写对研究具有导向作用。这时的文献综述并不是独立的文献，而是整个课题研究成果的一部分，属于绪论、引言部分。

2. 为他人提供研究信息

这时的文献综述本身就是一项独立的研究成果，通过对该专题已有的文献资料所做的分析、研究和综合评述，使别人能了解该专题研究的最新动态和进展信息。因此，它

是独立的文献，常常以论文的形式在专业期刊上发表。

二、文献综述的几种类型

1. 目录性综述

是对一定时段内出现的某一专题的原始文献进行分类整理，加以综合叙述和概括，通常只是就事论事地提供信息，既不反映原始文献的质量，也不涉及作者的观点。例如某人做过什么等等。

2. 文摘性综述

是对收集到的文献加以归类，进行综合描述，所反映的内容更明确、具体，但是不对信息进行分析和评论。例如某人是怎样论述某个问题的，其他人又是怎样论述的等等。这是课题研究常用的综述形式。

3. 分析性综述

是将原始文献中的内容加以归类、浓缩、综合分析，并且阐述文献综述撰写者自己的见解和评论，得出一定结论。

这类综述的撰写要求研究者不仅要大量占有研究资料、熟悉专业内容，而且还要有较强的分析、综合和概括能力。通常发表在专业刊物上的“述评”、“进展”、“动态”等都属于这一类综述。

三、文献综述的撰写步骤

（一）确定选题

好的选题是写好文献综述的关键。在学前教育领域中，可以选择的研究专题很多，可以从自己感兴趣的、工作中引起思考和关注的，或是亟待解决的问题等着手。无论是哪种方式，都应该注意从具体情况入手，由点及面、由小到大地选取合适的专题。

（二）确定查找范围

在初步确定了选题以后，还需要为文献综述的资料确定一个查找范围。开始时，查找的范围应放宽一些，使得相关的研究成果能更多地被收集进来，帮助研究者对该领域的研究情况有更进一步的了解。

（三）查找相关资料

今天最为便利的查找途径是通过网络在专门的查找平台上进行文献资料的检索，例如通过院校的电子图书馆或是当地图书馆的电子阅览室，在中国知网的学术期刊库中进行检索查找。如果通过百度等搜索引擎进行查找，应注意收集较为规范可靠的文献资料，以在正式刊物上发表的为好。

当然，研究者也可以在各大图书馆的资料库里，或是幼儿园的资料室里，近距离地查找相关文献资料。

（四）研读文献资料

先对查找到的文献资料进行快速的浏览，以获得一个初步的总体印象。然后认真研读重点文献，熟悉、理解、消化文献内容。应当注意的是，在研读过程中需要批判性地读，动脑筋读，边读边思考，找出问题，并从中产生研究的新思考和新方向。

（五）整理分析资料

对查找到的文献资料进行研读后，还要对其进行整理，以方便查阅使用。可以按文献形式（期刊、论文、论著）、国别（国内、国外）、时间（近 3 年、近 5 年、近 10 年或现代、近代、古代等）进行归类。然后，要对相关的文献资料进行分析筛选，选取最为有用、最直接反映专题的资料再次进行反复阅读，在此基础上撰写出文献综述的大体框架。

（六）撰写文献综述

文献综述的基本格式包括以下几个部分：

1. 前言（引言）部分

主要写背景材料、有关主题的现状或争论焦点、存在的问题，也可以写撰写文献综述的目的、意义，有关概念及定义、论述范围等。

2. 主体部分

文献综述的主体部分是综述的精华，它的写法多样，无固定格式，主要内容是提出问题、分析问题、比较不同的学术观点及其论据。

主体部分论述的问题要具体，如果有不同的观点，要说明争论的焦点和有无结论。如果某一部分论述的内容较多，应分成若干问题，逐层、逐点有条理地进行论述。这部分要多引用新观点、新方法的资料，重复的观点和方法可少引用或不引用，只需要将重复的内容归类提及即可。

3. 总结部分

这部分内容要对主体部分进行扼要的总结，并在此基础上提出迄今为止该专题的研究还存在的问题，并对未来的研究进行展望，提出今后研究可以进一步拓展或进深的方向。在撰写这部分内容时，对有争议的学术观点，叙述时应留有余地。

知识链接：
GB7714—2015
信息与文献_
参考文献著录规则

4. 参考文献

这部分内容要按规定的格式，将所有引用的文献全部列出。常用的参考文献的主要格式如下：

（1）连续出版物

［序号］主要作者. 文献题名［J］. 刊名，出版年份（期号）：起止页码.

例如：［4］刘智成，陈荣. 幼儿园校车安全管理的对策研究［J］. 幼儿教育，2013（12）：7—11.

（2）专著

［序号］主要责任者. 文献题名. 出版地：出版者，出版年份：起止页码.

例如：［11］孔起英. 学前幼儿美术教育［M］. 南京：南京师范大学出版社，1998：52—56.

（3）论文集

［序号］主要责任者. 文献题名. 主编. 论文集名. 出版地：出版者，出版年份：起止页码.

例如：［1］任晓燕. 幼儿绘画活动传递幼儿的思想：如何在幼儿绘画中展现自主表述. 全国教师学会. 庆祝建国六十周年全国教师论文征集和评选活动优秀论文集. 北京：全国教师学会，2009：118—121.

（4）学位论文

［序号］主要责任者．文献题名．保存地：保存单位．年份

例如：［5］王欣．中日两国幼儿园户外活动的比较研究．南京：南京师范大学教育科学学院．2001

（5）报告

［序号］主要责任者．文献题名．报告地：报告会主办单位．年份

例如：［5］苏令．把握形势，研究规律，促进学前教育科学发展．南京：南京幼儿高等师范学校．2014

（6）报纸文章

［序号］主要责任者．文献题名．报纸名．出版日期（版次）

例如：［2］钱争，沈科达，林巧芬．无证幼儿园靠就近上学拉生源．金陵晚报．2013.12.16（B24）

四、撰写文献综述的注意事项

（1）文献综述是开题报告和论文中不可缺少的一部分，它要交代课题的背景和来龙去脉，澄清准备做的研究跟前面同类研究的关系，说明为什么要做这个研究、它有什么样的价值和独到之处。

（2）作为研究的一部分，文献综述不应被当作事实和感受的堆砌，其目的不是为了表示自己了解别人的工作或仅仅是介绍当前该领域的研究状态和水平，而是为了推出自己的研究，使人们认识到自己所要做的研究的必要性。因此，在撰写文献综述时，需要经常问自己："说这个干吗？"写完文献综述后，要想想看读者是否能感到："对呀，是有必要做这个研究。"

（3）应避免单纯罗列文献资料，而应在研读和理解的基础上，对文献进行综合整理和比较，系统、全面、深入地进行专门论述，并阐明自己的观点。

（4）应选择与当前研究问题有直接关系的文献，一般来说，查阅的文献数目要比文献综述中引用的文献数目多得多。

（5）应检索查阅该领域的一级文献资料，"原汁原味"地进行研究，避免直接借用别人的综述文章。

（6）做好文献综述中引言出处的标注工作，格式要完整、规范，便于别人进行查找。

五、撰写文献综述的几点建议

资料：近十年来我国生命教育研究综述

（1）应对各个相关研究进行归类，找出各类研究之间的层次关系。

（2）应客观介绍有争论的研究结论（包括和自己一致或相反的研究观点），为不同研究的结论提供某些解释说明，并指明证据对谁有利。

（3）要清楚地表明该领域的研究还不够充分，还有进一步研究的必要。

（4）可以适当引用文献资料，但不要把文献综述搞成引证材料的罗列。

（5）应在综合叙述已有研究的基础上，提出自己的研究观点和看法。

案例与分析

南京幼儿高等师范学校2004届幼教班毕业生自考本科学位答辩论文

近十年我国幼儿撒谎研究综述
——对108篇学术论文的文献综述

陈　慧

【摘　要】幼儿说谎是一种普遍现象，近年来研究者对此研究越来越关注。因此笔者对近十年来有关幼儿说谎的108篇文献进行了综述。总结分析了这十年来幼儿撒谎研究的各方面的情况。如：论文发表的年代和数量；作者单位统计；研究视角；研究方法；研究主题。综述结果还发现大部分的撒谎研究是从心理学角度来研究的，主要研究幼儿撒谎的原因分为有意撒谎和无意撒谎及相对应的对策。另外还有一小部分是从生理学和社会学角度来研究的。

【关键词】幼儿；说谎；对策；留守儿童

幼儿说谎一直是个普遍现象，国内某研究所对全国7个省市中的5 600名3—9岁的儿童进行调查。发现3岁幼儿有50%以上在家说谎；美国的一项统计指出：三分之二的幼儿在3岁前就学会了说谎，到了7岁98%的幼儿都已经说过谎。但说谎研究一直没有成为心理学研究的焦点，一直到20世纪80年代中期，随着研究者对心理理论的关注，才对说谎研究又恢复了兴趣。笔者分别以“幼儿说谎”，“幼儿撒谎”，“幼儿欺骗”为检索词，通过中国知网（CNKI）中国期刊全文数据库进行文献检索，获得1979—2006（截止时间为2006年12月）相关研究文献204篇。其中1996—2006年这十年间的研究为108篇，占总数的53%。从数据上即可看出研究者对幼儿说谎的研究越来越关注了。

本文即以这十年来的108篇文献进行分析，从选定的不同主题及角度，对我国这十年来对幼儿说谎研究作一综述。

一、108篇研究文献的基本情况

1. 论文发表的年代和数量（见表1）

表1　各年份发表论文的数量统计（篇）

年份	1996	1997	1998	1999	2000	2001	2002	2003	2004	2005	2006
数量	6	10	8	10	9	14	7	6	16	9	13

2. 作者单位统计：根据第一作者所在单位对论文进行分类，结果幼教机构42篇，高校38篇，幼师和中师7篇，教研机构5篇，其他单位16篇。

3. 研究视角：发现绝大多数的研究是属于心理学的视角共82篇，占论文总数的76%。教育学22篇，生理学3篇，社会学1篇。

4. 研究方法：从研究方法看，一般性的总结最多共56篇，占论文总数的52%。实证性研究和系统的理论研究相对偏少（见表2）

表 2　对不同研究方法的论文数量统计（篇）

方法	调查法	实验法	经验总结	文献法	其他
数量	12	7	56	5	28

注：有些论文涉及多种研究方法，本表仅根据论文的主要研究方法进行统计。

5. 研究主题：从研究的主题来看，近十年幼儿说谎的研究的焦点主要是幼儿说谎的成因、类型及教育对策。有关文献 80 篇，占总数的 74%。其他研究主要涉及幼儿说谎认知的年龄特征和幼儿说谎行为的特点及其心理理论水平的关系等。

二、心理学方面对幼儿说谎的研究

在这 108 篇文献中，大多数的是从心理角度来研究的。在心理学上将幼儿说谎的原因分为无意说谎和有意说谎两种。无意说谎是指孩子没有说谎的动机而做出的行为。重要的原因之一是，年幼的孩子分不清自己的想象与现实之间的界线，企图用言语描述某种幻想的东西。有时，孩子的软弱和退缩，还会导致他们一时冲动，编造了谎言。这种谎言属于防御性的。有意说谎是指孩子存在说谎的动机而做出的说谎行为。就是孩子明明知道这样说是不真实的，但是为了达到不被惩罚的目的，就是这样说了。通常带有明显的欺骗目的。如，当他们知道一旦讲出事实真相将要受到惩罚时，就可能用谎言来掩盖事实。或者，当孩子意识到不隐瞒事实将得不到社会承认或家长表扬时，也可能采用说谎的手法。有意说谎容易变成一种习惯行为。

（一）幼儿的无意说谎

大部分研究者通常会将无意说谎分为以下几类：

1. 因想象与现实混淆而说谎。这类说谎一般出现在年龄较小的幼儿。因为他们心理发展水平的限制，认知水平低，经验不足，所以常把想象中的事情说出来。（马金祥. 2004 等）孩子有丰富的想象力是值得家长和老师鼓励的事，但要让孩子分清哪些是他向往的东西，哪些是现实中存在的。和孩子说清楚有些事情你没亲自去做是很容易被揭穿的，这样就很容易让其他人对自己产生怀疑，就会不信任你。做好事虽然好，但是做不到的，要及时和老师、家长反映，共同想办法解决。这大多发生在 6 岁以下孩子身上，他们常会将想象与现实混淆在一起，明明是自己的愿望，却说得像真的一样。学龄前儿童无法分清想象与现实，常常会把想象的事物当作现实的事物。在他们丰富的想象力和表现力的发展过程中，他们往往会即兴、随意地把自己听到的故事、看到的事物经过自己的想象加工后套用到现实的人或事上去，出现没有逻辑、不真实的说谎。但是他们的这种说谎没有明确的目的性，属于幻想型说谎。年龄较小的儿童易把想象与现实相混，常把自己想象中的事情当成事实说出来，其实这并不是真正意义上的说谎。这种情况下，孩子并不知道自己在“说谎”，没有明确的说谎目的，也不会觉得不安或羞愧。

2. 因记忆不准确而说谎。这类说谎并不是幼儿有意编造的。这是由于幼儿对感知过的事物记忆不清或时间概念不准确而说出与实际不一致的话。（张娴. 2003）不自觉的想象，容易把已发生的事记为目前的事，把这件事记成那件事。

3. 因意志力和自我控制能力差而说谎。稍大一些的幼儿，虽然辨别是非的能力有所加强，但自我控制的能力较弱。例如：有的孩子贪玩，常跑出去玩就不回来，饭都顾不上吃。妈妈打了他，他哭着求饶说保证以后不再这样了。可是没过几天，他又跑出去玩很晚才回来。（张小翔．2005）这类说空话的谎言就是由于孩子意志力薄弱或忘记时间造成的。

4．因为模仿而说谎。年龄小的孩子非常喜欢模仿周围人的行为，如果父母或其他成人、小朋友在孩子面前出现说谎行为，孩子就极有可能因为好奇而进行模仿。“模仿”型说谎，说穿了就是父母或老师教的。父母是孩子的一面镜子，父母不经意间的谎言往往会被孩子误以为说谎是一件有趣又好玩的事情（务本．1999）。

（二）幼儿的有意说谎

幼儿的有意说谎是教师和家长必须引起注意的问题。这种说谎也就是言语上的欺骗。就是孩子明明知道这样说是不真实的，但是为了达到不被惩罚的目的，就是这样说了。通常带有明显的欺骗目的。综述研究者的研究通常有以下几类：

1．为了逃避惩罚而说谎。

这是最常见的有意说谎。这类说谎往往是恐惧心理所致。其实，孩子并非生来就会说谎，他们天性纯真、直率，他们不会隐瞒自己的意图，不会掩饰自己的情绪，不会控制自己的探索，他们是诚实的人。但当他发现自己的诚实引起了父母的不满甚至是责罚，他就开始学会了装假说谎。（田爱生．2005）父母虽然很多的时候，理智上强调诚实的重要，可当具体到某一件事情时，情绪会战胜理智，于是出现了不满、愤怒、责备，于是父母表现出更在乎事情本身而不是孩子诚实的品质。有时候孩子犯了错误，看到别的孩子通过说谎逃避了责任，没有受到惩罚，那么下次再到孩子自己犯错误的时候，也就模仿别人说谎，故意说成是别人做的，而不是他自己做的来逃避责任，免受惩罚。

2．为了达到目的而说谎。

有的研究者将这类说谎归为行为性说谎。（肖峰．1997）这类孩子是为了达到某种“不可告人”的目的而编造谎言，企图蒙骗过关，教人相信。（赵尚松．2002）这种行为性说谎，其表现比较严重，常常伴随偷拿和破坏等不良行为，对孩子自身成长的危害性比较大。这种类型的儿童，他们的说谎有明显的目的性，并且是事先想好的，在他们看来说谎会给他们带来一定的利益或满足。这种类型的说谎对孩子成长的危害性非常大。

3．为了满足虚荣心而说谎。

这时的幼儿已能意识到自己所说的并不是事实，但因虚荣心作祟促使幼儿去说谎。幼儿与同伴在一起玩时免不了要相互攀比，逞强。（刘丽琴．2004）因为幼儿都喜欢听好听的话，渴望得到别人的赞扬、羡慕。当这种情感长时间得不到满足时，孩子就会自己编造谎言来获得心理上的满足感。

还有的研究者发现幼儿会因报复心理（祁冰．2003），自卑心理（陈继红．2001），还有的为了避免矛盾而说谎（刘建华．2001）。避免矛盾是幼儿为了不得罪任何人而不愿说出自己的某些真实想法或事实真相。

（三）对幼儿说谎应采取的教育措施

大部分研究者在对幼儿说谎的对策上都有以下几点共识：

1. 对于幼儿的无意识说谎。

父母不必太担心，因为它只是儿童身心发展到某一特定阶段的不成熟产物。随着年龄的增长，这种现象会越来越少。从另一个角度说，这种说谎也是幼儿想象力发展比较好的产物。(张春熹. 2001）并且是一种训练思维的好途径。(王先达. 1999）教师和家长可以正确引导幼儿这方面的发展。家长和教师可以帮助孩子分清现实和想象。当孩子想象与现实分不开的时候，家长只需要用正确的语言给孩子表达一遍，让孩子知道这种情况应该如何用语言表达。对于孩子充满幻想的“谎言”，妈妈没有必要大惊小怪，而是注意引导孩子从幻想的世界中走出来关心现实。

2. 对于幼儿的有意识说谎。

父母要多加注意防范。因为如果幼儿经常说谎而没有被发现、疏导的话，幼儿养成一种说谎的习惯，这无疑对幼儿的成长是非常不利的，甚至会直接影响到他以后的道德发展。

1）坚持耐心疏导，及时表扬。发现孩子说谎，成人先不要责备孩子，而是要找出原因，属于有意识说谎的，要帮他分析危害（姜莉. 2006)。可用形象的事例来帮助孩子了解说谎是一种不良行为，会失去别人的信任，会失去朋友，并鼓励他 、帮助他改正。孩子做了错事，家长要鼓励孩子说实话。当孩子真的说了实话后，要就事论事，首先要表扬他的诚实，然后再妥善处理他的错误。家长千万不能因为孩子说出了所犯的错误而狠狠惩罚他，致使他以后为了逃避惩罚而不再报告实情。

2）坚持正面教育，树立榜样。身教胜于言教，榜样的力量是无穷的。成人要做到不说假话、说到做到、言行一致、表里如一，也可通过故事、电影及文学作品等为孩子树立榜样。(杨锡田. 2005）要时刻注意不要给孩子说谎的机会，既不要引逗孩子说谎，也不要让孩子出于自卫说谎，更不要教孩子说谎。成人切不可不负责任地对孩子轻易许愿，如：你要是乖，我就给你买……而后来又不兑现，久而久之，孩子也会跟着你学说谎话。(王小英. 2002)

3）根据年龄特点，循序渐进。小、中班重在教育幼儿分清自己的、别人的或幼儿园的东西，不经别人允许不去拿，不说谎话。(胡蓉. 2000）如果发现有的幼儿拿了别人的东西又撒谎说是自己的 ，教师要在不损害孩子自尊心的前提下进行个别教育，帮助他分辨是非，让孩子知道别人的东西就是别人的，使用别人的东西要经人同意，使用完毕后要归还致谢，这才是好孩子。大班重在教育“做错了事要勇于承认”，让孩子懂得做错了事不承认是不诚实的表现，不是好孩子所为，逐步让他们学会自我欲望的控制。

4）家园密切联系，教育一致。加强家园联系是教育幼儿不说假话，养成诚实品格的重要保证。教师和家长之间要密切配合，及时了解幼儿在家、在园的情况，使说假话的孩子无机可乘，这样才能有利于幼儿诚实品格的形成。(代红艳. 2004)

三、幼儿说谎其他方面的研究

(一）幼儿说谎生理方面的研究

在这 108 篇文献中有 3 篇论述了说谎对健康的影响。有研究表明人在说谎时，大脑有7个活动区域，而说真话时只有4个活动区域。这说明说谎时比说真话时更费力气。(止敬. 2001) 医学实验证明，当一个人面对他人说谎时，他的全部神经都将受到影响，如紧张就会影响新陈代谢过程，胃溃疡、消化不良、偏头痛等疾病。而幼儿说谎后有比大人更明显的恐慌表现，如：脸红、手足无措，一旦追问便语无伦次等，这便是幼儿生理受扰的表现。国外精神病学家认为，当说谎成了习惯，以至破坏说谎者和听谎者的生活时，就是一种病态。一般认为，经常说谎表明孩子出现了心理异常，会给其生长发育带来一些不利的影响。

（二）幼儿说谎的年龄和行为特点研究

有研究表明3岁和4岁幼儿在说谎概念的理解上年龄差异显著。与4岁幼儿相比，大部分3岁幼儿还不能正确判断说谎话或说真话；在对说谎的道德评价上，年龄差异并不显著。(张文静，王卫星. 2005) 在说谎策略上4岁幼儿比3岁幼儿更有策略，但性别差异并不显著。还有研究表明幼儿是否说谎与错误信念的理解没有关系，但不同说谎水平的幼儿在完成错误信念任务时有显著差异。另外，说谎水平与错误信念认为之间有显著的正相关。这一结果说明只有说谎水平与错误信念水平是有关的。(徐芬. 2005)

（三）对农村留守儿童说谎的研究

在这108篇文献中有一篇是专门对农村留守儿童的说谎研究。研究表明留守儿童比非留守的说谎率高达近一倍。这说明现在的留守儿童的说谎问题还是很严重的，但我们研究这块的仅一篇。海南师范大学教育心理系的张志英认为，留守儿童不健康的心理原因之一就是所受教育不一致。留守儿童常常生活在矛盾的环境中，即教养人的教育态度和方法不一致。这里的教养人指的就是留守儿童的监护人。他们一方面是对幼儿过分的宠爱，另一方面是对幼儿严加管教。这种矛盾的培养方式也就造成了幼儿面对自身问题时的矛盾心态。这两种不同的行为模式导致了许多幼儿学会了在不同的场合用不同的面具出现的行为方式。因此说谎的比例远远高于非留守儿童。(魏晨. 2006)

四、幼儿说谎研究的局限性及思考

在这次综述中笔者发现在研究上我们要丰富幼儿说谎研究的学科视角及方法。如前所述，108篇学术论文在学科视角上以心理学占绝对优势，在研究方法上以经验总结居主流，这种单一的研究视角和方法在一定程度上将影响幼儿说谎研究的深度、广度及科学性。并且大多数的研究是针对大部分在正常环境下成长的幼儿。可事实上留守儿童的家长由于外出打工常年不在家的原因，很少能和孩子沟通聊天，了解他们的心理。更多的时候家长在遇到孩子例如说谎这种行为问题时都是采取打骂的态度。这样对孩子的心理成长是极为不利的。留守儿童将是新农村建设的主要接班人，他们的成长也将影响以后农村的建设。因此我们不仅要在物质上给予关注，在精神方面的关注更是不可松懈。农村留守儿童的健康成长离不开党和政府的关怀，也离不开社会各界的关心。各种媒体应该加强对留守儿童的关注，多宣传他们的现状，公布他们的实际困难，增强社会各界对他们的了解，提高对他们的关注程度，从而调动全社会的积极性，为他们的健康成长多作贡献。乡镇以及村委会等也应该发挥作用，通过设立校外辅导站等方式，为农村留守儿童增加能够开阔眼界、扩展知识面的场所，可以聘请学校的辅导员或有一技之长并热衷于服务留守儿童的同志担任辅导员，引导孩子全面发展。只要社会各界都来关心农村留守儿童，那么他们就会在一个良好的环境中健康成长。我想我们可以从各方面来研究幼儿的说谎行为。就比如对农村留守儿童在这种特殊环境下成长的幼儿，对于他们的教育方式肯定是与那些幼儿有些许的不同。我们也可以专门针对他们来进行研究。

【参考文献】（部分）

[1] 赵尚松. 幼儿撒谎行为探析 [J]. 心理世界，2002（9）.

[2] 张春丽. 如何矫正幼儿的说谎行为 [J]. 宁夏教育，2002（7—8）.

[3] 胡蓉. 撒谎行为浅析 [J]. 宁夏教育，1998（10）.

[4] 马金祥，温秀芳. 幼儿撒谎心理及其对策 [J]. 潍坊教育学院学报，2004（4）.

[5] 王小英. 幼儿说谎的类型及其对策 [J]. 现代家教，2002（9）.

[6] 止敬. 说谎有损健康 [J]. 养生红绿灯，2001（6）.

[7] 田爱生. 孩子为什么说谎 [J]. 育儿教子，2005（2）.

[8] 姜莉. 关于说谎的教育 [J]. 基础教育，2006（5）.

[9] 徐芬，王卫星，张文静. 幼儿说谎行为的特点及其心理理论水平 [J]. 心理学报，2005（5）.

[10] 杨翠美. 幼儿谎言的辨析 [J]. 家长学校—宝宝心理，2003（8）.

[11] 刘丽琴. 如何对待幼儿的“撒谎” [J]. 幼教园地，2004（9）.

[12] 张文静，徐芬，王卫星. 幼儿说谎认知的年龄特征及其心理理论水平的关系 [J]. 心理学报，2005（7）.

[13] 张小翔. 教孩子做个诚实的人 [J]. 科学育儿，2005（6）.

[14] 王先达. 幼儿说谎心理及矫正 [J]. 北京师范大学，1999.

[15] 杨锡田. 关于幼儿说谎现象的思考 [J]. 山东省团校.

[16] 代红艳. 如何纠正幼儿说谎 [J]. 幼教工作，2004（3）.

[17] 韩尔富. 善待孩子的谎言 [J]. 早期教育，1997（3）.

[18] 魏晨. 农村留守儿童心理问题研究 [J]. 社会工作，2006（11）.

以上是南京幼儿高等师范学校 2004 届幼教班的陈慧同学参加本科（自考）毕业论文答辩的文章，以文献综述的形式撰写。让我们一起来分析一下该篇论文是如何撰写的：

1. 引言部分

作者首先以相关研究的调查数据等说明，幼儿的说谎行为是一种较为普遍的现象，以及人们对这样的行为给予关注和研究的大体状况。接下来，作者用数据说明了自己检索这方面文献资料的情况。这部分文字都说明了一个问题，即，作者为什么要进行这方面的文献研究——说谎行为是幼儿的一种普遍现象，人们对此越来越予以关注。

2. 正文部分

首先，作者对自己检索的 108 篇研究文献的基本情况，分别从“论文发表的年代和数量”、“作者单位”、“研究视角”、“研究方法”、“研究主题”几个方面进行了一个统计分析，这实际上就是一种研究，为我们了解该领域迄今为止的研究是否充分、还有无进一步研究的必要，以及该领域具体哪些方向的研究今后应予以更多关注等提供了客观依据。

接下来，作者按研究视角将文献资料分为“心理学方面对幼儿说谎的研究”和“幼儿说谎其他方面的研究”两大块，分别进行梳理和概括。在这两大块内容中，又逐层对研究者的观点进行归纳和整理。例如：在第一大块内容中，先将研究者的观点归纳为“幼儿的无意说谎”、“幼儿的有意说谎”，“对幼儿说谎应采取的教育措施”三个方面，再进一步对每个方面进行梳理，又可以归纳出新的层次。同样，在第二大块内容“幼儿说谎其他方面的研究”中，作者进一步归纳概括出“幼儿说谎生理方面的研究”、“幼儿说谎的年龄和行为特点研究”、“对农村留守幼儿说谎的研究”三个方面，分别进行阐述。

从对以上主体部分内容的分析，我们可以看出，作者对相关文献资料是边读边思考，边分析边归类，条理清晰地逐层进行归纳概括。撰写这部分内容的一大关键，就是搭建文献综述的整体框架。先搭建的是最大的基本框架，然后再搭建每一大块的更具体的框架。就好比画一棵大树，先画它的主干，然后再画出主干上的侧枝，以及侧枝上更细的枝条，这样整棵大树的脉络就非常清楚了。

3. 总结部分

在总结部分，作者在综合叙述已有研究的基础上，尝试提出了自己的研究观点和看法：一个是“108 篇学术论文在学科视角上以心理学占绝对优势，在研究方法上以经验总结居主流，这种单一的研究视角和方法在一定程度上将影响幼儿说谎研究的深度、广度及科学性”。另一个是“大多数的研究是针对大部分在正常环境下成长的幼儿……对农村留守儿童这种特殊环境下成长的幼儿，教育方式肯定是与那些幼儿有些许的不同。我们也可以专门针对他们来进行研究”。

4. 参考文献

作者选择了与其研究问题有直接关系的 108 篇文献资料进行分析研究，虽然最后列出的只是部分（主要）参考文献，但是实际查阅的文献数目要比文献综述中引用的文献数目多得多。

查阅的文献数量充足，有利于对该领域研究状况的把握更为客观、全面，从而可以避免由于文献资料查找数量不足而导致研究结论有失偏颇。

资料：幼儿园集体教学活动中师幼互动研究

2001 年颁布的《纲要》将教育评价纳入其中，指出，“教育评价是幼儿园教育工作的重要组成部分，是了解教育的适宜性、有效性，调整和改进工作，促进每一幼儿发展，提高教育质量的必要手段”；“评价的目的是了解幼儿的发展需要，以便提供更加适宜的帮助和指导”。对评价性质和目的的进一步明确，有力推动了评价理论研究的纵深展开。在幼儿园教育改革与发展过程中，幼儿发展评价起着监控、检测、导向与促进作用。近年来，作为改革的瓶颈，幼儿发展评价改革问题逐渐受到重视并成为关注的焦点。因此，幼儿发展评价的研究对我国

的幼儿园教育改革具有重要的作用。本文以近十年60篇评价类文章为对象，从幼儿发展评价的角度出发，对我国幼儿发展评价进行文献综述。这有助于我们把握幼儿发展评价改革的脉络和方向，对幼儿发展评价的理论研究和实践活动都有重大意义。

一、幼儿发展评价的界定

幼儿发展评价是了解幼儿的发展状况、对幼儿实施有效教育、提高幼儿园教育质量的重要手段。对幼儿的评价不是为了评价而评价，而是为了诊断和改进教育教学，促进幼儿在原有基础上的提高和发展。一是为发展而评价。其旨趣在于幼儿个体本身，目的是教育者不断改进实践，通过不间断的评价过程，追求不同幼儿的多元成长。二是对发展的评价。始终以幼儿发展为指向，发现不同阶段幼儿成长的现状，并将之作为下一阶段的起点。三是在发展中评价。追寻幼儿发展的轨迹，教师、家长、幼儿等多方评价主体的参与，并使他们在评价中共同进步、共同成长。

二、我国幼儿发展评价研究现状

（一）幼儿发展评价理论层面的研究

幼儿发展评价理论方面的研究文章比较少，主要集中在国外各种先进理论的介绍和幼儿发展评价的反思两个方面。理论的介绍也只是停留在理论本身，几乎没能将这些先进理论与我国幼儿发展评价的适宜性联系起来；反思都是对大多数幼儿园所沿用的传统幼儿评价观念、方法的反思批判，其根本没有对评价理论本身做深入的反思。

国外各种先进理论介绍方面。刘霞撰写的《多元智能理论与幼儿发展评价改革》和《后现代主义视野下的幼儿发展评价改革》，分别介绍了多元智能理论和后现代主义，并提出了幼儿发展评价改革的基本诉求；潘月娟的《儿童发展评价的新趋势——真实评价》紧随新观念探讨了幼儿的发展评价；姚伟等人的《幼儿探究性学习活动的发展性评价》进行了分领域或分年龄段幼儿发展的评价研究。

幼儿发展评价反思方面。赵红霞在2008年8月发表的《对幼儿发展评价的反思》一文中针对我国传统幼儿评价存在的问题提出了反思，并就我国幼儿发展评价的发展趋势进行了展望。沈小婷在《从幼儿发展角度反思当前的评价实践》一文中，通过对评价实践的反思，对幼儿教师提出相关建议。

（二）幼儿发展评价实践层面的研究

此类研究的文章比较集中，可以说大多数幼儿发展评价的研究基本上都是建立在实证基础上。这些文章涉及内容广，有家长参与幼儿评价的调查，有各种幼儿发展评价方式的介绍和实践中的应用，有高校教师的调查研究，也有一线教师的观察研究。此类研究比较深入，可行性强。都是针对某一现状进行调查研究，发现问题，提出对策。

家园联系评价方面。白爱宝于2005年撰写了《影响家长与教师对幼儿发展评价一致性的因素分析》及《家园合作开展幼儿发展评价的有效策略》两篇文章，对家长参与幼儿发展评价提出了策略；牛银平《家长参与幼儿发展评价的问题调查与对策思考》、丁艳芬《家长参与幼儿发展评价的现状与对策研究》两篇文章，分别在实证的基础上，对家长参与幼儿评价做了调查，并对存在的问题进行了分析，提出了一些策略。

各种幼儿发展评价方式方面。孙玉洁的《浅析教师非正式评价对幼儿发展的影响》等文侧重于从教学一线教师的实践经验出发，聚焦教师对活动中幼儿行为的即时、非正式评价，探讨了评价对幼儿发展的影响作用；彭俊英的《南京市某园幼儿发展评价情况的调查研究报告》和陈银亭的《朝阳区在幼儿园大班和学前班中开展幼儿发展水平评价》也是立足实践探讨幼儿发展评价之作。郑名、冯莉撰写的《幼儿发展评价方法的现状调查与分析——以兰州为例》等文章，都是在实证的基础上对幼儿发展评价进行了分析。

（三）幼儿发展评价指标体系构建和实施方面的研究

指标体系的构建方面的文章，有理论方面的介绍，也有实践方面的探讨，此类文章研究范围比较集中，操作性强。因为幼儿评价指标体系还不科学，所以它的应用的效度和信度都有待商榷。而幼儿评价指标体系在幼儿发展评价中起着重要的作用，所以本文把幼儿评价指标体系方面的文章作为一个特殊的层面提出来。

高美娇与王黎敏的《幼儿发展评价指标体系的构建与实施》和《幼儿发展评价与教育整合的实践探索》等，均结合某园的情况来介绍。总体观之，这类文章大多侧重于对幼儿智力、认知发展的评价，缺乏探讨幼儿情感、态度和社会性发展的评价，仅有张文澜的《儿童同伴关系评估方法析评》一文对测量儿童同伴关系的方法进行了介绍，以及傅宏对《幼儿情绪性思维惯性评价量表》、《幼儿社会适应能力状况评价量表》和《幼儿日常行为习惯评价量表》的介绍。在幼儿发展评价形式上多采用统一量表对照形成结果性评价，对过程性评价和真实评价方面的探讨较少，不能客观真实地反映幼儿个体的差异性。针对婴儿的评价仅有吴红霞和郭文英的《婴幼儿发展性评价的内涵、特点及功能》，而涉及特殊儿童及农村幼儿发展评价的研究则明显缺乏。

（四）幼儿发展评价方式的介绍和应用方面的研究

幼儿发展评价方式的研究比较多，此类文章大多数都是实证方面的，理论方面的研究较少，尤其是档案袋的研究是一个热门的课题。但是由于档案袋设计灵活性强，随意性大，计划性差，而全国又没有一个统一的幼儿园档案袋使用范本，不少幼儿园纷纷上马，盲目跟风，使得一些不具备研究能力的幼儿园研制的档案袋纯粹成为幼儿作品的收集袋，从而使档案袋评价的目的有所偏离。

近几年，在先进教育理念，尤其是适应发展性教育思想的影响下，幼儿发展评价渐渐地从关注定量评价走向定性评价，体现出过程取向的评价理念。在幼儿发展评价方式上出现了个案观察记录、时间观察、档案袋记录、轶事记录等多种评价方式，这些评价方式都是通过不断的观察，对幼儿自然流露的行为进行原始的真实的记录，保存幼儿的学习过程和“作品”，获得大量具体真实的信息，进而对幼儿各方面的发展进行非统一标准的描述性评价。此类文章有刘霞、胡祖祥的《档案袋评价在幼儿发展评价中的应用》，曾广慧的《观察记录——评价幼儿的重要依据》，夏靖的《轶事记录法在幼儿评价中的应用》等。

三、我国幼儿发展评价的研究特点

20 世纪 90 年代后期以来，在新的教育思想，如终身教育、开放教育、发展适宜性教育、合作教育、生态教育等的冲击下，幼儿发展评价的研究逐步拓展了原有的范围、功能和意义。主要呈现以下特点：

（一）注重介绍西方先进教育理念和文化思潮及对我国幼儿发展评价的启示。

如适宜发展性教育和后现代主义思潮对我国幼儿发展评价改革的启示为：树立以儿童为本的评价观，注重差异性评价；构建多样化与个性化相统一的评价内容；采用个体化的评价标准；倡导以观察和描述为基础的评价方法等。

（二）提倡“定性”和“定量”评价相结合。变终结性评价为全程性评价，交互运用日常观察、情景观察、交流、记录、测量、儿童作品分析等多种方法。

近几年，在先进教育理念，尤其是适宜发展性教育思想的影响下，幼儿发展评价渐渐地从关注定量评价走向定性评价，体现出过程取向的评价理念。

（三）提倡真实评价或情境化评价模式，即在幼儿真实生活情境中和幼儿园所提供的教育教学情境中对幼儿进行评价，关注幼儿解决问题的动态过程。

（四）提倡评价的多元价值取向。

如评价的标准多元，答案或解决的方法多元，表达的方式多元等。以美国加德纳教授的多元智能理论为主要理论依据的课程和评估方案，给我国幼教界带来了全新的评价理念和方法。

四、我国幼儿发展评价研究的局限性

（一）实证化倾向突出而人文特征明显不足

纵观我国关于幼儿发展评价方面的文章，其中绝大多数都是实证研究，理论方面的研究少之又少。只有冯晓霞、彭俊英等几位知名度比较高的专家有此方面的文章，他们的文章也都是对国外的一些理论的介绍，很少就我国的幼儿发展评价提出有创新的理论见解。理论的不足势必导致此项研究的“先天不足”，而大多数实证类文章也都是就事论事，难得对理论有所补充。

以泰勒的目标导向模式为主的预定式评价在幼儿发展评价中影响颇深。大多数的评价方案在制订评价标准时所遵循的思路即为分解目标——改善目标——定义指标——确定权重——定案成文，最终的评价结果以数值或等级的方式来呈现。实证化评价把研究的重点放在如何科学合理地做出定量分析上，易于忽视对过程的评价，忽视评价者和被评价者的交流，忽视评价中的价值研究，把各种教育价值观用指标形式凝固化、统一化，忽略了评价对象的个体差异，无意中削弱了不能直接测量的内容在评价中的地位和作用。人文化的评价方式是对实证化评价方式的有益补充，但专门论述人文社会科学方法在评价中应用的文章还为数甚少，有关这方面的研究仍很薄弱。

知识链接：目标导向教育评价模式

（二）评价内容所覆盖的范围主要限于微观和中观层面

绝大多数的评价活动是以幼儿个体的发展和表现，就某一评价方式在某园的实施等进行研究，这就导致幼儿发展评价研究只限于小范围、小领域、子层面的小打小闹，这些研究得出的也只是对一些数据和个别现象的归纳与分析，它很难上升到理论的层面，这也限制了对幼儿发展评价宏观层面的把握。这种量化的、“唯理性”的评价结果不利于对幼儿的发展进行真正深入的内在的分析，无法帮助教师确切地了解幼儿并不断调整和完善教学措施和策略，是不可能实现评价的本真价值的。

（三）评价研究涉及的内容分布不均衡

在现有的幼儿发展评价研究领域，呈现出研究内容的严重失调。譬如关于评价方式的研究文章中几乎都是研究档案袋评价，而对个案观察记录、时间观察、轶事记录的研究文章很少；对幼儿发展的正式评价方面的文章少，非正式评价方面的文章多。这种厚此薄彼的研究现状既不利于幼儿发展评价研究的深入，又阻碍其健康地发展。

（四）评价以静态的对象为主

评价时多关注的是被评价对象已经达到的水平或已经具备的条件，而对评价对象的发展状态、发展潜力和发展趋势关注较少。

五、幼儿发展评价研究的发展趋势

（一）对人文化评价的关注

统观我国幼儿发展评价研究的趋势，虽然实证研究还是占主流位置，但是我们仍能明显感到，对于人文化的评价也开始慢慢回暖，并将会成为近几年人们关注的焦点。数据化的研究只能使研究更加准确，而幼儿发展是一个动态的发展，它不应该仅仅停留在数据化的静态描述上，也应该加大对它的人文因素方面的研究，这样才能对幼儿发展有一个全面的考量。

（二）对评价研究成果的应用的再研究

随着幼儿发展评价的不断深入，对于已取得研究成果的再研究会成为以后研究的一个不可缺少的部分。只有对已有研究成果的再研究，才能使该项研究更加深入的进行。目前，我国幼儿评价还停留在对现状、问题的描述性和量化的研究层面，而对研究本身的研究还没有大的作为。幼儿发展评价就是要促进幼儿的发展。要实现评价的目的，就要科学利用评价的结果，体现其本真价值。而如何才能科学地利用评价的结果呢？只有加大对研究结果应用的再研究，使其不断完善和完备。

（三）宏观层面的研究会不断增多，研究内容不断均衡化

由于我国的幼儿发展评价是一个年轻的研究领域，所以现在大多数研究还是微观层面的研究，这势必造成研究的片面化。纵观我国现有的研究，研究对象的区域仅限于某一幼儿园，某一特定地方，这样的研究成果的适宜性会受到很大的限制。微观层面的研究的局限性使其很难就幼儿发展评价理论的补充和完善做出大的贡献，只有在对微观层面的把握和分析的基础上，加大对宏观层面研究的重视，幼儿发展评价研究才能取得长足的发展。

随着幼儿发展评价的不断深入和细化，研究内容不再像以往出现“一窝蜂”式的“跟风”热潮，研究内容涉及的面会不断拓展，个别以前不太关注的研究领域会得到比较多的关注。

（四）开发专业的评价指标和评价工具

缺少科学的幼儿发展评价指标和适宜的评价工具是阻碍评价工作开展的重要问题。评价指标和评价工具的质量直接影响着评价结果的信度和效度。因此，创建适宜的评价指标和评价工具是评价工作的首要条件。针对目前各类幼儿园现状，建议各类幼儿园积极开发园本评价指标和评价工具，借鉴专业工具中适宜的内容，在幼儿发展评估体系的指导下有选择地使用专业评价工具。只有灵活科学地使用评价方法与评价工具，才能更好地服务于学前教育工作，更好地服务于幼儿的发展。

总之，幼儿发展评价改革的理论研究和实践探索正继续向着纵深方向发展，围绕着“为什么评、评什么、谁来评、怎么评”等问题，其科学体系正在逐步形成。当然，幼儿发展评价毕竟还是一个年轻的研究领域，其理论建构与技术的成熟都有待于人们进一步研究探索。

【典型工作任务】请从自己感兴趣的、工作中引起思考的或待解决的问题着手确定方向，查找相关资料，研读文献资料，撰写一篇分析性文献综述。

项目三　教育观察法

知识链接：苏霍姆林斯基

知识链接：皮亚杰

任务一　教育观察法概述

观察法在儿童研究中的使用历史悠久，国内外很多著名的教育家、心理学家，如苏霍姆林斯基、皮亚杰、陈鹤琴等都曾用这种方法研究过儿童。这种方法在自然状态下进行，不需要幼儿做出超越自身的反应，对幼儿的身心发展特点最为尊重。运用这种方法，研究者可以考察幼儿身心各方面的发展过程，关注个体差异，对儿童的行为做出正确的判断和评价，因此它在学前教育领域的研究中运用得十分广泛，适合于各个方面的课题研究。

一、观察和教育观察法的含义

（一）观　察

分为科学观察和日常观察：

1. 科学观察

是使被观察对象处于自然状态，研究者有目的、有计划地对观察对象进行系统的直接观察和记录，并对收集到的资料加以分析和解释，以获得对所研究问题的认识。

2. 日常观察

日常观察往往是偶然发生的观察，缺少目的性和计划性，也不做严格的记录。

对于幼儿园教师等一线的观察者来说，在不具备开展正式观察研究条件的情况下，日常观察也是了解孩子、发现问题的重要途径。

（二）教育观察法

教育观察法是人们通过感官或辅助仪器设备，有目的、有计划地对处于自然状态下的客观事物进行系统感知和考察，并通过大脑的积极思维过程对收集到的资料加以分析和解释，以形成对教育现象的认识的方法。

【知识要点】

1. 观察的基本途径：感官和辅助仪器是进行观察的两个基本途径。

2. 观察的目的性、计划性：观察内容、时间、顺序、对象、记录方法、所用辅助仪器等都是事先安排好的。

二、教育观察的意义和作用

（一）了解和评价幼儿的发展

通过教育观察，我们可以深入了解幼儿有关行为的具体表现、身心各方面的发展和个体差异，判断、评价幼儿的性格行为特点和发展水平，这是寻找更为适宜有效的教育方法和有针对性的教育措施，促进幼儿更好发展的重要前提。

（二）形成一定的教育研究课题

教育课题来源于教育问题，而教育观察是发现教育问题的一个重要来源，因此，进行教育观察有利于我们选择和形成一定的教育研究课题。

（三）获取课题研究第一手资料

通过有目的、有计划地进行教育观察，我们可以获取有关教育现象的较为客观、充实的第一手资料，这是深入认识教育现象、研究教育问题的基础。

（四）提出、检验观点与假设

许多重要教育理论的创立和研究假设的提出，都离不开研究者对教育现象的观察。通过教育观察，我们也可以检验教育理论观点和假设是否正确。

三、教育观察的基本要素

教育观察包括以下三个基本要素：

（一）观察者

它要求观察者不仅要能借助于感觉器官或辅助仪器设备，敏锐、仔细、准确地捕捉相关信息、收集教育资料，还要能在具备一定教育理论知识的基础上，以开阔的视野多角度、多层次地分析和思考问题，使观察具有精确性、系统性和全面性。

（二）观察手段

随着现代科学技术的发展，观察的手段已不仅仅局限于人体感官，照相机、摄像机、录音机等工具都已成为我们的好帮手，使我们能够更高效、更客观、更精确、更持久地获取和保存教育观察信息与资料。

（三）观察对象

教育观察的对象既包括教育活动中的人（观察信息包括人的年龄、性别、动作、表情、体态、言语等），也包括其他各种与教育活动有关的事物，如教育环境、教育资源、教育活动的组织与开展、教育教学风格、课程设置、人与环境之间的各种正式或非正式的、计划或非计划的、语言或非语言的相互作用等。

四、观察法的优缺点

（一）优　点

1. 可以从教育现场中获得较为客观、真实、生动的第一手研究资料；

2. 较为简便易行，且不影响被观察对象的自然状态，适用于教育领域的研究。

（二）局限性

1. 只适宜用来考察外显的现象和行为，不便考察隐蔽的和内在的事物；

2. 因观察者难免带有一定的主观性，故所获资料往往难以做到绝对客观；

3. 因对变量不做控制，故不能判断所观察到的现象之间的因果关系；

4. 适用的研究样本较小，不适合大范围研究，故研究结果的代表性受到影响。

总的来说，教育观察法的优点要大大超过它的缺点，应注意将其与其他方法配合使用，扬长补短，相辅相成，充分发挥它的积极作用。

五、观察法的基本程序

（一）量的研究观察程序

量的研究，就是对事物可以量化的部分进行测量和分析，以检验研究者自己关于该事物的某些理论假设的研究方法。这种研究的观察所收集的资料都是量化的数据，基本步骤如下：

1. 观察前的准备工作

（1）界定观察的变量

可以是描述性的，也可以是推论性的或评估性的。

（2）选择观察方法

在量的研究观察中，一般选用时间取样法或事件取样法，后者虽不太容易直接进行量化统计分析，但其记录方式比较灵活，可编码记录，也可采用叙述性记录，或两者结合。

（3）确定观察记录方式

为力求观察全面、系统、准确，可采取多个观察者分别针对不同的观察对象进行观察记录的方式。

（4）选择观察记录工具

可以选择用手记录，或用仪器设备记录。

（5）进行理论准备

查阅相关资料，以获得对观察问题的更多了解。

2. 进行预备性观察

为保证正式观察能较好地开展，研究者通过预备性观察的方式来完善观察设计：

（1）挑选和培训观察者

通过讨论的方式使所有观察者对观察内容和方法形成透彻理解，并通过实地观察或观看录像带的方式进行观察练习，在此基础上可进一步完善记录工具并决定最佳记录方法。

知识链接：信度

（2）确保观察信度

对幼儿教师来说，主要是同一观察者对不同观察对象在同一情景下行为的观察过程应具有一致性，如有两个或两个以上观察者，则他们对同一行为或现象的观察也应具有一定的一致性。

（3）避免或减少一些可能干扰因素造成的误差现象

比如观察者期望效应、观察者放任现象、观察反应性现象、观察仪器设备的干扰等。（详见本节拓展阅读1）

3. 进行正式观察

量的研究观察的优点是：方便观察记录；将资料收集标准化，便于统计；适合对事物之间的因果关系及相关变量之间的关系进行研究。

（二）质的研究观察程序

质的研究是以研究者本人作为研究工具，在自然情境下采用多种资料收集方法对教育现象进行整体性探究，使用归纳法分析资料和形成理论；通过与研究对象互动，对其行为和意义进行建构，以获得解释性理解的一种活动。

这种研究的观察注重从整体角度看待观察对象的行为及其环境背景，观察者常常融入自己的情感和经验来解释观察内容，其步骤如下。

1. 观察前的准备工作

根据研究目的和观察需要选择自己扮演的角色，主要有这样几种：

（1）完全参与者；（2）参与性观察者；（3）完全观察者。（详见本节拓展阅读 2）

2. 确定观察问题

3. 制订观察计划，设计观察提纲

质的观察研究中需要通过制订开放式的、有一定变通性的观察计划和提纲，来为观察提供大致的框架和方向。

4. 实施观察

（1）开放式观察

观察者以对周围事物的敏感性和反思能力，对现场进行全方位的、整体的和感受性的开放式观察，用描述的方式记录所有看到、听到、体会到的东西。

（2）逐步聚焦

对观察对象的整体有了初步感性认识之后，开始聚焦式地进行观察。

（3）回应式互动

为使自己自然地进入被观察者的生活，观察者对观察对象发起的行为做出相应的反应，而不是主动采取行动。

（4）选择观察内容

要牢记研究问题来确定观察的重点。

（5）观察记录

可以画一张直观的观察现场图，附上详细的文字说明。格式可以采用将记录纸一分为二，左边是描述性信息，右边是反思性信息的格式。所用的记录语言应具体、清晰、朴实。

（6）观察反思

反思自己的推论、疑惑或猜测，记录自己的情绪，如实记录“客观”事实。

【拓展阅读】

1. 可能造成观察误差的几种干扰现象及如何避免：

（1）观察者期望效应

观察者期望效应的产生，是由于观察者对所研究问题的假设有相当的已知度，从而有可能根据自己对问题的预期解答，带有主观方向性地去观察事物，致使观察结果更有可能吻合其期望，使研究假

设得以验证。

要避免这一误差来源，可采取的措施是在观察者中加入一个或多个对研究假设不了解的人，将他们的观察结果相对照，以确信观察结果的可靠性。

(2) 观察者放任现象

所谓观察者放任现象，是指观察者在观察记录了儿童的部分行为后，会觉得自己对儿童的反应已经“有数”了，其行为不外是如此这般，因而产生了不耐烦情绪，有意无意地凭着前面的印象来判断儿童的行为和用概括性语言简略记录，不再严格依据客观性原则一丝不苟地详细做观察记录。

要想避免这一可能导致观察结果产生误差的现象，唯一的办法是观察者在整个观察过程中始终保持一种严肃认真的科学态度，自始至终客观、详细地进行观察记录。

(3) 观察反应性现象

所谓观察反应性现象，是指被观察者知道有人在观察他时，常常会改变自己的行为，做出不正常、不自在的反应。

要消除观察者对被观察者的干扰，可以在正式观察前让观察者来到观察现场，使其与被观察者预先相互熟悉。当被观察者对观察者不再感到陌生，对观察者的出现习以为常，情绪和行为平稳下来以后，再通过正式观察获取真实客观的材料。此外，为避免观察反应性现象，也可以借助于现代化的手段，如通过摄像头或单向玻璃观察研究对象的行为表现。

(4) 观察仪器设备的干扰

研究人员在现场中观察时需用的录像、录音等设备，可能引起观察对象的好奇心而暂时分散其活动的注意力。

为避免观察仪器设备对观察对象的干扰，可事先将仪器设备在观察现场中放置一段时间，并通过让幼儿看看、摸摸、问问的方式满足幼儿的好奇心和探索欲望，等幼儿对仪器设备的存在不再感到新奇，习以为常以后再进行观察记录。

2. 观察者可以根据研究目的和观察需要，选择以下几种角色身份介入观察：

(1) 完全参与者

指观察者不透露自己的观察者身份，完全融入观察对象的活动中，从而获得非常真实的第一手资料。

(2) 参与性观察者

指观察者透露自己的身份，并与被观察者共同参与活动过程，在互动的活动中进行观察、收集资料。这样可能影响到被观察对象，使其在活动中力图掩藏某些方面而展现另一些方面，或为了迎合研究者的需要而把原本自然的状态转移到观察者所做的研究上去，结果使观察到的事物可能不够典型。

(3) 完全观察者

指观察者不参与活动而只是进行观察，对观察对象的行为与事件发展不施加任何影响，因而也能获得非常真实的第一手资料。但由于不参与活动，观察对象的行为或事件发展的相当一部分内容可能会处于观察者的视线之外，因此，获得的资料常常可能是片段的，缺乏整体感，尤其较难观察到可能发生的异常行为。

3. 在质的观察研究中，逐步聚焦式的观察有以下几种方法：

(1) 主次程序法

先观察主要对象和部分，再观察次要对象和部分。

(2) 方位程序法

按照由近及远或由远及近、从左到右或从右到左、从上到下或从下到上的方式依次进行观察。

(3) 动静结合法

从静态到动态，或由动态到静态轮流进行观察。

（4）时间抽样法

对所选择的特定时间段内发生的事情进行观察。

（5）场面抽样法

对选择的某类活动场面进行重点观察。

任务二　教育观察法的基本要求与分类

【知识要点】教育观察的基本要求：

1. 目的性和计划性；2. 知识准备；3. 在自然状态下进行；4. 尽可能客观；5. 要全面；6. 应做预备性观察；7. 预先进行观察训练；8. 讲究观察记录方法；9. 科学观察和日常观察相结合。

一、教育观察的基本要求

（一）观察要有目的性和计划性

为了提高观察的科学研究价值，研究者应在明确观察目的和任务的基础上制订较为周密的计划，包括安排和准备好观察时间、地点、对象、次数、设备、记录方式、人员分工等。

（二）观察前要有一定知识准备

研究者在进行观察前应对所要研究的问题预先有一定的认识，只有做好必要的知识准备，才不会对要观察的事物和现象“视而不见”或“见怪不怪”，才有可能发现值得研究探讨的问题。应注意将观察与思考、阅读结合起来，这样才能透过观察到的现象去把握事物的本质。

（三）观察要在自然状态下进行

观察是在自然状态下实施的，要求研究者对观察情境不加控制和干扰，包括尽可能避免与幼儿直接交流意见或参与活动，也包括对幼儿的表现不作赞同或否定评价，也不加以鼓励或批评。

（四）观察要尽可能客观

研究者应了解各种可能的误差来源，有意识地避免或减小误差、消除干扰。观察者在整个观察过程中应始终保持一种严肃认真的科学态度，自始至终客观、详细地进行观察记录。

（五）观察要全面

要观察研究对象的各个方面和全体，发展的各个阶段和全过程，以及既要观察研究对象内部的各种关系，又要观察研究对象与其他事物之间的相互关系。

当然，有时根据研究的具体情况，不必要或不可能对事物的全体进行逐一详细观察，此时应选择具有代表性的典型对象进行观察。

（六）应做预备性观察

预备性观察的目的是围绕研究问题了解幼儿的行为表现，弄清行为通常发生的场景，确定操作定义和观测指标（即对目标行为进行具体、详细的说明和规定，确定对其进行测量与观察记录的客观标准），以便在此基础上制订观察计划。它有助于观察者适应环境和观察操作，也可消除观察反应性现象等因素的干扰。

（七）预先进行观察训练

如有多个观察者同时观察同一情景，需要预先进行训练，以使观察者都能掌握观察方法，把握观察要点，理解观察行为的操作定义，确认观察行为的类型及表现方式等。

（八）讲究观察记录方法

不同的观察记录方法具有不同的特点，应根据研究的需要加以选择使用，具体的观察记录方法我们将在后面做详细介绍。总的来说，观察记录要尽可能客观，避免主观性记录。

（九）科学观察和日常观察相结合

科学观察是教育研究最基本、最常用的一种方法，它与日常生活观察是有区别的，但并不意味着日常观察不重要。事实上，很多研究课题的产生，最初都来源于日常观察发现的问题。因此，应重视把科学观察和日常生活观察有机结合起来加以运用。

二、教育观察的类型

我们可以从不同角度和侧面对教育观察法进行分类：

（一）根据观察目的分

1. 探索型观察

即对不熟悉的研究对象进行初步、全面的观察，为进一步深入观察奠定基础。

2. 验证型观察

即对已提出的初步理论假设进行观察检验。

（二）根据观察内容的范围分

1. 全面观察

是指对研究对象进行全面、系统地观察。

2. 局部观察

是指侧重了解研究对象某一方面情况的观察。

（三）根据是否有观察中介物分

1. 直接观察（又称人工观察）

是指凭借人的感觉器官直接在教育现场中观察研究对象。

2. 间接观察（又称仪器设备观察）

是指人的感官通过仪器设备或媒体去观察研究对象。

（四）根据观察者和观察事物的状态分

1. 静态观察

是指观察者不改变观察地点，固定在一个位置进行观察。

2. 动态观察

是指观察者根据观察的需要移动观察地点、改变观察时间进行观察。它可以是短时间的观察，也可以是长期的追踪观察。

（五）根据观察者是否参与观察对象的活动分

1. 参与性观察（又称内部观察）

即观察者在不暴露自己的研究者身份的前提下，不同程度地参与到研究对象的活动中，从内部观察研究对象的行为表现和活动过程。

2. 非参与性观察（又称外部观察）

即观察者作为一个旁观者不介入研究对象的活动，以局外人的身份从外部观察研究对象，不干预其活动的发展与变化。

（六）根据观察情境是否有人为设置分

1. 自然观察

指完全在自然状态下进行的观察，研究者对观察环境不做预先设计和布置，不人为控制任何因素。

2. 条件观察

指观察者对观察环境（包括实验室或教室等场所）预先进行精心设计和布置，在观察过程中对有关因素进行调控的观察。其中，在实验室中进行的条件观察又称为实验室观察。

（七）根据观察时对行为表现有无选择分

1. 选择性观察

是指只选择预先确定的行为表现加以观察记录。

2. 非选择性观察

是指观察时不做任何选择，有什么行为表现就观察、记录什么。这种观察获得的第一手原始资料可以运用于不同内容的研究。

（八）根据观察过程的设计程度分

1. 结构性观察（又称封闭式观察）

即对观察进行了比较细致的预先设计和考虑的观察，观察中基本上按照设计好的步骤进行。

2. 非结构性观察（又称开放式观察）

即事先没有进行严格设计的观察，比较机动灵活。

任务三　教育观察的记录方法

【知识要点】实况记录法

1. 记录时间：以一小时为宜，有特殊要求可延长至两个小时或半天。2. 记录方式：最好多人分工合作，也可安排两组观察者轮流进行。3. 记录设备：可借助摄像机、录音机等收集、保存资料，供研究者回放，仔细研究。

一、描述记述类

（一）实况记录法

即在某一场景下，对观察对象在某段时间内的所有动作、行为、言谈、举止等表现（包括其与周围环境和他人的互动与交往等）详细地加以记录的观察方法。

我们在学前教育研究中可以采用这种方法来考察幼儿的活动开展、教师的活动组织情况等，通过分析发现问题，进而提出改进教育的意见和建议。

案例与分析

B. 德斯拉在1901年9月发表的“观察婴儿的一个早晨”，观察时间是1895年1月19日，以他自己13个月19天的孩子为观察对象，进行了连续4个小时的观察记录：

“……他把刚拣起的一只瓶子扔下去，模仿他妈妈的样子说：‘坏孩子！’又拣起那只瓶子，坐下来，啃它。然后，右手拿着瓶子爬到左边，起身，丢下瓶子，朝他妈妈那儿走去，拿了他那装有食物的瓶子，向左转，往回走。走回他丢下的另一只瓶子那里。他试着把一个瓶盖盖在瓶子上。之后，他爬到钢琴罩子下面，用瓶子敲打钢琴。他被拉开，驯服地接受惩罚。他又躺下来吃东西，站起来，走了几步，又向左转，走了几步到钢琴前，往琴罩子下爬，又从罩子下钻出来。他拿起娃娃，弄得它哇哇叫，又扔下娃娃，去拿软木塞和锡盒，再次试图把它们装在一起，一边摆弄一边自言自语地咕噜着什么。他站起来，用右手玩钢琴，坐下，起来，又坐下……”

这段观察记录生动地再现了这个小婴儿在这天早晨的一系列动作、行为、语言和举止。用这种方法获得的资料详尽、真实，可反复利用为多种不同内容的研究服务，例如可以帮助我们了解这个婴儿的动作发展情况、他的性格特点、对周围事物的认知方式等。

需要注意的是，观察记录的都是幼儿的客观行为举止等，不要夹杂主观判断和分析。如要分析，则应在书写格式上与客观记录区分开来。

【典型工作任务】观看教师播放的一小段幼儿活动录像（大约3—5分钟），用实况记录法记录视频中幼儿的动作、行为、言谈、举止、与周围环境和他人的互动交往等，并运用所学专业知识对其发展进行理解和分析。

要求：格式上注意将客观记录部分与主观分析部分区分开来。

（二）日记描述法（又称儿童传记法）

1. 类　型

（1）综合性日记

记录儿童发展过程中各方面具有里程碑意义的新生动作和行为表现。

（2）主题日记

记录儿童的某一方面，如语言、动作、社会交往等的新发展。

即对同一个或同一组儿童进行长期跟踪，反复观察其行为表现，持续地记录其变化

(包括新的发展和新的行为)。

日记描述法是研究儿童行为的一种古老的方法，也是使用最广的方法，国内外很多教育家、心理学家都曾使用过。如德国心理学家普莱尔对自己儿子进行了长期的科学观察，并以日记方式加以详细记录，在此基础上于 1882 年完成了世界上第一本儿童心理学教科书——《儿童心理的发展》。

2. 优　点

(1) 可以全面、详尽、生动地了解儿童发展的各个方面；

(2) 可以反映儿童发展的动态过程，具有连续性和顺序性；

(3) 可长期保留和反复研究利用。

3. 局限性

(1) 由于研究对象有限因而缺乏代表性，不容易概括出儿童行为的一般特点；

(2) 因要求观察者必须在较长时间内天天有机会观察被研究对象，因此主要适用于父母对子女的观察，因而容易带有主观倾向性或偏见；

(3) 需要观察者花费大量的时间和精力，不能间断、持之以恒地进行观察记录，因此很多人难以做到这一点。

【拓展阅读】

德国心理学家普莱尔在其日记中描述了由他最早观察到的婴儿出生时的先天吸吮反射：

1870 年 9 月，这个小婴儿的头出现后的 3 分钟，他的嘴一张开始就发出了微弱的哭声。我触摸他的舌头，用手指在他的舌头上面滑动着，这孩子立刻不哭了，开始用力地吸吮我的手指。

我国著名幼儿教育家陈鹤琴先生对其长子陈一鸣的成长发育过程所做的长达 808 天连续观察记录的部分摘录：

* 第 179 天

这天晚上，父母外出，起初他同两个堂兄玩玩，过 1 点半钟后，他就要母亲，大哭不已，父母在 9 点钟回来的时候，他仍旧放声大哭，见了父母，他就不哭了。这恐怕是两种缘故：第一，饥饿，第二，他不见了最亲爱的人。

* 第 226 天

喜欢在外游玩：他祖母时常抱他下楼到外边玩耍，今天他抱在祖母手里看见楼梯，身子向着楼梯就要下去，他祖母特意转身向房里走，他就哭了；再抱向楼梯他就不哭，后来抱他下楼去，就很开心了。这里可以表示他：(1) 知道方向。(2) 喜欢到外边玩去。(3) 记得从楼梯可以出去。(4) 意志坚强。

(三) 轶事记录法

1. 轶事记录要求

(1) 要准确、如实地反映情况，不加入主观判断和解释，或把主观判断和解释与客观事实区分开来。

(2) 可以随时随地进行记录，也可以事后通过回忆追记，简单易行。

轶事记录法也是一种用来研究儿童的常用方法，着重记录观察者认为有价值、有意义的行为（一般是典型行为或异常行为）及轶事。

2. 轶事记录类型

（1）有主题的轶事记录

围绕某一确定的主题进行记录，如研究者对儿童的攻击性行为感兴趣，可以以“儿童的攻击性行为”为主题，将其如何发生以及冲突如何解决等记录下来。

（2）无主题的轶事记录

对研究对象进行广泛的轶事记录，如围绕某个特定的儿童，收集他在一段时间内发生的一些典型事例或异常行为事件的资料，留待以后进行分析研究。

案例与分析

观察记录①	分　析
幼儿A（女，4岁4个月）又将听诊器弄坏了，幼儿B（女，5岁0个月）在一旁说：“傻瓜！”幼儿C搭话：“傻瓜，真是傻瓜，傻瓜！”幼儿B接着说：“瓜傻！”幼儿D（男，4岁6个月）听了大笑。 过了一会儿幼儿D说：“手榴弹！”幼儿B说：“弹手榴！”又走到幼儿C处，拿着听诊器自己说：“他坏，他坏，坏他，坏他！”幼儿D说：“好啊，你说我坏！”幼儿B说：“不对！”	幼儿B对把词倒过来说很感兴趣，反映了她较强的幽默感。 幼儿D的大笑说明他理解了这种语言游戏，能够与同伴分享语言游戏中的幽默，这也是幼儿交往能力的重要表现。

在这个观察记录表格的左侧，研究人员客观地记录了观察对象幼儿A、B、C和D在玩小医院游戏时的一段行为和语言。而在表格的右侧，记录者写出了自己对这件轶事的理解和看法，这样就把客观事实与主观判断和解释很好地区分开来了。

用轶事记录法进行观察记录，既可以帮助幼儿教师考察儿童的个性特征和行为特点，深入了解幼儿的成长与发展过程，以便有针对性地采取教育措施；也可以帮助教师站在儿童的角度深入了解他们是如何认识世界、与周围事物互动的。通过收集相关的轶事记录资料进行归纳、分析，可以探索和揭示儿童发展和教育的规律特点。

【典型工作任务】利用周末或节假日时间，以邻居、亲戚或朋友家的一名幼儿为观察对象，用轶事记录法记录发生在他（她）身上的一两件轶事，并对其进行分析和解释。

要求：格式上注意将对轶事的客观记录与自己的判断、理解等主观看法区分开来。

二、取样观察类

（一）时间取样法

1. 时间取样法的定义

即在一个确定的、比较短的时间内，观察事先确定好的目标行为，对行为是否呈现、呈现频率及持续时间进行记录。这种方法注重的是行为事件的存在。

① 刘焱. 儿童游戏通论［M］. 北京：北京师范大学出版社，2004：288.

为简化记录形式，研究者可事先将行为类型进行编码，可用行为名称的缩写字母或字头来表示。观察者要预先理解操作定义，熟悉编码系统，才能准确地进行观察记录。操作定义可方便观察者对观察内容做出客观判断，同时作为观察的指导语，使观察者能对观察行为达成一致理解，从而有利于研究的重复验证。

案例与分析

美国研究者帕顿对 2—5 岁幼儿在游戏中的社会参与性行为进行了观察。他预先将儿童参与社会性活动或群体活动的行为分为 6 类，分别给出操作定义：

（1）无所事事的行为

儿童没有参加任何游戏活动或社会交往，只是在注视突然发生的、让他感兴趣的事情。如果没有什么有意思的事情发生，他就摆弄自己的身体，或是走来走去，跟着老师，或站在一边东张西望。

（2）旁观的行为

大部分时间在看其他儿童游戏，始终站在离那些孩子较近的地方，可能和那些孩子说几句话、问几个问题或提出某种建议，但不参与游戏。这种行为与无所事事行为的区别在于，旁观的儿童在有兴趣地观察某个儿童或群体的活动，而不是注视偶然发生的有趣的事情。

（3）单独游戏

幼儿独自玩耍，所使用的玩具往往和周围其他孩子的不一样。他专注于自己的活动，不设法接近他人或与别人说话，不受别人影响。

（4）平行游戏

幼儿在别的孩子旁边用类似的或同样的玩具玩耍，但他仍然是独自在玩，不想影响别人，也不受别人影响。

（5）联合游戏

幼儿和别人一起玩，他们围绕共同的活动进行交谈，借还材料，彼此追随或模仿，企图控制谁可以、谁不可以参加这个活动，但并不强烈。他们进行着相似的活动，但无组织和分工，每个人做自己想做的事。

（6）合作游戏

幼儿为某种目的而组成小组进行游戏。小组的活动通常被一两个领导者所左右，他们要求小组成员分工协作，担当不同的角色，为共同的活动目标而努力。

帕顿选择了自由游戏时间对幼儿进行观察，每天 1 小时；每个幼儿每次观察 1 分钟，每个对象总计观察 60—100 分钟，根据操作定义判断他的行为属于哪一类社会参与性行为，然后记录下来（表 1）。

表 1　学前儿童社会参与性活动观察记录表

时间	儿童代号	活动类型					
		无所事事	旁观	单独游戏	平行游戏	联合游戏	合作游戏

帕顿通过对观察记录的分析发现，较小的幼儿更多进行的是独自游戏，以后随着年龄增长，开始出现平行游戏；年龄较长的幼儿更多进行的是联合游戏，甚至是社会参与程度较高的合作游戏。

在以上案例中，我们看到研究者运用时间取样法观察前，首先对目标行为“无所事事的行为”、“旁观的行为”、“单独游戏”、“平行游戏”、“联合游戏”、“合作游戏”分别给出操作定义，然后在一个确定的、比较短的时间内（每天自由游戏的一小时时间里，每次观察每个幼儿 1 分钟），观察事先确定好的目标行为，判断其属于哪一类社会参与性行为，用表格的形式进行记录。最终通过对观察记录资料的分析，研究者发现了不同年龄幼儿参与性社会游戏的特点。

2. 时间取样法的注意事项

（1）观察的行为必须是经常出现、频率较高的（每 15 分钟不低于 1 次）；

（2）观察的行为必须是外显的、易被观察到的；

（3）观察前必须对目标行为进行分类，分别给出操作定义。

3. 时间取样法的优点

（1）控制性：对观察的行为或事件有较强的控制，观察内容和时间确定；

（2）定量性：能确定行为发生的频率，便于统计分析；

（3）省时省力：能在较短时间内收集到具有代表性的资料；

（4）准确客观：一定程度上可以摆脱观察者的主观选择和判断。

4. 时间取样法的局限性

（1）这种观察记录方法不能说明在具体情景下的行为及其性质；

（2）它割裂了行为与其背景之间的关系，不易确定行为之间的联系；

（3）仅适用于观察外显的和经常发生的行为；

（4）要在预先观察制表的基础上进行，容易忽略其他重要信息。

（二）事件取样法

1. 事件取样法的定义

指对预先选取的行为或事件进行观察，只要该行为或事件一出现就开始记录，并随着它的发展持续记录。

2. 注意事项

（1）需要在预备性观察的基础上，对预先确定所要研究的行为事件给出操作定义；

（2）研究者应事先熟悉观察行为或事件的一般状况，以便在适当的和最有利的场合进行观察。

案例与分析

20 世纪 30 年代国外研究者达维对幼儿的 200 例争执事件的研究，是早期运用事件取样法进行观察记录的经典案例：

在前后 4 个月的时间里，研究者选择自由游戏时间对 40 名 2—5 岁幼儿（男孩 21 名，女孩 19 名）进行描述性观察记录。预先确定“争执行为”的操作定义，明确对争执事件需要记录争执发生前的情景、各种争执行为的类型（包括攻击者、卷入者、攻击性行为、报复性行为等身体的和语言的活动），争执持续时间、行为结果及其之后的反应等。观察者在现场等待争执行为的发生，然后用秒表开始计时，同时持续进行观察记录。在对观察记录进行整理、分析、研究的基础上，撰写研究报告，从中获得了如下信息：

＊ 争执事件发生的频率及持续时间长短

40 名幼儿中，每小时发生 3—4 次争执，每次平均不超过 24 秒钟。200 次争执中只有 13 次超过 1 分钟。室内的争执比室外的要短，且都被教师及时制止了。

＊争执事件的性别差异

女孩相比男孩而言很少卷入争执，且攻击性水平也较低。

＊争执事件的年龄特点

随着年龄增长，争执行为的出现次数有所降低，但攻击性行为的程度和报复的倾向有所增长。

争执常发生在不同年龄、相同性别的幼儿之间，然而一旦男女幼儿之间发生争执，只有三分之一能够像在相同性别幼儿之间的争执那样得到和平解决。

＊争执事件的起因

大多数争执事件都是为了占有某种物品引起的。

＊争执行为的表现

几乎所有的争执都伴有动作，诸如冲击、推拉等。有时争执中幼儿也会出现哭泣和阻止等有声的情况，但无声的争执占据主要地位。

＊争执事件的解决

大部分争执是由参与者自行解决的，往往是年幼的幼儿被迫服从年长的幼儿，或是年长的幼儿自愿退出争执。

＊争执事件的后果

四分之三的情况下，幼儿在争执发生后能迅速复原，很快表现出很兴奋，而不是不满。

在以上案例中，研究者预先确定了所要观察的行为“争执行为”，然后给出它的操作定义，并确定观察所要记录的相关内容：“争执发生前的情景”、“各种争执行为的类型”、“争执持续时间”、“行为结果及其之后的反应”等。观察者在每天幼儿的自由游戏时间里围绕“争执行为”进行现场观察。当发现其出现时，对整个事件进行持续的描述记录。经过4个月左右的时间，对收集到的所有资料进行整理、分析、研究，从中可以发现争执行为的一些规律和特点。

事件取样法与时间取样法不同，它不受时间间隔或时段的限制，注重的是行为事件的性质和特点。它的记录方式比较灵活，既可以是叙述性记录（如上例），也可以是提前编码记录，或将两者结合起来使用。

3. 事件取样法的优点

(1) 因观察是在自然情景中进行的，可以了解行为或事件的背景、起因，故有助于分析可能存在的因果关系；

(2) 观察者在预先了解到的行为事件容易发生的场所等待其出现，然后进行观察记录，因此更有针对性；

(3) 事件取样法可用于研究比较广泛的行为事件。

4. 事件取样法的局限性

(1) 收集到的定性资料不太容易进行定量分析处理；

(2) 因观察到的现象在不同情景下可能具有不同性质，故缺乏测量的稳定性。

三、观察评定类

(一) 核对表法（查核清单法）

1. 核对表法的定义

即研究者事先以表格形式列出所要研究的特定情景中一些有重要意义的观察行为项目，然后观察、判断行为是否呈现，将行为存在与否记录在案。

2. 核对表法的一般步骤

(1) 列出主要观察项目；(2) 列出各项的具体内容；(3) 按一定逻辑顺序排列项目，编制观察表；(4) 事先熟悉观察行为或事件的一般状况，以便在适当的和最有利的场合进行观察记录。

案例与分析

研究者运用核对表法观察记录婴幼儿语言的发展，表格如下。

儿童姓名：　　　　　　　　　　　　　　　　　　　　观察日期：

项　　目	能	否	第一次出现时间
(1) 发音			
发出简单音节	__	__	__________
发出连续的同一音节	__	__	__________
发出仿佛说话的模仿音节	__	__	__________
(2) 句型的发展			
说单词句	__	__	__________

说双词句	_ _	_ _	_ _ _ _ _ _ _ _ _ _
说简单句	_ _	_ _	_ _ _ _ _ _ _ _ _ _
说复合句	_ _	_ _	_ _ _ _ _ _ _ _ _ _
说简单修饰语句	_ _	_ _	_ _ _ _ _ _ _ _ _ _
说复杂修饰语句	_ _	_ _	_ _ _ _ _ _ _ _ _ _
使用疑问句	_ _	_ _	_ _ _ _ _ _ _ _ _ _
使用感叹句	_ _	_ _	_ _ _ _ _ _ _ _ _ _

在以上案例中，我们看到研究者首先列出了两项观察任务："发音"、"句型的发展"，然后分别列出这两项的具体观察内容，接下来观察、判断观察行为是否呈现，将行为存在与否记录在观察表格中。

核对表法的优点是观察目的明确，便于收集特定信息，节省时间；它的局限性是不能反映观察对象行为的具体过程和背景资料。

（二）等级评定量表法

1. 等级评定量表法的定义

即对行为事件如何呈现及其在程度上的差别做出判断、确定等级，将观察所得的信息数量化。

2. 等级评定量表法的类型

（1）数字量表

是以一定顺序的数字形式确定行为类型，观察者对观察行为做出判断后，选择最适宜的数字来说明被评价的行为。

例如：

> 母亲及时发现婴儿的需要并做出积极的反馈：
> ①总是　②经常　③有时　④偶尔　⑤从没
> ……（其他项略）

（2）图示量表

①刻度尺图示量表

在一条直线上标上刻度，从高到低分别代表某一行为的不同等级，便于观察者迅速做出判断选择。

例如：

> 父亲周末与孩子玩耍的时间：
> ————————————————————
> 非常多　比较多　一般　不太多　非常少
> ……（其他项略）

② 反义词图示量表

量表的两端分别是意义相反的形容词或描述性词语，中间通常有 5 或 7 个由低到高或由高到低的单位等级。

例如：

	1　2　3　4　5　6　7	
思维灵活的 反应迅速的 ……		思维呆板的 反应迟缓的 ……

(3) 标准评定量表

将观察对象的行为与总体做比较，以标准分数或百分位数等相对分数加以评价判断。如下表，对幼儿教师进行评定时，将其与相应的群体做比较而给出一定的判断，并在相应等级中做上记号：

	最好的 1%	很好的 4%	好的 10%	中等的 50%	较差的 25%	差的 10%
工作责任感						
业务上进心						
对孩子的爱心						

(4) 累计评定量表

由一系列评定项目组成，每个项目赋予一定的分值，观察者对各个项目做出判断，最后计算各项的总得分。如幼儿园户外游戏场地评价表如下：

评价项目	评　价　标　准	得分
场地面积	达标	3
	未达标，但已采取有效变通措施	2
	未达标，尚无有效变通措施	1
	无游戏场地	0

(5) 强迫选择量表

给出一系列积极肯定的，或肯定加否定的描述性行为评价项目，评定者从中选择一个最符合被评定者的描述。如，用强迫性量表评定孩子在游戏群体中的地位：

最符合这个孩子的描述是： ——游戏的发起者 ——游戏的领导者 ——游戏的跟随者 ——游戏规则的破坏者

3. 等级评定量表法注意事项

(1) 在实地观察的基础上做出评定；

(2) 进行必要的重复评定，求平均值，或由多个评定者做出判断进而求平均值；

(3) 具体说明各评定等级的含义，降低术语的模糊性。

4. 等级评定法的优缺点

等级评定量表法的优点是比较容易编制和使用，所花时间较短，易于进行定量分析，且适用的测量行为较广。

它的局限性是：主观性较强，容易带有个人偏见，且所用术语简短模糊，评定者可能因对术语的理解不一致而造成误差。这种方法也不能说明行为的情境和原因。

任务四　教育案例、教育叙事和教育日志及撰写

一、教育案例

(一) 什么是案例

案例是对一个真实事件的复杂情境的记录，其中所包括的内容足以引起大家思考和争论的兴趣，且富有启发性。

教学案例描述的是教学实践，它以丰富的叙述形式，向人们展示了一些包含教师及教育对象的典型行为、思想、感情在内的教育故事。

比较一致的观点是，教育案例是对真实教育情境的描述，它围绕一些疑难问题或矛盾冲突的出现与解决，带给人们启示与思考。它具有典型性、研究性、启发性等特点。

(二) 教育案例的基本要素

从近几年来学前教育类刊物发表的教育案例来看，可以分为教学案例、活动案例、心理案例等类型。尽管各种案例文章在结构上也有所差异，但是仍然可以找到它们的一些共同特点。一般来说，学前教育案例包含以下三个基本要素：

1. 案例背景

教育案例中的事件往往是发生在一定的背景中的，在案例的叙述中应交代出事件发生的这一“起因”。背景可以帮助读者更好地理解案例所描述的事件，因为它为我们理解作者对问题的思考及冲突的解决提供了依据。

一般来说，教育案例的背景可以分为直接背景和间接背景。直接背景是与事件发生有直接密切联系的背景。间接背景则是与事件有一定关联，但是并不直接相关的背景。

2. 案例事件

案例事件的描述是核心部分，包括教育教学中的一个或多个疑难问题，以及这些难题的解决。在描述时要注意讲明问题是什么，如何发生的，产生原因有哪些，以及解决的过程、步骤、成效等。

3. 分析与反思

在对案例事件进行描述后，还应反思自己解决问题的心路历程，梳理自己相关的经验或教训。系统反思自己的教育教学行为，有助于提升教育智慧、形成独特的教育艺术。

可以尝试从这些角度进行反思：问题解决过程中有哪些利弊得失？有哪些体会、启示？还存在哪些未解决的问题？以后如何进一步解决这些新的问题？

反思和讨论不一定面面俱到，可以选择重要的或印象深刻的方面进行反思。

拓展幼小衔接视角　关注幼儿情感发展
——“健康运动周”记①

中国福利会托儿所　吴玲玲

运动会是常见的幼儿园大型活动。在以往的运动会中，我们往往把重点放在激发幼儿的运动兴趣，使幼儿体验运动的快乐上。因此，在项目设计上注重趣味性和幼儿的参与性，倡导人人有奖、快乐运动。随着我们所承担的全国教育科学“十一五”规划课题“幼小衔接中幼儿情感衔接的研究”的深入开展，我们对运动会的价值也有了新的定位：重视情感渗透和家庭参与；以促进幼儿生理、心理和社会性的和谐发展为宗旨，倡导全员（幼儿、家长、教师）参与，营造浓厚的运动氛围，激发幼儿的运动兴趣，丰富幼儿的运动知识，促进幼儿动作技能、个性品质、社会交往技能的全面发展。在内容上，我们按照各年龄段幼儿的情绪和社会性发展特点，确立了不同的运动主题：托小班重欢乐、分享，中大班重互动、竞赛。在时间安排上，我们将惯常的秋季运动会改为春季运动会，把一天的运动会延伸为两周的健康运动周，给予幼儿充分感知和体验的机会。

“健康运动周”主题活动内容安排包括“运动安全我知道”“运动知识有奖问答”“大家一起来报名”“我运动我健康”等几个部分。下面是其中的几个案例及分析。

活动一　运动安全我知道

我们在园舍长廊设置了图文并茂、生动形象的运动安全知识展板，内容包括“要运动了，该穿什么衣服”“户外运动时，哪些动作很危险”“户外运动时，哪些东西不能带”，鼓励家长在接送孩子时和孩子一起看看说说。在每日户外活动时，托小班教师帮助幼儿一起检查服饰安全，提醒幼儿哪些服饰和动作是不适宜的；中大班则由幼儿轮流做运动安全检查员，提醒他人注意运动安全。

案例1：瓜瓜妈妈的转变

年轻的爸爸妈妈都喜欢把孩子打扮得漂漂亮亮的。虽然教师屡屡提醒皮鞋、靴子、露趾凉鞋、紧身裤、裙子等不适合运动，但家长依然我行我素。瓜瓜是托班的女孩子，妈妈给瓜瓜添置的四季衣服大多为皮鞋和裙装。为此，教师和她沟通了数次，可她觉得穿裙装才像女孩，而且自己在给女儿挑皮鞋时还是挺注重舒适度的，参加户外活动应该没问题。

“运动安全知识展板”呈现的第一天，瓜瓜是由爸爸送来的。瓜瓜爸爸回家就和瓜瓜妈妈沟通了：“瓜瓜的服饰都不适合运动时穿。老师说，小朋友每天有两小时的运动时间，健康安全是第一位的。我们要给瓜瓜买专门的运动服。”日子长了，无论是接送瓜瓜的爷爷奶奶、外公外婆还是瓜瓜本人，都知道了哪些衣服是合适的，哪些是不合适的，瓜瓜妈妈自然也不例外。此后，淑女打扮的瓜瓜也有了运动风格的装束。

---

① 吴玲玲. 拓展幼小衔接视角 关注幼儿情感发展：“健康运动周”记 [J]. 幼儿教育，2013(13)：24－27.

案例 2：运动安全小达人

自从“运动安全知识展板”展出以后，一方面家长接送孩子时在长廊逗留的时间长了，亲子互动的频率高了，长廊成了亲子安全教育的平台；另一方面，中大班幼儿的运动安全意识变得强烈起来。以往，教师提醒女孩子运动时把发卡摘下，她们总会有些不舍。现在，她们会自觉摘下放到小抽屉里。每次户外运动前，还会先自检再互检，看到有不合适的装束就会相互提醒。于是，我们在“小小值日生”中增设了“运动安全检查员”一职，由幼儿轮流为大家服务。德德聪明而调皮，每次户外活动时，一不留神他就会做一些危险动作，如拿着玩具去攀爬，从高处往下跳……现在，当他出现不安全行为时，旁边的小朋友就会提醒、劝阻。渐渐地，他自己也知道了哪些动作是不安全的。

分析：

以往的运动安全教育以教师的宣教为主，而“运动安全知识展板”使家庭中的各类抚养人和幼儿自身都成了宣教的主体，发挥了亲子教育、同伴教育的作用，从而收到了明显的效果。这也让我们进一步认识到：环境是课程的有机组成部分，家长是幼儿园教育的重要合作者。

活动二　运动知识有奖问答

“运动知识有奖问答”由“运动文化”主题衍生而来，其目的是让幼儿了解一些浅显的运动文化和知识。在运动周环境布置中，我们创设了运动明星墙，举办了运动器械展等，让幼儿了解不同的运动项目和有关人物。在家园互动中，我们鼓励家长周末带孩子去运动场所参观或参加活动，以丰富幼儿的运动经验。在问题设置中，我们提供了托小班、中大班两套难度不同的题库，包括“刘翔是哪个城市的人”“被称为中国国球的是哪个体育项目”“上海 F1 赛场的赛道像什么字”“世界足球先生梅西是哪个国家人”等题目。每个幼儿入园时抽一题，答对即有奖。我们提供了粘纸、发带、小飞碟等多样化的奖品，供幼儿答对题目时选择。

案例 3：奖品小飞碟的故事

小班的孩子来园普遍较晚。每个班级都有 2—3 个孩子要上午 9 点以后才来园。Micky 就是其中之一。

运动周的第一天，班里有些孩子在晨间的“运动知识有奖问答”活动中得到了奖品——小飞碟，这让每天晚来的 Micky 羡慕不已。第二天，破天荒地，Micky 居然 8:45就到园了。可惜小飞碟很抢手，已经被领完了。不过她好像并不介意，说：“明天我一定会拿到的。妈妈，你明天再早一点叫我!”第三天 8:25，Micky 如愿领到了小飞碟。接下来的一周里她每天都来得很早。

豆豆也是“迟到大王”，有一天为了小飞碟特意早起赶来回答问题，但是没有答对题目，教师只奖励了他一大张贴纸。在去活动室的路上，豆豆缠着外婆去买小飞碟……晨间分享的时候，我们让大家一起来帮豆豆出主意。“今天豆豆有件难过的事情，你们想听听吗？你们能帮帮他吗？”

下午离园时，有的孩子在草地上玩小飞碟。突然，月月的飞碟飞到了水杉树上，大家想尽办法都取不下来，月月放声大哭……

分析：

“运动知识有奖回答”活动不仅鼓励幼儿去了解运动文化和知识，更为幼儿提供了体验情感和解决问题的机会。

在时间设置上，第一周是8:00—9:00，以大多数幼儿能参与为目的；第二周调整为8:00—8:30，只有早早到园的幼儿才能参加活动。如此，让幼儿逐步养成早睡早起的习惯和一定的任务意识。

由于各类奖品每天是限量的，所以，孩子们为了得到热门奖品便自己设定目标，调整行动。孩子们在争取奖品以及在用奖品游戏的过程中遇到了种种问题和困难。比如，豆豆因愿望没有达成而发脾气，月月因心爱的玩具被困树上而难过……但这也恰恰为幼儿认识、处理情绪问题提供了机会。

活动三　大家一起来报名

运动项目报名是幼儿了解自己的长处，评价自己的能力，从而做出选择的过程。我们在中大班设置了幼儿自主报名的环节。第一步：预报名。向各班发放运动项目报名表，由幼儿自行申报感兴趣的项目。第二步：预体验。幼儿在体育教师指导下体验所有项目，看看哪项更适合自己。第三步：正式报名。幼儿在体验的基础上决定参赛项目，正式报名。

案例4：佳佳的获奖风波

佳佳出生时体质孱弱，爸爸妈妈对她呵护有加，她因为很少运动而比较胖。眼看运动会要报名了，佳佳面露难色。有孩子说：“佳佳平时都很少参加体育活动，我看她15米往返跑不如我快呢。”佳佳听后更加难过，眼泪都快掉下来了。我为她辩护：“佳佳那段时间在生病，不能剧烈运动，但这不代表佳佳运动能力不如其他人。”甜甜说：“是啊，佳佳跑步不快，但其他方面说不定很强呢。”我接着甜甜的话问：“我们先来看看这次比赛项目都需要哪些能力，再帮佳佳想想办法。”驰驰：“15米往返跑要跑得很快才行。”甜甜：“‘翻越障碍’要动作很灵活。”思思：“‘足球小将’需要会踢足球。”宝宝：“‘灌篮高手’需要投篮投得准。”……

听了大家的分析，我又问：“你们觉得佳佳在运动会上有什么优势呢?”噜噜说：“佳佳长得比较高大，是班上最高的女孩子。”妞妞说：“佳佳看上去挺强壮的，力气应该蛮大的。”我又问佳佳：“你自己觉得哪个项目比较合适呢?”佳佳听到大家不再嘲笑她，而是用心地帮助她想办法，情绪逐渐好转。她思考了片刻说：“我想报‘灌篮高手’。我长得高，平时在‘嘉年华’里投篮投得最好。我还想报‘翻越障碍’。垫子虽然很高，但我个子高，说不定一下子就能翻过去。”听了佳佳的话，我真心感到高兴。佳佳已经从不愿参加运动会的低落情绪中慢慢走出来了，并且在其他孩子的支持鼓励下认识到了自己的长处。

案例5：获奖最多班级的诞生

我班孩子在报名时将眼光集中到了他们感兴趣的运动项目上，如“骑自行车”和“灌篮高手”。结果这两个项目的报名人数远远超出了参赛名额，而“翻越障碍”与“跨栏”这两个项目因难度系数较大，没人报名。于是，我组织了以下活动：播放了刘翔、姚明等运动明星的简介短片，解读明星故事，从而让孩子们了解参加运动竞赛除了要根

据自己的兴趣爱好外，更应扬长避短，选择自己的优势项目。接着，我组织孩子们进行预体验活动，让他们在尝试中了解自己有什么优势，适合哪个项目。

第二次报名开始了。在报名前，我先组织孩子们交流、讨论自己体形上的优势与劣势、运动技能上的长处与短处，以及什么样的人来参加这几项运动项目更合适。这次，孩子们在报名时显得从容而理智。比如，棋棋本来报的是“骑自行车”，但在预体验中他发现自己个子太高，骑车不够灵活，便选择了跨栏，因为他知道自己腿长，跨栏容易，跑起来快。孩子们还会根据运动项目和个人的特点进行判断，帮同伴出点子。比如，嘟嘟个子比较矮小，运动能力较弱，孩子们便建议她选择走高跷，嘟嘟采纳了大家的建议。

在本次运动会上，我班一共拿到了大班组 13 个奖项。运动会结束后，我们开了庆功会，除了分享胜利的喜悦外，重点引导孩子反思拿到那么多奖项的原因，从而使孩子们明白了做任何事情都要根据每个人的特点扬长避短的道理。

案例 6：铭铭的难忘时刻

随着大班个人项目和亲子项目陆续完成报名，大家为了由谁来参加最后的集体项目“人猿泰山”争论得颇为激烈。这个项目规定先由八个爸爸将八个孩子从队首抱起传递到队尾，然后孩子再依次从爸爸们做的山洞里爬回起点。铭铭早就知道爸爸要来参加这个项目，所以自告奋勇地报名了。但在讨论时，孩子们认为这个项目取胜的关键是爸爸的力气要大，小朋友要爬得快。如果小朋友的体重轻些，也能让爸爸们省些力气，提高速度。于是，铭铭主动要求退出这个项目：“我在班级里个头最高，比较重，会让爸爸们累着，影响速度。”看铭铭这么顾全大局，我和孩子们都为他鼓掌。

比赛相当激烈，孩子们一个个使出了浑身解数，爸爸们也一个个拼尽全力。没有参加的家长和孩子们则激动地为自己的队伍加油助威。铭铭手拿红旗，带领大家一起喊口号：“大一大一，勇夺第一！”激动人心的一刻来到了，我们获得了第一。

分析：

报名活动让每个孩子获得了一次在集体中评价自己并做出选择的机会。预报名、预体验和正式报名三个环节的设置，使孩子有机会充分体验：原来我并不是很了解自己，我要通过和同伴作比较，才能知道自己的优势在哪里；每个人都有自己的特点，可以在不同的运动项目中加以发挥。

在这个过程中，我们看到了孩子们对自我的评价从主观走向客观，从否定自己或他人走向悦纳自己或他人，从关注自己走向关注集体，生动地体现了孩子的心理成长过程。而这其中面临抉择时的人生智慧会让孩子们一辈子受用。

活动四 我运动我健康

在主题活动的基础上，各年龄组分别举行运动会（周二托班组，周三小班组，周四中班组，周五大班组）。各年龄组均设个人项目和亲子项目。托小班幼儿在父母带领下参加各个项目，每完成一个项目可得一个星星粘纸，凭星星粘纸领取奖品；中大班各项目均设有等第，前三名除了普通奖品外还将获得奖状。大班在个人项目、亲子项目外增设集体项目“人猿泰山”。对于中大班幼儿来说，运动会不仅仅会带来快乐，还有更丰富的情感体验和考验等待着他们。

案例7：对手还是朋友

萱萱和丫丫是好朋友。萱萱开朗活泼，丫丫比较内向。这次她俩报了同样的运动项目——走高跷，理由是："我们是好朋友，所以要参加一样的项目，一起比。"萱萱个大、敏捷，预赛成绩最好，是高跷比赛夺冠的热门人选。决赛时，萱萱自信满满，一路领先，不料快到终点时意外地摔了一跤。勇敢的萱萱马上爬起来继续比赛，可惜此时丫丫已冲过了终点线。意外输了比赛的萱萱看着丫丫高兴的样子，"哇"的一声大哭起来。她还推了丫丫一下，并对着丫丫大喊："我再也不和你做朋友了！"丫丫从欣喜转为不知所措，用求助的眼光看着我。

"哦，萱萱手受伤了，一定很疼。丫丫，我们陪她去医务室包扎一下，好吗?"我想现在萱萱情绪激动，需要冷处理。整个过程丫丫一直默默地陪在身边，萱萱的情绪渐渐没那么强烈了。我问："萱萱，你心里很难过是吗?"萱萱点点头。"是啊，每个人遇到这样的情况都会难过的，不过比赛就是这样，总会有意外发生。刘翔有一次比赛还因为抢跑而退赛呢。虽然你今天输了比赛，老师还是为你自豪。因为你摔得那么疼，还马上爬起来继续比赛，真的很了不起。"接着，我转向丫丫："你是不是也感觉有点难过啊?"丫丫也点点头说："看到萱萱摔倒了，我有点难过。听到萱萱说不和我做朋友时我最难过了。"丫丫的眼眶里有眼泪在打转。"比赛中有小意外是很正常的事，可要是没了第一，再没了好朋友，可太不划算了。你看你受伤了，丫丫多着急啊！"丫丫连连点头。"所以，刚才你说再也不理她，她可伤心了……哦，想起来了，等会儿还有集体项目呢。快去吧，迟了要赶不上了！"萱萱牵起丫丫的手朝操场上跑去。一对好朋友又和好如初了。

分析：

如何面对比赛中的朋友，对幼儿来说的确是个挑战。在本案例中，萱萱平时很受同伴欢迎，属于强势的一方；而丫丫平时是容易被忽视的孩子，属于弱势一方。一般而言，各方面都比较"弱"的孩子已习惯于做"弱者"——得不到表扬、没有表现的机会或是输给强者也无所谓，但能力强的孩子则会在遭遇失败时心有不甘，表现出生气、嫉妒的情绪。幼儿期正是交往能力发展迅速的阶段，教师应在这方面给予幼儿充分的关注，通过多种方式引导幼儿表达自己的情绪和感受，并耐心倾听。这将有利于幼儿及时宣泄消极情绪，以平和的心态面对矛盾，积极寻求解决问题的办法。

案例8：挑战第一，胜负第二

噜噜运动能力很强，他报名参加15米往返跑。这天体育活动时，黄老师（体育老师）说："大二班的朗朗报了15米往返跑，目前他是大班中跑得最快的，没人能跟他比。"噜噜一听急了。如果朗朗胜券在握，他岂不是没有希望了。他有点沮丧，但转眼又不服气地说："我也跑得很快，我绝对不会输的。"我们都知道朗朗的实力，但看噜噜这么有信心，就试探他说："要不你再考虑一下？冠军只有一个哦。"他犹豫了，过了一会儿说："我能不能先和他比一次，看到底谁赢谁输?"预赛结果在预料之中，三次比赛均以噜噜失败告终。本以为这次他一定会放弃，没想到他的决定是："我还是选择跑步，我现在要争取亚军。"

比赛场上总有意外。运动会那天，另外一个孩子发挥出色，得了第一名，朗朗由于失误得了第三名，噜噜竭尽所能发挥了自己的正常水平，达到了预期的目标——亚军。在领奖台上，噜噜对朗朗说："没想到我超过了你。我们下次都可以再争取第一名。"

分析：

面对竞赛，我们常常只看胜负，关注孩子有没有为集体增光。而噜噜却教会了我们认识运动竞技的本质：挑战自己！挑战第一，胜负第二。每个参赛者都是挑战自我的赢家。如今，噜噜的故事已成了孩子们认识和面对得失胜败的榜样：重要的不是赢过他人，而是赢过自己；不是超越他人，而是超越自己。

在健康运动周活动中，我园教师注重情感渗透、家庭参与，收到了预期的效果。不过，从本次活动来看，以下几方面还可以进一步完善：

（一）加强教师和家长的情感教育意识

在本次运动周活动中我们发现，虽然不同班级的幼儿参与同样的活动，但其发挥的情感教育价值呈现出较大的差异，尤其是遇到"奖品"和"胜负"的问题时。通常情况下，幼儿遇到不如意时容易发脾气，这时不同价值观教师的处理方式差异较大，因而效果也不同。因此，在运动周前期，教师要围绕园部总体的活动设计，明确本班幼儿参与运动周活动的情感教育价值，针对容易出现的问题提出对策，并通过家长会、家园互动栏等途径向家长做宣传。就园部而言，可以采取以下措施：(1) 运动周活动开展前，结合活动案例对全体教师进行培训。(2) 通过制作运动周专题宣教光碟、提供家长会课程讲座等方式加强对家长的宣传和指导，形成家园合力。

（二）加大家长和幼儿的参与度

在本次运动周活动中我们发现，自由、自主的选择和参与能使幼儿和家长有更多机会经历情绪事件。因此，在运动周活动安排上，我们可以适当加大幼儿和家长的参与度，如在运动项目设置上可以采用幼儿园设计、家庭推荐和幼儿评选相结合的方式，使运动项目更丰富多样。

（三）加深幼儿的情感体验

在本次运动周活动中我们发现，在中大班采用竞赛制，丰富了幼儿对多种情绪情感的体验，使他们对胜负有了真切的感受。但由于获奖面只有30%，70%的幼儿会有较强的失落感。因此，我们在融入竞赛元素时，宜凸显"挑战第一，胜负第二"的运动精神。对于参赛而没有获得名次的幼儿也应给予一定奖励，以提高幼儿参与活动的积极性，体验成功感。

在以上这篇文章中，作者围绕健康运动周系列活动的展开，列举了其间发生的相关事件，通过具体案例对健康运动周活动的开展情况进行分析，最后又从三个方面总结了如何进一步完善健康运动周活动的开展。

【拓展阅读】

日常活动中幼儿语音学习指导的误区及对策例谈①

浙江省东阳市实验幼儿园　沈群英

幼儿期是语言发展的重要时期。大多数幼儿园教师重视幼儿语言教学活动的组织，而忽略在日常活动中对幼儿语言学习的指导。下面我以孩子们的日常活动为例，来探讨教师指导幼儿语言学习的误区及对策。

误区一：忽略幼儿的表达欲望

【片段一】

“送礼物”游戏活动中，教师准备了“爸爸”“妈妈”“宝宝”的人物图片及大小不一的衣服、裤子、鞋子等礼物图片，要求幼儿分别为人物选择合适的“礼物”贴在他们的下方。操作中有一个幼儿自言自语道：“爸爸穿最大的衣服……”教师马上用“嘘”制止了幼儿……

【片段二】

饭后，教师带着孩子们散步。正是春暖花开时节，苹果树长出了嫩芽，樱花热烈绽放……孩子们忍不住窃窃私语，有的说：“快看！树上长出嫩芽了。”有的说：“我看到地上有新的小草长出来了。”孩子们边看便放慢了脚步，原本整齐的队伍越来越松散。教师于是停下脚步整顿队伍，并要求孩子们保持安静……

【分析及对策建议】

幼儿的语言能力是在交流和运用的过程中发展起来的。《3－6岁儿童学习与发展指南》（以下简称《指南》）指出：“幼儿语言的发展要贯穿于各个领域。”“每天要有足够的时间与幼儿交谈。”“应为幼儿创设自由、宽松的语言交往环境，让幼儿想说、敢说、喜欢说并得到积极回应。”由此，当幼儿没有表达欲望时，教师应该想方设法激发幼儿的表达欲望；当幼儿表现出表达欲望时，教师应该把握机会，鼓励与引导幼儿尽情表达。在以上两个片段中，教师注重引导幼儿遵守生活常规和操作规则，而忽略了日常活动中幼儿表达的需要以及日常生活中幼儿语言发展的价值，错失了指导幼儿进行语言学习的机会。其实，只要教师稍加引领，就可以在不知不觉中促进幼儿语言的发展。比如：在片段一中，教师可以让幼儿一边送礼物，一边表述自己的做法，如：“我把这件最大的衣物送给爸爸，给妈妈穿这条不大也不小的裤子，最小的鞋子送给宝宝……”这样，幼儿不仅开心，而且学会了恰当表达自己的操作过程。

在片段二中，教师可以根据幼儿的兴趣及时生成话题：“小朋友的眼睛可真亮，已经发现了春天的一些变化。大家再仔细找找还有哪些变化，把你的发现告诉大家。”“除了樱花，你还知道哪些花也开了？在哪里看到的？什么颜色的？你能说给大家听听吗？”这样，孩子们肯定会饶有兴致地围绕这个话题展开讲述，如：“樱花开得真好看，我们小区里的樱花也开了。”“我星期天到乡下爷爷家，看到杜鹃花真好看，颜色很特别！”……教师可以顺着幼儿的回答不断地扩展他们的生活经验，丰富他们的语言表达。

误区二：谈话内容远离幼儿的实际生活

【片段一】

在教学活动“快乐的皮影人”进行之前，为了做好经验准备，教师把晨间谈话的内容确定为“我知道的皮影戏”。当教师问“你看过皮影戏吗？”时，孩子们面面相觑。过了一会儿，一个幼儿发问：“老师，什么是皮影戏啊？”于是，教师开始给孩子们讲解皮影戏的来源、材料等相关知识。

---

① 沈群英．日常活动中幼儿语言学习指导的误区及对策例谈［J］．幼儿教育，2013（7\\8）：40－41.

【片段二】

前段时间，全国多个城市出现了 H_7N_9 禽流感患者，教师觉得应该引导幼儿注意预防禽流感，于是就进行了晨间谈话。一开始，教师便问："谁知道禽流感是怎么来的？我们要怎样预防禽流感？"孩子们你看看我，我看看你，无言以对。

【分析及对策建议】

《指南》语言领域的"教育建议"指出："多给幼儿提供倾听与交谈的机会，经常和幼儿一起谈论她们感兴趣的话题。"孩子感兴趣的话题必然是与孩子的生活经验密切联系的。对于片段一的话题内容，大部分幼儿缺乏直接经验，孩子们无话可说。而片段二的话题是社会的热点话题，孩子比较熟悉，但教师的具体问题显然超越了孩子的已有经验。H_7N_9 禽流感的发病原因是一个连医学界都还没有完全搞清楚的难题，幼儿怎么说得出来呢？所以，从这两个片段来看，教师所选的话题与幼儿的生活经验相隔较远，无法引起幼儿的共鸣，也使幼儿无话可说。

其实，有关皮影戏的话题，教师应该事先让孩子们与家长一起搜集有关素材，了解相关知识，这样再来组织谈话，孩子们就有话可说了。而对于禽流感的话题，教师则可以转换提问，请幼儿说说可以怎么预防。这样孩子们就会从自己的生活出发展开讨论，比如，"我们要保护好身体，不偏食，多吃蔬菜""要多喝水""要经常洗手，特别是吃东西之前要洗手"……此时，教师还可以继续引导："据科学家研究，小鸟、小鸡等禽类会传染禽流感，我们该怎么保护自己呢？"孩子们又会有许多话说："这段时间我不去喂鸽子了。""我让爷爷别把鸟笼挂在家里。""我再也不摸小鸡的毛了。"……

误区三：对阅读区的指导不当

【片段一】

阅读区内共有十二个孩子，其中三个孩子一起看一本书，一边看一边讨论，一个孩子偶尔模仿图书中人物的动作，惹得另外两个哈哈大笑。有一个孩子围着看书的孩子转，时不时地碰一下别人。受其影响，不少幼儿放弃看书，一起玩起来。正在吵闹之时，教师走过来说："不准吵，看书要安安静静。"

【片段二】

七八个孩子在看书，看到教师走过来，其中一个孩子指着画面问："老师，这是什么？"其他孩子见状也纷纷围过来："老师，这个故事我不会讲，你讲给我听吧。""老师，讲我这一本吧！"……教师不耐烦地皱起眉头说："自己看，自己看，老师还有事呢。"

【分析及对策建议】

《指南》语言领域的"教育建议"提出，要"提供一定数量、符合幼儿年龄特点、富有童趣的图画书"，要"提供童谣、故事和诗歌等不同体裁的儿童文学作品，让幼儿自主选择与阅读"，要"提供相对安静的地方，尽量减少干扰"，要"经常抽时间与幼儿一起看图书、讲故事"，等等。

许多教师认为，教师只要在阅读区投放一些书籍，幼儿就会自己去看，而且会自然而然喜欢上阅读，语言能力就会得到发展，其实不然。教师适时适宜的指导非常重要。如果像片段一中那样，阅读区缺乏相应的规则，孩子们随意进出，自由吵闹，必定会影响阅读的效果。因此，首先，教师要和孩子一起讨论为阅读区制订规则，比如轻轻拿、轻轻放、不争抢等；其次，教师要随时关注幼儿的阅读行为，适时介入指导；最后，教师要常常陪幼儿一起阅读，还要鼓励幼儿查阅图书资料，让他们感受图书的作用，体会通过阅读获取信息的乐趣，从而进一步产生阅读的兴趣，积累语言学习的前期经验。

误区四：教师的日常用语过于随意

【片段一】

餐前，托班教师带着孩子做手指游戏，看到保育员已分好饭菜，便说："小朋友，请把小椅子麻（'麻'是东阳方言，意思是'转'）过去。"这普通话里突然夹着的方言令许多孩子莫名其妙。教师

看着孩子没有将椅子转向桌子，又补充了一句："请你们吃饭了，怎么都不动呀?"

【片段二】

下午的活动是折"千纸鹤"。翰翰怎么也折不好，很多次向教师求助。教师不耐烦地说："讲了多少遍了还不会，真笨!"甜甜的千纸鹤被牛牛弄破了，她哭着向教师告状，教师没好气地说："就知道哭，没出息!"豆豆与鹏鹏拿着折好的千纸鹤兴奋地在活动室里你追我赶，教师一把揪住豆豆训斥道："又跑，说了一百遍了，还改不掉这臭毛病!"回过头，又瞪着眼指责调皮的鹏鹏："还有你！看见你，我就烦!"

【分析及对策建议】

教师是幼儿学习语言的直接榜样，其一言一行都潜移默化地影响着幼儿的发展。因此，《指南》建议，"和幼儿讲话时，成人自身的语言要清楚、简洁""与幼儿交谈时，要用幼儿能听得懂的语言""成人注意语言文明，为幼儿做出表率""对幼儿讲话时，注意结合情境使用丰富的语言，以便于幼儿理解"，等等。但从以上案例中我们可以看出，不少教师在日常与幼儿交流时存在语言不明确、不规范、不文明、不生动等问题，需要加以改变，以便为幼儿创设优美的语言环境，提供规范、优美、生动的语言范本。

首先，教师要坚持用普通话与幼儿交流，特别是不能用方言和儿化语言，以便幼儿从小学习规范语言。其次，教师要时刻注意文明用语，要用正面语言进行引导，如"不着急，咱们一起试试""别哭，我来帮你""你想一想这样做对不对"，等等。这样不仅正面引导了幼儿的行为，而且潜移默化地影响了幼儿的语言表达，使他们形成文明用语的习惯。此外，教师说话时还要注意相应的语气、语调，并可运用合适的眼神、表情、动作等增强语言的感染力。在这样的熏陶下，幼儿的语言表达也会变得生动得体。

在指导幼儿语言学习的过程中，教师要密切注意观察幼儿的日常活动，巧妙捕捉教育契机，充分利用幼儿的生活经验，尊重幼儿的表达需要，并树立文明、规范的语言榜样，促进幼儿语言能力的发展。

二、教育叙事

（一）教育叙事的含义

简单地说，教育叙事就是"讲教育故事"，教师以讲故事的方式描述自己的教育教学经验、行为。通过讲述在日常生活、教育教学中曾经发生或正在发生的教育事件，教师记录下自己心灵成长的轨迹，反映出自己在教育教学活动中的真情实感。

用叙事的方式来讲教育故事，不是为了检验某种已有的教育理论，也不是为了构建新的教育理论，其主要目的是通过这种方式反思自己的教育教学活动，进而改进自己的行动，不断提高教育教学质量

（二）教育叙事的特征

教育叙事重视讲述普通教育者的日常生活或教育教学故事，它具有以下主要特征：

1. 所讲述的是实际已经发生过的教育事件；
2. 教育叙事特别关注叙述者的亲身经历；
3. 所叙述的内容具有一定的"情节性"；
4. 从具体教育事件及其情节中归纳出一定的教育理念。

（三）教育叙事的类型

常见的教育叙事包括以下几种类型：

1. 以“白描”的叙事手法展现事件本身，按照事件发生的先后顺序进行叙述，但是并不面面俱到，而是始终突出事件的核心、问题的关键部分；

2. 密切关注叙述者的内心感受，注重叙述者对问题的看法和思考过程，夹叙夹议地对事件进行反思和深层次的洞察；

3. 注意站在叙述对象的立场上来讲述教育故事，用其身份、语言、行为等来再现事件发生的场景。

（四）撰写注意事项

1. 注意积累大量的一手材料

可以通过观察、访谈等方式收集材料，除教师自己的记录外，还包括教育对象的各种活动图片、相关文件等。

2. 围绕一个明确的主题将材料串联起来

应注意对一个或一连串的教育教学事件进行梳理，从中提取出能体现相关教育教学理念的主题，将观点和材料结合起来进行记叙。

3. 注重事件的细节

事件在教育叙事的撰写中非常重要，记叙时要注意回到事件本身，用事件来说话、讲故事。关注和描写事件的细节，有助于帮助读者了解故事的来龙去脉，理解这些细节背后的潜在意义。

4. 重视对事件的分析和阐释

对事件的分析和阐释是教育叙事中不可缺少的部分。也就是说，我们不仅要通过叙事将日常的教育现象详尽地呈现在读者面前，而且要解析教育现象背后所隐藏的教育本质与意义，从而使得平凡的教育故事显露出不平凡的教育智慧。

【拓展阅读】

记事本出炉记①

浙江宁波市华泰剑桥幼儿园 陈燕

大班幼儿面临幼小衔接，为了增强幼儿的任务意识，培养他们自主完成任务的习惯，应老师做了多种多样的尝试，比如，让幼儿从家中带来种子到自然界来种植，回家准备第二天活动用的资料，将自己做的作品带回家给父母欣赏，等等。可孩子们总是丢三落四，目标达成度非常低。为了让任务意识根植于幼儿心中，应老师反复强化，甚至还用上了后果体验法、冷处理法等。尽管如此，一旦老师说有任务要布置，有几个孩子就会皱着眉头说：“又要布置任务啊！”表现出不耐烦的情绪。看来，这些做法已经慢慢地背离初衷了，它们的意义和价值何在？应老师迷茫了：难道培养孩子的责任感真的那么难吗？

·记事卡的诞生

在“感恩周”活动中，应老师请孩子们回家收集妈妈的有关信息。第二天来园时，全班 32 个孩子中有 17 个带来了有关资料。自然这 17 个孩子得到了老师的表扬。不少没带来资料的孩子在羡慕之

① 陈燕．记事本出炉记［J］．幼儿教育，2013（7）：28－29.

余流露出了无奈。批评这些孩子吗？根据以往的经验，批评并没有多大效果。于是应老师改变策略，引导孩子们就这件事情展开了交流、讨论。“怎样记住任务？”孩子们七嘴八舌，每次都能记住任务的洋洋说：“我每次都在手心里画圈，画一个圈表示一件事，画两个圈表示两件事。这样晚上就不会忘记了！”原来洋洋这么有心。用同样方法记住任务的还有璐璐和辉辉，他们也是用做记号的方法来提醒自己的。应老师一阵欣喜。经过讨论，洋洋的方法得到了全体孩子的认同，当天就有一大部分孩子用这个方法记住了任务。在接下来的几天里，孩子们提出在手心里画记号的方法不太卫生，并商量出了一个替代的方法。他们把自己需要完成的事情记在一张彩色卡纸上，并称之为“记事卡”。

·改良记事卡

一段时间后，记事卡遗失、撕破的现象多了起来，孩子们对于任务的记录也因为形式过于单一而慢慢地失去了兴趣，有些孩子索性把记事卡当成了画纸。这样发展下去，记事卡即将面临被淘汰的命运。应老师决定对记事卡进行改良，还记事卡原本的培养幼儿责任意识的功能。

晨谈时间，应老师隆重推出浩浩的记事卡。那是一张颇有艺术创意的卡片，卡片上印了一只大大的手，手指尖上画了圈，估计就是要记事的任务。同时，应老师还出示了自己设计的卡片，以激起孩子记录的愿望。在欣赏了各种各样的便笺纸、贺卡、图册后，孩子们跃跃欲试，设计出了各不相同的记事本。孩子们用不太容易破的彩色卡纸订成一本小册子，设计了封面，写上了名字、学号。会写字的辉辉用歪歪扭扭的字给小册子起了名字《心爱的小本本》；璐璐煞有其事地给小册子设计了目录、页码和封底；多多提出每张纸上应该有日期；欣欣认为可以把当天的气象记录放上去……每个孩子拥有了自己的记事本。他们把记事本放在自己的橱柜里，每天晚上带回家，第二天再带到幼儿园里来。应老师和孩子还约定：一个月后看看谁的记事本最新。因为有了约定，大家都非常爱护自己的记事本。

·记事卡上墙

记事本让孩子们变成了有心人，他们每天把本子带来带去。但是没过多久，又有些孩子出状况了，如本子忘带了，本子丢了，更多的是头天晚上还记得并完成了任务，但是第二天早上一急就把准备好的东西和本子忘在家里了。于是，细心的应老师为孩子们准备了小袋子，专门装记事本，同时在活动室的墙上开辟了一个记事本悬挂栏，谁忘了带回去就会有人发现、提醒。应老师还建议家长在家里的进门处放置一个筐，摆放孩子第二天要带到幼儿园来的物品。应老师还在悬挂栏旁设置了一张记录表，每天带来记事本的孩子可在表格上插根小棒，每周统计、评比一次，坚持天数多的就可以得到神秘小礼品。为了防止形式化，应老师还建议家长每天记录相应情况进行反馈，并画个笑脸。

·让记事本更具个性色彩

虽然孩子们每天把记事本带来带去，但由于应老师并不是每天都布置任务，所以记事本渐渐变成了孩子们的绘画本。应老师陷入思考：既然孩子们已经养成了记录的习惯，接下来就应该挖掘记事本的教育价值，从而提高记录的有效性，帮助孩子提高自主学习的能力。

在原有记事本的基础上，应老师设计了记录内页。每页除了保留原先就有的日期、天气等内容外，还为不同水平、不同特点的孩子设计了不同的提示符号。明明记事情很有条理，应老师为她设计的是条框式的小火车记录页；一列小火车可以记录一个内容，除了序号，框框的留白部分是供孩子记录的；心心经常把关键的事情忘记，应老师为她设计的是半填空式的小火车记录页，每列小火车前面有相关提示符号，如小手（要做的事情）、小眼睛（要看的事物）、小问号（要学的本领）等；彤彤已经能够写好多字，她可以用文字与图画进行记录；诺诺喜欢画画，应老师为她设计了一个个画框，她可将要记录的内容画在画框里……不同要求的记录内页化解了孩子记录的难度，满足了不同孩子的需要。

有了教师设计的记录内页，孩子们的记录变得有序且有效了，他们会把当天的任务记下来，慢慢地，还会把当天发生的有趣的事情也记在本子上。茜茜在记录一次“美味早餐”的活动后，还在边上用红色笔加上了一个笑脸，说明自己当天很开心。于是，情绪记录页融入了记录本中，孩子们学着用简单的心情符号记录每天的心情。

虽然孩子的记录是零碎的，但真实有趣。应老师启发孩子在每张内页上增设了“应老师知心话”“爸爸妈妈回音壁”，以便教师和家长对孩子当天的记录进行及时的回应与评价。“好朋友悄悄话”则能引发同伴间的交往与沟通，孩子们非常愿意让好朋友在自己的记事本上留下各种信息：跷起的大拇指，有趣的小鬼脸，刚刚学会的文字，等等，拉近了同伴间的距离。

通过老师和孩子的共同努力，记事本越来越完善，成了孩子们自我管理、积极交流的桥梁，孩子们的坚持性、任务意识明显增强。

三、教育日志

（一）教育日志的含义

教育日志是教师将随时出现的、记忆深刻的教育事件（包括问题、感悟、经验等）记录下来，进行总结和分析。除了传统的以纸和笔为载体和工具的教育日志外，还包括近年来兴起的网络日志——“博客”。

教育日志可长可短，文体上比较随意，可选择的内容也非常丰富，撰写简单易行。

（二）教育日志的类别

1. 跟踪式教育日志

这种教育日志主题鲜明，以时间为线索进行记录。内容可以是对某一事件的跟踪记录，也可以是对某个个体的跟踪记录。

2. 专题式的教育日志

这种教育日志一般用于专题研究，其主题非常鲜明，围绕一个专题对相关事件进行观察、记录和分析，针对性强，分析深入。凡是教育教学中存在的问题，都可以成为专题式教育日志的对象。

3. 随笔式的教育日志

这种教育日志是对身边发生的偶然事件、精彩对话、成功经验、失败做法等感到有话可说时记录下来的教育日志。这种日志比较随意，教师可以随时在日志中记录自己的一些随想和感受，可为教师对某些关键问题的深入思考提供素材。

4. 网络教育日志

网络教育日志“博客”与传统日记式日志相比，具有明显的优势。教师可以把自己的做法、经验等与异地的同行分享，在相互交流中共同促进和提高。

（三）教育日志的撰写

教师应注意多读与自己工作有关的专业书刊，提高自己的理论修养。在此基础上，还应具有较强的问题意识，勤于思考，不断反思自己的教育教学实践，更新自己的教育理念。

【拓展阅读】

上海市本溪路幼儿园特级教师应彩云老师教育日志①

* **2013 年 12 月 30 日　幼师的好心态**

晚餐后 8 点的微信空间里，一群幼师这样聊着：

“晚上好。亲们，我课题报告写不出啊！”

“亲们，我早上 7:30 到园，目前是加班模式……”

“幼儿教师，不是加班，就是受气！”

“除了受领导的气，还要受家长的气！”

“幼儿教师啊，手头工作没完没了啊……”

……　……

似乎是自我释放的抱怨，却足以毁了一个美妙而歇息的夜晚。

仔细想来，类似的抱怨岂止来自幼儿教师，只要社会人都会滋生。不是吗？如此高速发展的社会里，职员加班可能是不可少的；富有上进心的人，自我挑战可能是必须的；拥有理想的人，钻研难题可能是持续的；家长追求全面发展的需求里，幼师服务的缺憾可能是无法避免的……所以，幼儿教师遇到的堵心事，都是做社会人的寻常事。

只是，幼师的工作毕竟是陪伴“花朵”的职业。幼儿的成长，太需要我们具有天使的纯爱和笑靥。因此，即使再垂头丧气或义愤填膺，我们也要及时地调整自己的心态，尽快恢复幼儿教师应有的面貌和气质。

于是，每每这当口，我们总习惯宣泄，而对象往往是朋友、家人，抑或是自家的孩子，有时还不自觉地将气泄在班级孩子身上。当然，对于身心健康而言，找个亲密的人“撒气”，是个不错的方法。

然而，不断的抱怨和迁怒，使我们渐渐失落自己平和的心境、不断牺牲家人愉悦的时光，最终在人前背后，落下一个“怨妇”的形象，哪怕是亲人。如此，幼师的人生品质就大大地打了折扣。

何必？何苦？

调整心态，应该有更为优雅而有效的途径和方法。

还是年青时的一个发工资日。欢天喜地之余发现被扣了一些，得到的解释却是：“这月奖金你比老教师都高。但发现，你在办公室用耳机听音乐，所以扣了些。”什么理由！我又气愤又难过。

下班后，我独自去剧场，观看钟爱的话剧《大鼻子情圣》。剧场里，我立刻被艺术家精湛的演技和欢乐而深厚的剧情所吸引，完全着迷于演出而抛开了郁闷。散场回家的路上，我依然沉迷地回味着，心里充满了快乐的感觉。

当我再次想起白天的委屈时，幸福的胸怀已经宽厚了许多：“自己也是有错的，听耳机确实不是办公室的状态。”晴朗的“心”空里，还许下了改错的诺言。

我想：拥有丰富爱好的人，比较容易在自我的生活情趣中，调整各种心态，从而保持美好的心境。

值得说明的是：个人爱好、生活情趣，并没有高低贵贱之分，只要能带给你工作之余的快乐就行。

朋友岚是一个出色的工会主席，经常忙碌且烦恼于群众与领导之间。

很久以前的一个傍晚，她拨通我的电话：“我做了些藕饼，送给你尝尝。”我意外惊喜：“谢谢！我来拿。”“不用。”电话那头气喘吁吁：“我已经过来了，步行走来的。你等着就行。”

在小区门口，我等到了额头渗着汗珠的岚。她热情地要求：“你先尝尝，味道怎样？”我咬一口，

---

① 应彩云博客. http://blog. age06. com/u/yingcaiyun/Blog/Default. aspx

真是美味！于是赞不绝口。她看着我美美地吃着，一副满足的模样。

几天后，我才知道：那天她被人误会心情很差。爱好厨艺的她，回家用心做了美食。看见家人和朋友大快朵颐，“我心情超好的！学校里的事情又算得了什么呢。”

瞧，个人爱好总以自信的热情，帮助我们转移视线、调整步伐，使我们淡漠烦恼、缓解痛苦。

也许有些烦恼不容回避而需要我们去解决，也许有些痛苦不容推卸而需要我们来承受，但丰富的个人爱好和浓郁的生活情趣，会令难题在峰回路转中迎刃而解，令负担在坚强执着中举重若轻。

一次，我和我的团队计划一个展示方案。开会那天，正逢一位亚洲偶像在上海开演唱会。大家买了票约定会后一起 high 一下。会上，大家顺利地确定了主题和内容，而对呈现方式却始终缺乏想象力。大家一筹莫展。

于是，我和大家一起，放下了方案，投入了欢乐的人海。演唱会上，一个背景时光机的出现，唤醒了大家的创作灵感。大家几乎同时想到，用时光机来串联呈现主题。就这样，方案在火热的演唱会现场，击掌通过。

有位爱惜我的园长曾这样唏嘘：应彩云啊，如果把生活中兴奋的心思全用在幼教事业上，你会更有成就。

当时我心里嘀咕：我才不要呢！因为我不快乐，我的“花朵”不可能快乐；我不幸福，我周围人也不可能幸福。

月亮，是用来修复烈日的灼烧的，夜晚，是用来平复白天的鼓噪的。

2014 年，夜晚幼师的朋友圈，会因为平和喜乐而更加美妙……

＊ 2013 年 10 月 29 日　做一个善解人意的你

今年中秋佳节的夜空，又圆又亮的月亮在飘逸的云层中穿行。微信中一圈内老师发了张圆月在云彩中的照片，题为“月亮与我捉迷藏”。坐在月光下赏月的我，第一时间用红色爱心图案做了回应。圈内前辈李慰宜老师立刻应和：“彩云追月啊！红的、紫的、玫瑰红，灵动妩媚……应彩云啊，今夜是否有此等心情。”哦！李老师准确无误地说出了我当时的情感，我激动不已。我更加崇敬和爱戴她了！

生活中，善解人意的人，总是惹人喜爱的。

一天，我举着一大袋北京特产招呼孩子们：“应老师从北京带来了酥糖，谁想吃？”

“好的！”“我要！”孩子们纷纷响应。

突然，小闵愣愣地说：“我不要。吃糖对牙齿、眼睛都不好的……”一下子，我举着的袋子停在半空。女孩小麋暖暖的声音响起：“不会啦！我们难得吃一颗没关系啦。再说，应老师那么远带来的，一定很好吃，我要！”孩子们又热闹起来。

女孩用她的善解人意化解了我的尴尬。从此，我喜欢上了她。

有一次观摩区域活动的分享交流，一男孩手拿 4 张记录纸，情绪饱满地正与伙伴交流。可说完一张展示第二张的时候，手脚有些忙乱。他扭头看了看身后空空的磁性板，老师迅速起身拿来了磁铁。当他接过磁铁时，情不自禁地对老师说：“你！太帮忙了！”老师笑着点点头。

我一下子喜欢上这个老师了。相信，孩子也都喜欢这个老师的。

瞧，如果善解人意比较容易惹人喜爱的话，那么，我们应尽力成为善解人意的老师。

怎样的老师才会善解人意地“讨”孩子喜欢呢？

何洁老师的班上有一个男孩，当大家伸出手和伙伴欢呼击掌的时候，他伸出的总是拳头，并且神情黯淡。尽管很纳闷，但何老师觉得总是有原因的。细细地观察之后，她立即发现男孩手掌的皮肤有白癜风，一块一块花白模样，何老师立刻明白了。接下来每逢击掌欢呼时，何老师总是先伸出拳头与他击拳。男孩在讶异中，感受着何老师的善解人意。渐渐地，当击拳变得自然而然之后，他已经和大家一样自信而尽情地欢呼了。没多久，令男孩骄傲的是，全班孩子都学着他击拳的方式，欢呼庆祝了。

所以，善解人意的老师，应该具有敏锐的观察力。

课堂上，一个青年教师在讲述“山羊救猴子”的故事时，提问：“为什么是公羊去救猴子而不是母羊？”孩子们议论开了。

一男孩讲述自己的理由：“因为公羊的角是圆圆的，而母羊的角是弯弯的……”老师打断：“这个刚才都知道了……为什么是公羊去救猴子呢？你请坐再想想。”

男孩坐下后嘀咕：“公羊的角圆圆的，可以给猴子抓住；母羊的角弯弯的，猴子抓不住。”多好的理由！可惜老师没听见。

曾经和一个拥有 8 年教龄的年轻幼师对话。我问：“为什么你和孩子的交流那么流畅？”她轻轻地回答：“我了解孩子。和孩子交流，无论发生什么，我都有耐心去了解。”我为之动容。

所以，善解人意的老师，应具有细腻的了解力。

善解人意的行为，总是充满了对彼方换位思考的理解，哪怕是私密的小心思。

音乐活动中学跳集体舞。一排女孩婷婷站定，男孩排着队挨个对应舞伴时，看见女孩悠悠急切地看着自己的好朋友男孩峰峰。于是，我一把拉过峰峰到悠悠面前，乐得女孩朝我挤挤眼：“谢谢！”大家满心欢喜地舞蹈起来。

所以，善解人意的老师，还应具有宽厚的理解力。

另外，我还发现：一个善解人意的老师，除了讨孩子喜欢之外，还会使整个班级充满和善的人际氛围。教室里，我一饮而尽的水杯里，被悄悄地注满了水，举头四顾，发现一男孩用笑眼“贼贼”地看着我，顿时心里涌出了暖流；孩子一个喷嚏后，我无声地递上纸巾，他有些狼狈擦着，却不忘眼神传递谢意；老师蹲在地上作业，那个善解人意的孩子，悄悄地推来一把小椅子，塞在老师的屁股下面……这样，孩子共同生活的环境里，渐渐养成了文明的行为习惯，抑或高尚的心理品质也在最初的感染中渐渐雏形。

这时，我们明白：做一个孩子喜欢的善解人意的老师已是我们教师生涯最真实的意义。

好！让我们期待一个专业成长中善解人意的自己！

＊ 2013 年 4 月 1 日　新手，刚上路……

幼儿师范的学生，在经过几年的专业学习之后，带着天使的希冀，纵身跃入儿童的乐园。可是，在幼儿园里，她们看见：孩子不如书本上看到的无邪，老师不如书本上说到的慈爱，同事不如电影里看到的义气，家长不如传说中说到的恭敬，自己不如想象中那么神圣……于是，新手教师，开始迷茫。

现实与想象之间总是有距离。但是，如果以积极的姿态投入其中，我们会发现：现实要比想象丰富而趣味得多。

首先，我们看到的幼儿是丰富的。有孩子在童话世界里信以为真，也有孩子在我们惟妙惟肖时只“哼哼”地“不是真的”；有孩子和同伴嬉笑玩耍，也有孩子习惯用拳脚与别人交流；有孩子明白地显现我们教给的，也有孩子我们说什么他就是不做什么……一个刚工作的教师对我说：“小孩子好坏啊，完全不是我在学校里想象的纯洁样子。”

其实，孩子的内心依然是纯洁的，只要你用心地看进去。

我刚工作时，遇到过一个孩子，叫小诚，率性开朗，我们经常玩在一起。有一天，他带来个新玩具，一辆门可以灵活开关的 bus。要知道，30 年前这样的玩具车很炫的。

小诚在所有孩子羡慕的注视中，先给我演示了玩具车的玩耍功能，接着，就被大家簇拥着。可是，午睡起床后，他泪流满面地跑来，小拳挥落在我身上。

“哎！”我抓住他的双手。“干嘛?!”

“可以开的门坏了！”他哭泣着。

我瞬间柔和了，安慰说：“没关系，门坏了车还可以玩的。”

哪想，他两只小手更有力地落在我身上。我来气了：不得了啦！敢打老师！我拿过小椅子，狠狠地让他坐在我身边，任由他哭着。

事后不久，我看到一部电影里一对恋人之间的情景：女孩受了委屈，面对自己的爱人，粉拳劈头盖脸地落在男孩坚实的胸膛上。而男孩却一把将女孩揽入怀里，化解了她所有的愁苦。

我幡然醒悟：小诚把我当作最可以化解他难过的人，而并非是“打老师”。哦！当时我只要给一个拥抱就行了，小诚多需要这样的安慰。我后悔极了！

瞧，小诚是天真的，他相信他觉得可以相信的我，哪管我是老师。

孩子们并不单一的单纯天性，使我们的教师经历甚至人生经历回味无穷。

其次，我们看到的家长是丰富的。做老师的，理所当然地期待家长“重教”的同时，一定“尊师”。但是，生活是丰富的，不同的生态造就不同的家长。

总的来说，家长是尊师的，只是各自表现方式不同：受过良好练习的家长，见面会鞠躬问候，而质朴的家长和我们擦身而过时，只挥了个手。

总的来说，家长对我们的需求大致是一同的，只是表达方式不同：春游孩子排队上车，一家长对老师耳语“女儿昨晚发烧了”，另一家长却大声吆喝“我们要坐前排位子”。

总的来说，家长是能公正地判断我们工作成效的，只是表达方式各异。山川的妈妈是工会主席，能说会道。一次，因为空开的分组展示活动，没有轮到山川参与。于是，妈妈愤愤地去教育局告状，质疑我的教育公平性。可是，8 年以后，我偶尔听说山川妈妈在一次代表大会上表示“我儿子这辈子遇到的好老师就是应彩云”。

所以，家长面对我们，本质依然是尊敬的。只是打动家长的心和持续这份尊师敬意的，是我们对孩子的真诚和专业的水平。因此，作为新手，无论面对多么高贵、多么卑微的家长，我们的心思，务必单纯：为了你的孩子。

另外，我们相处的同事是丰富的。有个师范生告诉我，她概念中的幼儿教师总是柔声细气的。可第一天上班，看见同事厉声地对一群孩子“走路不要蹭着墙”，于是以“那么凶”来断定同事的师德有问题。在冲动地连跳 3 所幼儿园之后，开始静下心来细细揣摩身边同事的教育行为与崇高师爱的联系。于是，她才慢慢领悟师爱外显在孩子成长中的温度的调控。

朋友的女儿到幼儿园实习，问我：“为什么同事之间喜欢家长里短？”我笑了。我仿佛看到年青的自己：没有任何生活压力的年青人，鄙视一切与教育无关的婆婆妈妈式的话题。可是，随着角色的多重和经历的积累，我们慢慢会懂得：同事间的絮絮叨叨，也是赖以相处的生态环境。

只是，当我们还看不明、听不清的时候，要有选择地看待周围的人和事。我建议：身处幼儿园这样一个小社会，只需看同事与幼儿发生的事就好。免得我们目光涣散，本末倒置得误会了重点。

新手教师，迷茫于书本与现实之间，那是自然的。只是，我们要观察和琢磨书本在现实中的模样，才会轻捷地走上幼师“对”的道路。

【典型工作任务】在教育实习期间注意用教育日志的形式记录下身边发生的偶然事件、精彩对话、成功经验、失败做法等，并在此基础上撰写一篇教育叙事或教育案例。

要求：每周记录不少于 3 篇教育日志，内容可长可短，但要言之有物。

项目四　教育调查法

任务一　教育调查法概述

一、教育调查法的概念和特点

（一）教育调查法的概念

教育调查法是指在教育理论指导下，有目的、有计划地对部分研究对象进行考察，通过访谈、问卷等获取资料，以了解总体现状，进而分析其因果关系、揭示教育规律的一种研究方法。

（二）教育调查法的特点

1. 间接性

研究人员不必进入现场直接用感官对研究对象进行观察以获取资料，而是通过问卷、访谈等调查手段获取信息。

这种间接调查避免了因研究人员的直接介入，使调查对象产生某种情绪或认知障碍而影响调查结果的客观性和可信度。

2. 适用度较高

调查法比较方便、简单、易行，对调查设备和条件的要求也不高。调查法的信息获得是通过标准化的程序进行的，具有较强的可重复性。

3. 自主性

与其他研究方法相比，调查法较少受时间、空间因素的限制，研究者可根据研究需要自主选择时间、空间，甚至可以打破国家地区的界限进行调查，广泛收集信息。

二、教育调查法的基本类型

依据不同的划分标准，可以将教育调查法分为不同的类型，例如：按照调查对象的选择范围可分为普遍调查、取样调查和典型调查；按照调查的手段可分为问卷调查、访谈调查和文献资料调查。

（一）问卷调查

是指根据一定的研究目的设计调查问卷，以书面形式向调查对象收集资料，通过分析进而揭示教育过程中事物的本质及其规律的调查方式。

（二）访谈调查

指根据研究目的选择一定的调查对象，就研究的有关问题用访问、谈话等方式了解情况、搜集资料的一种调查方式。访谈可以采取个别访谈，或召开座谈会等方式进行。

（三）文献资料调查

通过已有的文字、音像等资料间接了解研究对象的一种调查法。文献资料内容非常丰富，包括档案、文件、录音、录像、统计年鉴、报表、报告等。

【拓展阅读】

普遍调查、抽样调查和典型调查的区别：

普遍调查，即根据研究课题需要对某一时间、地点、范围内的所有研究对象进行调查。旨在获得课题所涉及的所有研究对象的有关信息。普遍调查的范围可以是全国的，也可以是全市的，或全校（园）的。调查结果具有普遍性，可作为重大决策或教育规划的制定依据。普遍调查虽然准确性高，但由于调查范围广、对象多，所耗财力、物力较大，调查的代价也较高。

取样调查，即从调查总体中用科学的方法抽取一部分进行调查，旨在通过获得的样本信息推断总体情况的一种调查方法。这是调查研究过程中广泛应用的一种调查方法。调查者应在取样前对总体的各种特征有全面了解，并结合课题需要选择适当的取样方法。与普遍调查相比，取样调查可以节省人力、物力、财力和时间，使调查更深入、更具体，然而，调查者却难以控制样本误差、使样本更精确的代表总体。

典型调查，是在对调查对象进行具体分析的基础上，有目的、有意识地从中选择一个或若干个具有代表性的典型对象进行深入、细致的调查研究的方法。典型的选取，可先将总体分类，然后分别从每类中选取符合研究任务的具有代表性的典型个体；也可根据研究目的选取几个不同的典型进行调查研究。典型调查有利于比较深入、细致地研究，但很难推断出总体特征。

【典型工作任务】国家在制定《3—6岁儿童学习与发展指南》时，前期进行的教育调查应当属于哪种类型的调查？

要求：请同学们进行思考和讨论，以明确不同类型教育调查的特点。

任务二 问卷调查法

一、问卷调查法的概念和特点

（一）问卷调查法的概念

问卷调查法也称“书面调查法”或“填表法”，是用书面形式间接收集信息的一种调查方法。即通过向调查者发放简明扼要的征询单（表），请调查对象填写对有关问题的意见和建议等，来间接获得材料和信息的一种方法。

（二）问卷调查法的优点

1. 简单易行

既可采用邮寄电子问卷的方式，也可采用现场发放纸质问卷的方式，不受时间、空

间的限制。

2. 匿名性

调查问卷的填写一般不要求调查对象填写姓名，这样有效地保护了调查对象的个人隐私。

3. 便于统计分析

问卷调查结果能够进行数据统计和分析，可作定量研究。

但是问卷调查也有其局限性，例如：只能获得表面信息；调查结果易受调查对象的文化程度限制；问卷的回收率和有效率有可能较低，缺乏灵活性等。

二、问卷设计的一般步骤

问卷设计由一系列的步骤组成，为了达到调查目的、获取所需信息，其间需要不断地进行修改、测试。一般来说，主要经历以下几个阶段：

概念界定→建构框架维度→具体问题设计→预调查→信效度检验→修改调整→正式形成

（一）概念界定

概念界定即在开始设计问卷之前，应当先对研究课题中的关键概念进行解释分析，一方面要查阅相关文献，进行理论上的概念界定；另一方面要进行随机访谈，围绕要调查的问题，看受访者的大致态度、回答等。

例如，我们要对幼儿教师专业素质进行调查，首先应查阅文献，确定专业素质的概念、主要内容；同时应访谈幼儿教师、园长、家长、相关领导、高校专家等对象，看他们是如何界定和评价幼儿教师的专业素质的。

（二）构建框架维度

所谓的框架维度，是根据调查目的、研究主题而形成的问题纲要，可以是关键词、也可以是短语。在编写问卷之初，不要从每道题目着手，应先从提纲框架开始，一方面覆盖面比较广，不会遗漏重要问题；另一方面在后续问题设置比例、排列顺序时，可做相应调整。

例如，在对幼儿教师的专业素质进行调查的过程中，我们首先需要确定“专业素质”的概念和内涵，通过查阅“专业素质”、“幼儿教师专业素质”、“专业发展”、“专业标准”等内容，最终拟定问题框架：

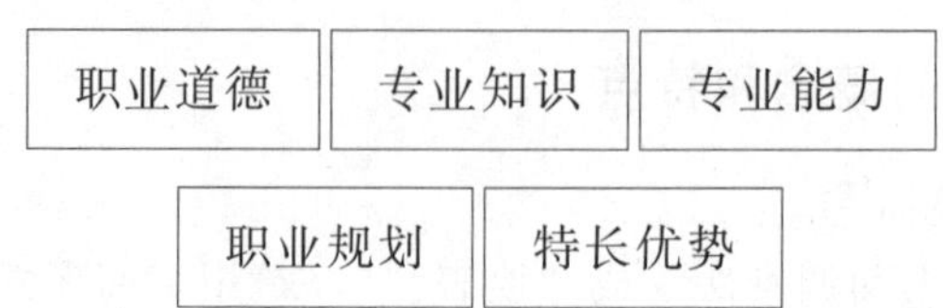

（三）具体问题设计

1. 问题的内容

（1）直接相关

问题的内容设置要与调查主题直接相关。由于问卷调查设计的问题内容较多，因此应尽量避免涉及无用的问题。问题不宜过多，长度应适当，文字表述应规范、清楚，以避免产生误读和歧义。

(2) 具体明确

问卷内容要具体明确，避免泛泛提问。例如：你认为学前教育专业的学习对你今后影响大吗？这个问题显得过于空泛。

(3) 避免重复和一题多问

问卷内容应避免同样问题的重复，以及一个问题涉及两个或两个以上的概念或事件。例如：你是否觉得如果没有基础，舞蹈学习和钢琴学习有困难？

(4) 避免否定句式

在一个问题中应尽量避免使用否定句，或任何具有感情色彩的问题，以免造成理解困难或混乱。例如：你是否觉得除了学校内的技能学习，没有必要再在外面上有关的兴趣班？

(5) 问题选项要完整，穷尽所有可能，并互相排斥

例如：平时家里主要照料孩子的人是（　　）

A 父母　B 祖辈　C 老人　D 保姆

选项中老人和祖辈是同一个意思，没有做到互相排斥。而且选项中没有涉及其他亲属，没有穷尽所有可能的答案。因此，这样的问题在答案收集和处理过程中可能会造成不必要的麻烦。

(6) 内容中不应含有不适当的假设、启发和暗示

例如：你喜欢《放牛班的春天》这部教育电影吗？而实际上，并不是所有的调查对象都看过，或者有条件接触这部电影，这样设置问题让人觉得已经默认了每个人都看过这部电影了。

又如：现在一些专家认为应对幼儿进行智力开发，你认为有必要吗？“专家认为”这个条件使用不当，因为专家是专业领域学术权威的代名词，专家的观点具有一定的社会导向作用，会给调查对象带来一定程度的暗示，从而影响选项的真实性。

2. 问题的形式

(1) 是否式问题

每个问题的答案非此即彼，供调查对象进行选择。

例如：在入学之前，你参观过幼儿园吗？A 是　B 否

(2) 单向选择式

虽有多个选项，答案穷尽所有可能并互相排斥，但只能选择一个答案。

例如：你认为幼儿教师应当达到的学历是（　　）

A 初中以上　B 高中以上　C 大专以上　D 本科以上　E 研究生以上　F 无所谓

(3) 多项选择题

被调查者根据自己的实际情况，在列举出的选项中选择所有符合的答案。

例如：平时你喜欢看哪些类型的电视节目？（　　）

A 新闻　B 综艺　C 体育　D 影视　E 法律　F 少儿　G 教育　H 科普　I 其他

(4) 排序式

要求调查对象根据一定的标准，对所有答案进行排序，而排序的要求可由调查内容

和调查目的决定。

例如：选择就业的幼儿园时，你认为最重要的考虑因素是什么？请选择三个最重要的因素，并按照重要性进行排序（　　）

A 工资待遇　B 单位规模　C 职位　D 进修培训机会　E 单位名气　F 离家远近　G 人际氛围　H 住宿条件　I 其他

（5）矩阵式

当调查问题答案具有相同形式时，可设计成矩阵，以节省空间。

例如：以下专业技能，你能达到的水平如何？请填写符合真实想法的选项：

	很差	较差	一般	较好	很好
舞 蹈					
钢 琴					
声 乐					
讲故事					

（四）预调查

预调查是指在形成正式问卷之前，先选取至少 30 名（统计学中大样本的最低数）调查对象进行尝试调查。通过预调查，研究者能够发现问卷中的一些无效或者不适宜的问题，也可请专家学者进行讨论鉴别，在此基础上完成问卷定稿。

（五）信度效度检验

信度主要是指测量结果的可靠性、一致性和稳定性，即测验结果是否反映了被测者稳定、一贯的真实特征。例如，目量同一个幼儿的身高，如果请不同人来目测结果有很大差异，这说明目测这种测量身高的方法不具有较高信度，不可信。

效度是测量的有效性程度，即测量工具确能测出其所要测量特质的程度，或者简单地说是指一个测验的准确性、有用性。例如，一个体重 150 公斤的人，用一个最高称重 100 公斤的体重秤进行测量，虽然每次结果都一样，但仍然不能真实准确地测得结果，不具有效度。

（六）修改调整、正式形成

在经历了以上几个阶段的不断修改调整之后，正式问卷逐渐形成。在问卷设计的过程中，除了要注意问题的设计之外，还应当关注问卷的基本结构。

三、问卷的基本结构

一份完整的调查问卷，应包括：标题、前言、指导语、问题与选择答案、结束语几部分：

（一）标　题

问卷的标题是对问卷调查内容的高度概括，确定标题时应注意言简意赅、切中要点，让人一目了然。

（二）前　言

前言又称卷首语，内容一般包括：调查者的身份和所属单位，本次调查的目的、意义和主要内容，对调查者的期望和宣传。

撰写卷首语时，应当注意语气谦虚、诚恳，内容简明、通俗易懂，避免大话、空话。卷首语一般放在问卷的最开始部分。

【拓展阅读】

一份调查问卷的前言部分：

亲爱的各位家长：

你们好！这次调查主要是想了解您在养育自己子女的过程中的一些困惑和担忧，为人父母的您，最有发言权，所以您的回答对我们非常重要！请您务必认真填写，答案无对错之分，结果只用于研究，且采用不记名处理，对您的个人利益不会造成任何影响。

真诚地感谢您的配合！

单位：××××××　　联系人：×××

（三）指导语

指导语用于陈述问卷的填写方式，应当说明填写时的注意事项，帮助其了解填写的方法和要求，以免造成无效问卷的产生。

（四）问题与选择答案

问题与选择答案是问卷的主体部分，具体设计要求参见上文所讲的内容和形式的规范，这样才能有效地保证问卷的价值。

（五）结束语

可以用“谢谢合作”、“感谢支持”等礼貌语结束。

【典型工作任务】请按照本项目所讲问卷设计的有关知识，阅读并分析以下调查问卷。

要求：根据上文学习的内容讨论问题的形式都涉及哪些，总结问卷内容涉及的基本维度。

幼儿英语教师专业素质调查问卷

尊敬的老师：

您好！为了解幼儿英语教师专业素质的基本情况，特做此调查问卷，请您仔细阅读以下题目并根据您所了解的真实情况进行回答。本调查仅作科研之用，您的回答没有对错之分，也不需要署名，请您不要有任何压力和顾虑。

谢谢您的合作！

单位：××××××　　联系人：×××

联系电话：××××××

一、您的基本情况（请根据您的实际情况在符合的选项中打“√”）

1. 性别：男（　）女（　）
2. 年龄：25 岁以下（　）26—35 岁（　）36—45 岁（　）46 岁以上（　）
3. 学历：大学本科及以上（　）大专（　）中专（　）中专以下（　）
4. 专业：是英语专业吗？是（　）否（　）
5. 您是：在编教师（　）聘用教师（　）
6. 您是：专职英语教师（　）兼职英语教师（　）
7. 您是转岗后担任英语教学工作吗？是（　）否（　）

8. 上岗前，您接受的英语专业培训时间为：不到 1 个月（ ）1—3 个月（ ）3 个月以上（ ）

9. 您的教龄：1 年以下（ ）1—5 年（ ）6—10 年（ ）11—20 年（ ）20 年以上（ ）

10. 您在幼儿园执教英语时间：1 年以下（ ）1—5 年（ ）6—10 年（ ）11—20 年（ ）

二、专业素质情况（请根据您的实际情况在符合的选项中打“√”）

（一）专业态度

1. 您认为幼儿园有必要开展英语活动吗？

A. 非常必要 B. 必要 C. 有点必要 D. 可有可无 E. 不必要

2. 您认可幼儿英语教育在整个幼儿园教育中的重要地位吗？

A. 非常认可 B. 比较认可 C. 有点认可 D. 不清楚 E. 不认可

3. 如果有机会，你想改换职业吗？

A. 不改换 B. 不确定 C. 有点想换 D. 想换 E. 肯定换

（二）专业知识

1. 您掌握的幼儿教育理论在工作中：

A. 非常够用 B. 够用 C. 一般 D. 有点欠缺 E. 远远不够

2. 您学过“学前教育学”课程吗？

A. 系统学过 B. 大部分学过 C. 学过少部分 D. 学过一点 E. 一点没学过

3. 您学过“儿童心理学”课程吗？

A. 系统学过 B. 大部分学过 C. 学过少部分 D. 学过一点 E. 一点没学过

4. 您的词汇量大概有：

A. 5 千词以上 B. 4 千—5 千词 C. 3 千—4 千词 D. 2 千— 3 千词 E. 2 千词以下

5. 您认为自己英语的语音语调：

A. 很标准 B. 标准 C. 一般 D. 不标准 E. 很不标准

6. 您认为自己的听力能力：

A. 很好 B. 好 C. 一般 D. 不好 E. 很不好

7. 您认为自己的阅读能力：

A. 很好 B. 好 C. 一般 D. 不好 E. 很不好

8. 您认为自己的口语表达能力：

A. 很好 B. 好 C. 一般 D. 不好 E. 很不好

9. 您认为自己的英美文化背景知识：

A. 很好 B. 好 C. 一般 D. 不好 E. 很不好

（三）专业能力

1. 您上课常用哪种教学法理论为指导（可多选）：

A. 听说法 B. 交际法 C. 情景教学法 D. 视听法 E. 全身反应法

2. 您认为幼儿英语教育的目标是（可多选）：

A. 培养幼儿对英语的兴趣 B. 使幼儿能用英语进行简单交流

C. 促进幼儿的发展 D. 为幼儿以后的学习打基础 E. 提高幼儿的竞争力

3. 您在英语教学活动中要求幼儿掌握的主要内容有（可多选）：

A. 字母 B. 单词 C. 句型 D. 日常用语 E. 英语歌曲和故事

4. 组织幼儿英语活动您备课时所备的主要内容有（可多选）：
A. 幼儿的心理特征　B. 口语　C. 教学方法　D. 组织形式　E. 单词发音
5. 您对教学简笔画的运用情况是：
A. 很好　B. 好　C. 一般　D. 不好　E. 很不好
6. 您对“唱、弹等”专业技能的运用情况：
A. 很好　B. 好　C. 一般　D. 不好　E. 很不好
7. 您对电化教学技术的运用情况是：
A. 很好　B. 好　C. 一般　D. 不好　E. 很不好
8. 您对幼儿英语的评价标准是（可多选）：
A. 幼儿是否对英语感兴趣. B. 幼儿说英语的主动性
C. 幼儿的英语发音正确与否D. 幼儿是否理解老师所说的英语
E. 幼儿记住多少单词F. 幼儿会说多少句英语
G. 幼儿会唱多少英文歌曲H. 幼儿会写多少英语字母　I. 其他
9. 您认为自己教科研方面存在的最大问题是：
A. 英语教学理论欠缺B. 撰写论文能力差
C. 缺乏创新意识D. 不重视教研　E. 其他
10. 您参加教研活动的最主要形式是（可多选）：
A. 阅读报刊B. 听、评课C. 专题讲座D. 课题研究　E. 其他
再次感谢您的合作！

任务三　访谈调查法

一、访谈调查法的概念和特点

访谈调查法（简称访谈法）是指研究者和受访者通过面对面的交谈来了解受访人的心理和行为的基本研究方法。

访谈法所获得的资料是由调查对象直接作答提供的，具体而准确；在访谈的过程中，研究者还可以针对问题的回答继续追问，有利于深入了解问题的真相，这是观察法和问卷调查法所不具有的特点。

但是，访谈法也存在一定的局限性，例如访谈的准备、实施，以及访谈信息的整理、分析需要耗费大量的时间、精力，是一项较为繁重的工作。另外，访谈调查对访谈者本身的沟通素养也有较高的要求，需要访谈者有诚恳的态度、自然的谈吐、倾听的艺术和沟通的能力。可以说，访谈者的素质直接影响着访谈的质量。

二、访谈调查法的主要类型

按照不同的分类方式，访谈调查可以分为不同类型（如下表所示）：

划分维度	主要类型
1. 对访谈内容的控制程度	封闭式访谈、开放式访谈和半开放式访谈 （结构型访谈、无结构访谈和半结构型访谈）
2. 访谈中被访者的人数	个别访谈和团体访谈
3. 对同一个被访者的访谈次数	一次性访谈和多次访谈
4. 访问者和被访者的接触方式	直接访谈和间接访谈
5. 访谈的正式程度	正式访谈和非正式访谈

（一）封闭式访谈、开放式访谈和半开放式访谈

封闭式访谈又称结构型访谈，一般是由研究者事先设计好主题、问题及提问的顺序，整个谈话过程按照计划和步骤进行。

开放式访谈又称无结构访谈，其特点是只确定一个谈话的主题，不设计每一个详细的问题，请受访对象根据主题自由发表自己的看法。

半开放式访谈又称半结构访谈，它是介于以上两种访谈之间的一种类型，研究者会预先设计一个访谈提纲，并在谈话过程中根据访谈对象的回答做出灵活调整，这样既在一定程度上控制了问题的角度，也能够留给访谈对象一定的发挥空间，是一种较常用的方法。

（二）个别访谈和团体访谈

个别访谈是指访谈者与访谈对象进行面对面、一对一地交流，使得双方有更多机会交流，谈话容易深入。

团体访谈也称集体访谈，一般以座谈会的形式出现，同时邀请多个访谈对象进行交流。这种形式的访谈的优点是，能够减少单独谈话的拘束感和紧张感，并且能够促进大家在交流的过程中互相启发、挖掘可能被遗忘的信息。但是另一方面，一些人在集体访谈中被权威观点或大多数观点所左右，也可能会感到有压力，不能够充分发表个人的观点和看法，容易出现人云亦云的状况。

（三）一次性访谈和多次访谈

一次性访谈较为快捷、高效，以收集事实性信息为主，但是这样的访谈缺乏对访谈对象的深入了解。

多次访谈是为了保证访谈成果的有效性，多次且逐层深入地获取信息和资料。在进行多次访谈设计时，应在开始时就设计好基本访谈层次：第一次访谈重在了解访谈对象的基本信息，第二次访谈重点应放在细节问题，第三次访谈则需对之前的重点进行深入剖析，探究其原因及影响。三次访谈的内容也可以相互印证，以便获得更真实详尽的研究资料。

（四）直接访谈和间接访谈

直接访谈是指访谈者对受访者进行面对面的访谈，访谈者可以通过受访者的面部表情、肢体动作等信息获取资料；间接访谈则是指访谈者通过电话、网络等方式获取受访者信息的过程。

与直接访谈相比，间接访谈能够节省大量的时间，既经济又快捷。但是，直接访谈中访谈者与受访者有目光接触，能够让受访对象更放松地吐露心声。而间接访谈只是通

过语言交流，因为缺少了面部表情和肢体动作，很难判断访谈对象的真实想法，因而会影响所获取的信息的质量。

（五）正式访谈和非正式访谈

正式访谈是指访谈双方事先约定好访谈时间、地点和相关事宜，在规定范围内进行交谈。这种访谈需要预先确定访谈计划，并按照计划有序地进行。

非正式访谈则具有较强的随意性，并没有刻意安排访谈时间和地点，而是在较为轻松自然的状态下进行，因而受访者更愿吐露真实的想法和观点，有助于获得更多的深度资料。但是，非正式访谈也有陷入无序、混乱的危险，访谈内容有可能因为受访者自己的兴趣或随意的回答而偏离主题，最终耗费大量的时间，效率较为低下。

三、访谈调查法的一般步骤

研究者在确定使用访谈法进行调查后，应按照以下步骤实施访谈：制订访谈计划→选取访谈对象→选择访谈形式→制订访谈提纲→实施访谈→整理、分析访谈资料

（一）制订访谈计划

在制订访谈计划时，应当确定以下几方面问题：

对照研究目的和研究内容，思考访谈调查的价值是否适宜，访谈法是否能够帮助研究者获得足够的信息，是否需要与其他方法结合使用；安排访谈的时间、整理资料的时间以及最后调查报告完成的时间进度等，确保最后能够以书面的形式呈现调查结果。

（二）选取访谈对象

访谈对象的选取应当遵循以下原则：

首先，受访对象群体应当具有足够的代表性，能够反映普遍观点；其次，访谈应当根据自愿原则，在正式访谈实施之前最好能够面对面地向受访对象说明研究背景、研究项目及主要内容，询问受访者是否愿意参加正式访谈；最后，在选择受访对象时，应当避免亲人、朋友、同事、领导等有直接或间接关系的人，以免影响调查过程的客观性。当受访对象是儿童或未成年人时，应当征得其监护人的同意。

（三）选择访谈形式

选择访谈形式时，可根据访谈对象、访谈的目的和内容，以及不同访谈形式的优势特点等进行选择。可以选择一种形式，也可以几种不同的形式共同使用。

（四）制订访谈提纲

制订访谈提纲时，应当根据之前选择的访谈形式的开放性程度来确定提纲的具体程度。在设计具体问题时应当考虑：问题是否有必要，通过此问题能够获得哪些与调查目的相关的有价值的信息，如何提问题才能让受访者更愿意回答问题、表达想法，如何就受访者的回答进一步进行追问，以及访谈中如何从上一个问题过渡到下一个问题等。

在开展正式访谈之前，建议从受访对象中选取一定数量的人进行预测访谈，进一步详细核查访谈设计是否合理、完善，并做进一步修改，以确保正式访谈的顺利进行。

（五）实施访谈

1. 营造宽松、融洽的访谈氛围

访谈的成功，很大程度上取决于访谈开始时是否营造了一种宽松、融洽的访谈氛

围。访谈时间以不超过 90 分钟为宜，访谈地点应尽量选择在受访者熟悉的地方。另外，为了给受访对象留下较好的印象，访谈者也应注意个人服饰和言谈举止的大方、得体。

2. 按照计划进行访谈

(1) 提　问

首先，访谈者要确立较为中立的态度。其次，访谈问题的形式既可以是封闭式的，也可以是开放式的。在进行封闭式问题的提问时，访谈者应注意隐藏自己的态度和价值观；而在进行开放式问题的提问时，则应注意可能出现的“跑题”现象，及时调整访谈进行的节奏。最后，在设计问题时，应避免一题多问，暗示或强迫性的问题，以及会令人感到尴尬的尖锐问题。

(2) 倾　听

在访谈的过程中，听往往比说更加重要。倾听代表了对受访者的尊重，耐心地倾听才能有效地追问。在听的过程中，还要善于发现一些非言语行为，例如受访者表情、动作的变化等，并善于把握谈话节奏，适时转入下一个问题。因此，在听的过程中应尽量保持清醒的头脑、清晰的思维和较高的专注程度。

(3) 回　应

回应的方式有很多种，最常见的有认可、重复和总结。可以用言语来表达，也可以用非言语方式将信息传递给对方，让其感受到自己所说的话是有价值的，这样才能产生继续交谈的欲望。但是，切忌在回应对方时对其做出较为主观的评价和判断。

(4) 追　问

追问是访谈过程中挖掘深层次信息的有效途径，主要是针对受访者回答内容中不清楚的地方或是访谈者想进一步了解的问题而进行的。在追问的过程中，应注意频率和次数，尽量少问“为什么”，并建立在对方能够接受的范围内，避免追问太过生硬或者措辞尖锐。

3. 认真做好访谈记录

(1) 录　音

如果能够在访谈现场使用多媒体设备进行录音，将为过程的完整记录和日后的分析提供很大的方便。因此在条件允许的情况下，应尽量借助仪器进行记录。但需要注意的是，事先应告知受访对象，并说明录音的原因和日后的用途，取得对方同意后方可录音。

(2) 现场记录

如果没有条件录音或者被受访者拒绝，研究者需要做好准备进行现场笔录，并注意以下问题：记录内容应全面，而不仅仅是谈话内容；记录者可以先用自己能够读懂的符号来记录受访者的语言、表情、动作等信息，不能因为忙于记录而影响了倾听、追问和回应的质量。

4. 结束访谈（加一些具体内容，如何结束）

一般来说，单次访谈时间应控制在一小时左右。访谈何时结束以及如何结束，应当根据访谈对象的状态决定。要善于“察言观色”，如果被访者有急事、面露疲惫，或不高兴继续访谈，应当委婉地用语言和动作结束对话。

（六）整理、分析访谈资料

在教育研究中，及时对访谈记录进行整理分析是十分必要的。一般要求研究者逐字逐句地进行记录分析，因此是一项极其耗费精力的工作。

访谈资料中应包含受访者的基本资料，如姓名、性别、年龄、职业等；访谈的时间、地点；主体部分主要是对访谈内容的总结，包含基本观点、不同人群观点的异同。严格来说进行访谈资料整理时，如果记录内容是录音，应先转换为文字，然后进行编码，在此基础上再进行定量分析。

【典型工作任务】1. 请设想一下在实施访谈的过程中，可能会出现哪些问题以及如何解决。2. 如果举行一场模拟访谈，你是访谈者，访谈对象是在座同学，调查问题是关于“幼师学生的专业素质”，请设计一个开场白。3. 在访谈进行时，如何能够准确、全面地对访谈全过程进行记录？

要求：请学生4—6人为一个小组进行讨论，回答问题。

【拓展阅读】

国内外经典的学前教育研究范例

以下是一个对“幼儿园英语教师的专业素质”进行的访谈调查记录

＊ **对园长的访谈记录**

访谈时间：×年 × 月×日，上午 × 点到 ×点

访谈地点：××市×××幼儿园四楼园长办公室

笔者：园长您好，首先，请您简单地介绍一下贵幼儿园幼儿英语活动开设情况。

园长：好的。我们幼儿园以开设英语特色班的形式进行英语教育活动，目前共有三个年级8个班为英语特色班，大班有四个，中班、小班各两个。英语教师共有16人，分配在8个班中进行日常的教育和保育工作。

笔者：目前，据我的了解，本市各大幼儿园开设英语教育的特色大不相同，那你们这样的特点是基于一个怎样的理念和考虑呢？

园长：总的来说有三点：一个是积极响政府的号召和家长的要求，重视孩子早期语言的学习；第二是结合我们幼儿园自身师资的情况，目前我们的师资不可能做到全部孩子接受双语教育，根据现有的条件，我们以特色班的形式开设英语活动，会充分考虑家长的要求和意见；第三是我们十分重视营造一个良好的语言环境，我们特色班中的教师在日常生活中完全是双语教学，把英语贯穿于日常的教育保育活动中，目的在于培养幼儿的英语能力。

笔者：好的，王老师，听了您刚才的介绍，我这里有几个问题，想问一下：刚才您谈到，目前许多家长还有社会非常重视幼儿英语的学习和教育，那么会不会出现这样的一个矛盾，就是想学英语的孩子人数远远超过了特色班的预计人数，这样的矛盾是如何协调的？

园长：会出现这样的矛盾，首先，想让孩子在幼儿阶段接触英语的家长并不是100%。其次，我们在周末和课余时间也会开设兴趣班，对于那些想学英语却没被分到特色班的孩子是一个机会，担任特色班的教师也是我们幼儿园的优秀英语教师。再次，我们幼儿园在英语教学活动中的另一个特色是家园共育，家长在为孩子选择英语班的时候也相当于自己承诺愿意配合我们的英语教育活动，积极完成英语老师每天布置的任务，和孩子一起学英语。这三点就基本上可以解决你刚才说到的矛盾了。

笔者：刚才园长谈到，贵园英语教育的最大目的或者说目标在于营造语言环境，培养幼儿的英语能力，那么这会不会和家长的一些理念相冲突呢？

园长：起初，这种理念和目标还是和家长的有一些冲突的，他们比较关注孩子说了几个单词，说了几个句子，和别的小朋友相比的成绩和水平，在班上发言的次数等。但是随着现在家长的素质越来越高，家长们的观念也在转变。另外我们幼儿园在孩子刚刚入园的时候就会把我们的一些理念告诉家长，并定期开展家长座谈会，交流彼此的想法，家长逐渐明白了每个孩子学习方式是不同的，有的是视觉型，有的是听觉型，还有的是混合型，因此并不是说孩子在课堂上说的少就是没有学会英语。我们也会定期举办英语观摩活动，请高校教师和家长入园参观，共同交流意见和建议。我们目前达成了一致的看法：适合孩子的教学就是成功的，就是好的。

笔者：目前本市乃至全国都很流行双语幼儿园和外教教学。对此，作为幼儿园的主管和负责人，您是怎么看待这两种教学模式的呢?

园长：首先，我觉得双语幼儿园的确很有吸引力，但是要真正做好却非常难，很多幼儿园标榜双语，但质量究竟如何我们不知道；再说外教，外国人并不等于外教，我觉得如果一个外国人母语很地道，但是他并不会一些基本的教学法或是不了解儿童，那也是不能担任此工作的。因此，外教怎么选，从哪里选，这些都是要慎重考虑的问题。

笔者：好的，园长，刚才通过与您的交谈，我基本上对幼儿园的英语教学活动有了比较细致的了解，因为我的研究主要是围绕幼儿英语教师专业素质的，所以想就贵园的幼儿英语教师专业素质发展情况和您进行一些交流。

园长：好的，目前我们园的 16 位英语教师全部是经过细致挑选和培训过的，首先自己必须有意愿担任特色班英语教师，自己进行申请。同时，英语必须达到一定的级别，比如专业四级和大学六级，并且保证一定的词汇量，通过测试，了解其听说读写的水平，这些合格之后，还要进行为期三个月的入职前培训，我们主要是聘请专家以讲座的形式向英语教师传授一些教学技能和方法等。

笔者：那从英语教师的比例来看，是不是以英语专业毕业的教师为主呢?还是以学前教育专业毕业的教师为主?

园长：是这样的，目前你说的这两种模式都存在，也就是现在流行的一些观点：幼儿教师英语化和英语教师幼教化。目前我们幼儿园英语教师中两者皆有，据我们的感受是英语教师幼教化比较容易，因为英语的学习是一个长期积累的过程，如果一开始学习的基础薄弱，今后要用起来很困难，但是这也不一定。恰巧我们幼儿园最优秀的两位英语教师，一位是学前教育专业毕业的教师，后来转成英语特色班教师，一位是英语专业毕业教师，后来转成幼儿英语教师。这两位教师在其专业发展中，素质提升很快，并取得了很多的荣誉。所以说，不见得谁比谁发展得更容易或更好，可能还是要看自己的努力和一些主观原因。

笔者：那我现在看到一些论文中，有人提出，在英语专业和幼教专业中都可以开展一个新的专业，就是幼儿英语教育专业，对此，您是怎么看待的呢?

园长：其实我们很希望，高校培养的人才能和我们幼儿园需要的人才接轨，但是就这一点，我本人不太赞同，因为觉得没有必要，毕竟现在在幼儿阶段，学习英语不是最重要的一项内容。而且就目前来看，我们的幼儿教师通过在职培训等方式，完全可以胜任幼儿英语教师的工作，没有必要培养专门的幼儿英语教师，这样反而会限制大学生今后的就业视角，我觉得。

笔者：好的，谢谢您，今天很高兴能和您有这样一个交流，也学到了很多东西，对贵幼儿园的英语教育和英语教师专业素质有了一个比较清楚的了解，最后还有一个请求，希望您可以引荐我对贵园提到的两位英语教师进行一个比较详细的访谈，我想进一步了解一下她们个人的一些专业素质信息，您看可以吗?

园长：好的，没问题，很遗憾两位骨干教师其中一位目前正在休产假，她去年在本市英语活动展示课中获一等奖，并且是唯一一个代表全省参加全国幼儿英语教师活动观摩比赛的教师，另一位在中二班带班，你可以随时和她们联系。

笔者：那好，谢谢园长，希望有机会能再次与您交流沟通！

* **对骨干教师张老师的访谈记录**

笔：张老师，您好，之前我听园长提起过您，知道您是幼儿园中英语教育的带头人和“区教坛新秀”，所以我想请您先简单地介绍一下您的专业背景和经历，好吗？

张：好的，我毕业于本地师范大学，是旅游英语专业毕业的学生，2003 年来到幼儿园。作为一名非师范专业的学生，我能够成长到今天的幼儿园英语教师，我认为是幼儿园的包容和培养成就了我的理想。虽然我大学的专业并不是幼儿教育或者英语教育，但是我很喜欢学前教育，愿意和孩子打交道，所以毕业之后我来幼儿园应聘，先成为一名幼儿教师。后来，因为自己的英语专业背景，经过一段时间的努力，成长为一名幼儿英语教师，我也是和幼儿园的英语教育一起成长和发展的。

笔：您认为，您之所以能有今天这样的成绩，关键在于什么？

张：首先，你过奖了，我只是一个普通的幼儿英语教师，只是自己可能从事这项工作的时间比较长，自己也比较努力，所以取得了一点小成绩而已，呵呵。我觉得我自己发展到今天，一个是幼儿园对我的培养，在我刚刚担任幼儿园英语教师的时候，幼儿园就给我机会，让我去各地参观培训，打开眼界，也了解了一些最新的东西；再一个可能是自己比较有心吧，我自己之前学习的旅游英语和现在的幼儿英语一点关系都没有，刚来幼儿园的时候我不知道如何和幼儿交流，更不知道如何做教育保育工作，但是我没有气馁，一点一点地向有经验的教师学习，同时我在思考如何将英语和幼儿生活联系起来，如何把英语教育渗透到其他领域的活动中去，这样几年下来，我就积累了很多东西，也找到了自己的方法以及英语和其他东西的结合点。

笔：您怎么看待目前很多孩子在外面上培训班的事呢？

张：现在，据我了解，大班孩子在外面上培训班的比较多，我觉得这并不是因为幼儿园的英语教育质量不行，而是一种趋势，在为小学打基础。现在的情况是学习好的孩子和不好的孩子都在上培训班，水涨船高，我认为是这样一个情况。

笔：作为一名优秀的教师，您认为应当怎么提升目前幼儿英语教师的专业素质呢？

张：我认为有两点吧，一个是加强园本教研，这学期我们有一个新的想法，就是制作一套园本英语教材，之前我们用的都是现成的教材，通过几年来的教学，我们自己的老师加上了许多自己的想法，比较符合我们幼儿园孩子的特点和发展水平，为了让以后的教学更加灵活和贴近我们的孩子，我们决定以原来的教材为蓝本，结合我们日常的教研和活动实际效果，制作自己的教材，我认为这同时也是一个提升各位教师专业素质的重要途径；另一个就是突出个人特点吧，在具备了幼儿英语教师专业素质的基础上，每位教师都应该思考自己的教学特点，形成一些特色，我想，这样专业素质也就得到了提升和诠释。

笔：一直以来，我们都是在说一些积极的东西，我也知道，咱们幼儿园有很多值得学习的地方，我还想问一下，您认为目前我们幼儿园最应该改进的还有哪些不足呢？

张：可能说到最大的限制，还要谈到我们的家园合作吧，我觉得家园合作的质量还是有待提高。有的孩子一周都见不到父母几次，完全是奶奶爷爷在带，这样我们的家园合作的质量就不能有足够的保证。另一个就是目前我们的师资，作为一所公办幼儿园，我们的经费有限，英语教师的数量有时候还是会有些不足，我想主要是这两方面吧。

笔：感谢张老师在忙碌之余接受我的访谈，与您的谈话让我受益匪浅，期待着下次与您的合作！

【典型工作任务】 请设计一次完整的访谈，进行一场模拟访谈。一人担任访谈者，访谈对象是在座的同学，访谈题目自选。

要求：建议围绕幼教领域的热点问题或自己感兴趣的领域问题选择访谈题目；可先在组内进行访谈练习，再选出一人在全班做访谈演示。访谈后教师进行点评，以加深学生对访谈研究的理解。

任务四　调查报告的撰写

一、教育调查报告概述

教育调查报告，是指对研究的目的、过程和成果的概括和总结，是在一定理论的指导下，对调查所得信息进行整理分析，得出结论，提出措施和相关建议的过程。

教育调查报告具有真实性、新颖性和时效性的特点。真实性是指研究报告中所有的表述内容必须有理有据，有实际材料的支持，不能凭主观臆测随意下结论；新颖性是指教育调查报告在方法、内容方面应当反映研究所取得的最新成果，真正体现研究的价值；时效性是指调查工作一结束就应当迅速投入到资料整理、报告撰写工作中来，如果中间延误太长时间，有可能失去了原有的价值和应有的现实意义。

二、教育调查报告的基本格式及要求

正规的教育调查报告的基本格式应当由前置部分、正文、结论与建议、附录等组成，内容表述应注意语言准确、简洁明快，如果需要也可以用数字、图表来辅助说明。

（一）前置部分

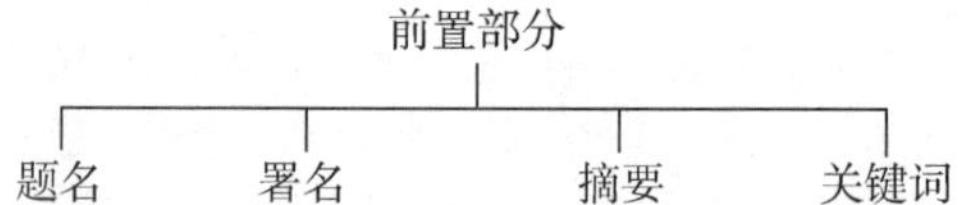

教育调查报告的题名一般可用调查对象和调查内容作为题目，让人一目了然，如果觉得有必要，也可添加副标题，对主标题进行补充说明。

例如：幼儿园班级图画书投放与使用现状的调查及思考

——以甘肃兰州市为例①

摘要是用简短的语言向读者勾勒出整篇文章的基本内容，使得他人能够对文章所要研究的对象、内容、过程及结果进行总体把握。应当避免空泛地描述或是夸大，要用最简单的文字和叙述方式让读者了解文章内容。

关键词是研究中的核心概念，即研究的主题。

例如：【关键词】幼儿园；图画书；投放与使用

（二）主体部分

主体部分也称正文部分，是整篇调查报告的核心，占有最大的篇幅，一般包括：引言、研究方法、研究结果、讨论与分析、结论及建议。

---

① 田宇，等．幼儿园班级图画书投放与使用现状的调查及思考［J］．幼儿教育（教育科学版），2013（4）：25—28.

1. 引言，有时也可以写成“问题的提出”

主要用来阐明题目所涉及的关键概念的定义、研究的背景、文献综述、研究目的、主要内容和重要价值等问题。换句话说，就是要在引言部分说明研究的问题是什么，为何选择这样一个问题进行研究。

2. 研究方法

包含研究对象的选择、研究工具的确定及其科学性、研究实施的过程及资料的收集整理。要求作者有条理地阐述整个研究过程，以增加研究结论的科学性和客观性，同时对于想研究相关问题的读者也能有所启发。

3. 研究结果

研究结果是主体部分的核心，也是整篇文章的关键所在，在撰写过程中应当按照一定顺序呈现研究信息，并对每项结果进行详细描述，将其准确、客观地呈现在读者面前。

研究结果的呈现是为下面的讨论分析和教育建议的提出做铺垫，在呈现时不需要将原始数据一一罗列，而应当在总结、分类的基础之上加以呈现，必要时可以用图表进行辅助说明。

（三）讨论与分析

讨论与分析是对研究结果进行进一步的评价。应当基于一定的原理对资料和数据进行客观的评价和分析，并提出个人的想法。首先，在讨论和分析时，应当对之前提出的疑问和假设给予回答和思考，并对结果进行多角度分析。其次，如果通过调查还是不能够解答问题，应作出诚实的说明。

（四）结论及建议

结论及建议是论文的结尾部分，首先应当对整个调查研究进行总结、归纳；在此基础上，根据研究对象的选择，提出研究结论的适用范围；最终提出相应的教育建议。需注意建议的提出要有针对性，不能主观臆断。

（五）附　录

附录主要包括注释、参考文献和有价值的原始材料三部分内容。如果是学位论文，还需要加上对导师、同学和对论文完成有帮助人的致谢。

【拓展阅读】

幼儿园班级图画书投放与使用现状的调查及思考①

——以甘肃兰州市为例

田宇　王廷廷　王冬兰

【摘要】早期阅读对幼儿早期精神发育和全面和谐发展具有重要意义。研究者对甘肃兰州市 20 所幼儿园图画书投放与使用的现状进行了调查，结果发现，幼儿园班级图画书的投放存在着图书量较少，没有充分考虑各种年龄段幼儿的阅读特点等问题；图画书使用过程中存在使用频次低，教师没有给予专业指导等问题。造成这些问题的主要原因有：人们对于幼儿阅读图画书价值的认识尚不够深

① 田宇，等. 幼儿园班级图画书投放与使用现状的调查及思考［J］. 幼儿教育（教育科学版），2013（4）：25—28.

入，幼儿园购买图画书缺乏必要的科学指导，幼儿园早期阅读活动的开展缺乏专业引领，等等。研究者针对这些问题提出了相应建议。

【关键词】幼儿园；图画书；投放与使用

一、调查缘起

《幼儿园教育指导纲要（试行）》明确指出，要“培养幼儿对生活中常见的简单标记和文字符号的兴趣；利用图书、绘画和其他多种方式，引发幼儿对书籍、阅读和书写的兴趣，培养前阅读和前书写技能”。《3—6岁儿童学习与发展指南》（以下简称《指南》）也提出要“为幼儿提供丰富、适宜的低幼读物，经常和幼儿一起看图书、讲故事，丰富其语言表达能力，培养阅读兴趣和良好的阅读习惯，进一步拓展学习经验”。

知识链接：松居直

国内很多学者认为，图画书对儿童的语言、想象、思维、情感、社会化以及审美能力的发展都具有重要的价值。有研究者认为父母陪同孩子阅读图画书能够促进亲子关系的发展。日本“现代图画书之父”松居直先生则把图画书比作“幸福的种子”，他认为图画书是幼儿用来感受幸福和快乐的。

图画书在幼儿成长中具有如此重要的价值，那么，幼儿园班级图画书的投放和使用状况是怎样的呢？研究者选取甘肃兰州市20所幼儿园为调查对象，对其班级图画书投放和使用的现状进行了调查分析。

二、调查方法

研究者选取甘肃兰州市14所公办幼儿园，6所民办幼儿园共20所幼儿园，每所幼儿园的小、中、大班各选取两个班级为调查对象。研究者自编调查问卷，问卷内容包括7个维度：教师对图画书阅读价值的认识、班级图画书的数量、教师选择图画书的依据、图画书投放情况、阅读环境的创设情况、教师指导幼儿使用图画书情况及教师开展有关图画书教研的情况。研究者对所调查班级120名幼儿园教师发放了调查问卷，最终回收了112份问卷，剔除无效问卷8份，实得有效问卷104份，有效问卷回收率为86.7%。对其中18名教师、6名园领导及20位家长进行了结构访谈和非结构访谈，并到6所幼儿园中实地调查图画书投放和使用情况。

三、调查结果与分析

（一）幼儿园班级图画书投放现状

1. 幼儿园班级图画书的储存量

对其中6所幼儿园（3所公办园、3所民办园）的班级图画书储存量所作的调查，统计结果如图：

从图1可知，公办园班级图画书总量高于民办园。可见，幼儿园班级图画书储存量与幼儿园的办园性质和资金调配有很大的关系。但也有例外，例如拿办园规模相当的公办园E和民办园B相比，公办园中班级图画书储存量最少的为147本，只略高于民办园中图画书储存量最多的班级，而从班级每名幼儿平均拥有的图画书数量上看，公办园E反而低于民办园B。不过，无论是公办园还是民办园，每名幼儿平均拥有的图画书数

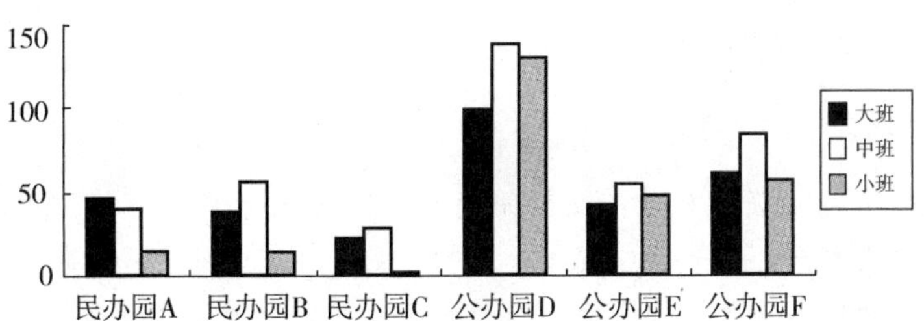

图 1 幼儿园班级图画书储存量

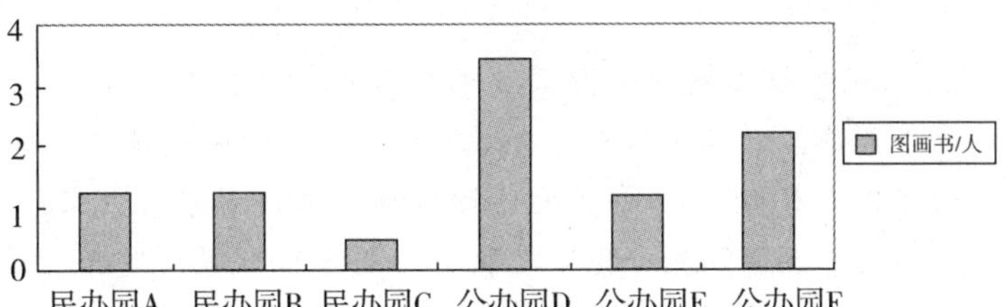

图 2 每名幼儿平均拥有的图画书数量

量都很少，即使是幼儿平均拥有量最高的公办园 D，每名幼儿平均也仅拥有 3.46 本图书。通过访谈得知，造成这种状况的主要原因是，幼儿园没有专门用以购买幼儿图画书的经费。大部分班级中的图画书大多是幼儿从家中带来的，只有少部分是幼儿园出资购买的。

2. 幼儿园班级图画书的类别

幼儿园班级图画书的类别大致可分为文学故事类、科普知识类、社会生活类、绘画美术类、训练运算类、趣味游戏类。统计结果表明，幼儿园班级中投放的图画书以文学故事类为主，占图书总量的 61.2%。其次是科普知识类，占 18.4%。从不同年龄段班级投放图画书的情况来看，小中大班均以文学故事类图画书居多，大班涉及科普知识类图画识字。有很多幼儿园教师和家长在组织幼儿开展早期阅读活动时仍旧偏重于知识传授，忽略对幼儿情绪、情感和人格的培养。莉莉安.H. 史密斯在《儿童文学论》中说："儿童时代是感受性的形成期……儿童时代的印象是难忘的，这些印象积累起来，就形成长大后表现出的人格。"因此，成人要正确认识早期阅读的价值，充分发挥其促进幼儿全面和谐发展的作用。

（二）幼儿园购买图画书缺乏必要的科学指导

当前，一方面，随着人们对幼儿早期阅读重视程度的不断提高，越来越多非专业少儿读物出版社也关注起幼儿读物的出版，从而导致幼儿图画书出版质量的良莠不齐。另一方面，要从这个良莠不齐的幼儿图画书市场中选择出适合幼儿的图画书也着实不易，幼儿园在这方面缺乏必要的科学指导。调查发现，有很多幼儿园或家长在为幼儿选购图画书时往往以是否畅销为依据，事实上，仅仅根据图画书的畅销情况作出选择并非是恰当的做法。

（三）幼儿的早期阅读活动缺乏专业引导

调查表明幼儿阅读图画书时，成人难以做出适时适当的引导，因此幼儿的阅读实际上基本处于无人管理的状态。这实际上反映的是教师和家长缺乏对幼儿的早期阅读做出专业引导的能力。

四、建　议

2012年5月由公益研究机构——新阅读研究所组织专家研制的“中国幼儿基础阅读书目”在京正式发布。朱永新在发布会上的致辞中说：“阅读可让孩子成为天使。每个孩子都是失去翅膀落入凡间的天使。书籍正是心灵的双翼，可让孩子重新变成能够飞翔的天使。”要促使早期阅读发挥出积极的教育价值，需要相关部门以及幼儿园和家长为之共同作出努力。

（一）提高早期阅读在学前教育课程与教学体系中的比例

幼儿园应将早期阅读活动纳入到学前教育课程与教学的内容当中。幼儿园在制订教学计划时宜保证幼儿每天有20—30分钟的阅读时间，阅读活动可以采取师幼共读、幼儿自主阅读、集体阅读等多种形式。还可以利用一些零散的等待时间让幼儿自主阅读，这种做法既可以减少幼儿的无效等待时间，也有助于教师维持班级秩序。幼儿园甚至可以尝试开展每周一次的“阅读日”活动，以促使所有教师与孩子都能积极参与到阅读活动中去。阅读活动不必局限在活动室，也可以在图书馆、走廊甚至户外，以让幼儿充分感受到阅读无处不在的乐趣。

（二）图画书内容与五大领域教育内容有机融合

知识链接：
幼儿园五大领域

早期阅读活动与五大领域教育活动有机结合。例如可将对《我爸爸》的阅读与相关的社会领域教育内容相结合，以引导幼儿了解自己的成长离不开家人的关爱。幼儿对外界充满好奇心，教师可以根据这一特点，结合相关图画书的内容，组织幼儿开展相应的科学实践活动。例如可以通过组织幼儿阅读《小蝌蚪找妈妈》，开展追踪观察活动；可以结合阅读《小威向前冲》了解“我是从哪里来的”；可以结合阅读《是谁嗯嗯在我头上》，通过动物粪便了解不同种类动物的生活习性，等等。在开展这类活动的过程中，教师可以引导幼儿利用班级图书角或幼儿园图书室查找资料，既帮助幼儿扩大阅读量，也可借此培养幼儿与他人合作的能力等。

（三）幼儿园和教师要努力提高对开展早期阅读活动的专业引导能力

建议教育行政或业务管理部门设立图书购置审定委员会之类的组织，以帮助幼儿园提高图画书购置质量。建议相关职能部门研制相应的幼儿园图画书购置标准。例如，规定幼儿园班级图画书的人均拥有量不得低于5本。又如，所购置的图画书内容要涵盖幼儿园五大领域教育内容，以更好地满足幼儿全面发展的需求。此外，幼儿园在购置图画书时要充分考虑不同年龄班幼儿的阅读特点。例如，小班幼儿认知能力还很有限，因此为他们选择的图画书宜以图画为主，图画要简洁明了，文字要少，以便幼儿领会。

（四）家园合作共同指导幼儿的早期阅读

朱永新教授曾说：“童年的秘密远远没有被发现，童书的价值远远没有被认识。在孩子的幼儿时期，家长和幼儿园教师不仅要关注孩子的衣食冷暖，更要关注孩子的精神成长，而幼儿阅读特别是亲子共读，是让孩子在身体成长的同时，同步获得精神成长的最佳途径。”幼儿园要充分重视家园共育工作，引导家长科学指导幼儿的早期阅读。例如，可以利用每年的“世界读书日”（4月23日）邀请家长来幼儿园与幼儿一起阅读，并就幼儿早期阅读方面的问题对家长进行科学引导；平时幼儿园的图书室或班级图书角可以向家长开放，幼儿可将自己喜欢的图画书带回家和爸爸妈妈一起阅读。幼儿园还可以定期组织家长开展幼儿早期阅读经验交流会，以分享彼此的早期阅读指导方法。

【典型工作任务】尝试根据问卷调查或访谈调查收集到的信息资料，撰写一篇调查报告。

要求：格式完整，语言通顺，可用图表辅助说明。

项目五　实验研究法

任务一　实验研究法概述

一、实验研究法的意义

实验研究法是指研究者从某种理论或假设出发，为突出研究中的自变量，而有意地控制某些条件，促使一定的现象产生，然后对结果进行分析，从而确定自变量与现象之间的因果关系的一种研究方法。实验法可通过实验组和控制组的对比来观察变量的共变关系，通过前测和后测来了解实验前后的情况。相对于其他方法，实验法是确定因果关系的较好方法，能较好地揭示出变量间的因果关系。实验研究法可以充分发挥研究者的主动性，扩大研究的范围，是学前教育研究中的一种重要研究方法。实验法有利于人们在观察和调查研究的基础上，开展有效的实验研究，从而发现各个因素之间的因果关系。

二、实验研究法的优缺点

（一）实验法的优点

1. 可以人为地控制或创造条件，操作变量，集中观测某些现象特征的系统变化。

例如，人们如果想开展关于低龄儿童是如何抵御糖果的诱惑这项研究，那么用实验法就会更加有效。因为在日常的观察中，人们很难发现那些特定的行为，而在特意创设出一定的情境下，研究者就可以在短时间内观察到大量的相关现象。

2. 便于重复验证，有利于提高结论的科学性。

实验法的流程设计通常比较严密，因此有利于其他研究者重复验证。如果研究的结论能够在其他类似的研究中得到相同的结果，那么就说明本研究具有较高的可靠性和科学性。

3. 研究数据和结果具有较强的科学性和说服力。

在实验研究中，对一些关键概念会有明确的操作定义，实验的结果也常通过较为精确的数据和图表的形式得以表现，因此研究的结论也显得更加准确和可靠。

（二）实验法的局限性

1. 实验的情境与现实情境有较大的差别。

在实验情境下观测到的效应不一定都能在现实自然情境中体现出来。儿童所处的社

会生态环境比实验环境更为复杂多变，而很多复杂的变量也很难控制。因此，实验法具有相当大的局限性。

2. 实验控制可能会损害控制组的利益。

知识链接：控制组

出于科研的道德，研究者不能以损伤控制组的实际利益为代价来开展实验研究（如研究教育者对儿童的忽视在多大程度上影响儿童的发展）。因此这一研究方法就会在实际中面临较多的限制。

3. 对研究者的要求较高。

研究者要具备较高的专业素养，要有充分的准备，在研究中要精心设计，要认真严谨地实施研究的每一步骤，最后要运用各种工具进行统计分析，从而得出科学的研究结论。因此，初学者可以先开展规模较小的、较简单的实验研究，初步积累经验，然后再开展规模较大的、较复杂的实验研究。

任务二　实验研究的类型与构成

一、实验研究的类型

实验研究分为不同的类型。按实验场地分，可分为实验室实验和自然实验。实验室实验通常指在实验室内，借助各种实验仪器设备，严格控制实验条件，主动创造条件，用给定的刺激，引起一定行为反应的研究方法。实验室实验能够有效控制无关变量，获得精确结果。但实验室与自然情景相差很远，所以结果的推广受到限制。自然实验是在实际情景中进行的实验，人们只能尽可能地控制无关变量，但实验进行的时间会比较长。

按对研究问题的已知程度分，可分为试探性实验和验证性实验。探究性实验是以认识某种现象为目标，通过揭示与研究对象有关的因果关系及问题的解决，来尝试创建某种理论体系，所以具有较强的创新性。验证性实验是以验证已取得的实验成果为目标，对已经取得的认识成果通过再次实验的方法来检验、修正和完善。这类实验具有明显的重复性，不仅对实验条件有明确分析，而且实验方案具有可操作性，关注实验结果应用的普遍性。

按有效操纵自变量的程度和实验结果的精确度，可分为真实验、准实验和前实验。真实验是指随机抽取与分配被试，保证各组被试等值，有效操作自变量，能严格地控制无关变量，实验效度高，误差程度低的实验。在真实验中不仅有了前后测，而且随机抽取被试，并随机分配入实验组和控制组。而准实验中尽管有了前测，但被试不是随机分配的，实验者无法完全控制无关因素，实验效度低的实验。前实验则是对无关变量完全没有控制的实验，在实验中没有控制组或无法提供等质控制组，其设计尚未达到实验研究的起码标准。

二、实验研究的内在逻辑和基本构成

【知识要点】1. 因变量：一般指对被试进行测量的方面或特性。2. 自变量：是指引起因变量变化的变量。

（一）实验研究的内在逻辑

研究者认为，在实验中，因变量会受到自变量、干扰变量和个体变量等的综合影响和干预，只有排除了其他变量的影响和作用，才能确定因变量的变化是归因于对自变量的操纵，从而确定其因果关系。这就是实验研究的内在逻辑。

（二）实验研究的基本构成

实验研究的基本构成包括以下几个方面：

1. 实验假设

假设就是对某一现象或问题的假定解释。

2. 实验被试

应通过随机抽取和随机分配的方式，确保各组被试尽量等质。

3. 实验变量

实验变量就是自变量，研究者要明确规定各自变量和因变量的概念，以保证实验过程的严格和精确。

4. 实验控制

研究者应对一些无关因素加以控制，努力排除其影响和作用。

5. 实验步骤

在设计时就应对研究的流程、工具、方法、指导语、记录表格和统计方法等内容都有预先的考虑。

6. 实验结果

可以通过图表等形式把统计结果予以公布。

7. 实验结论

最后要对研究假设是否成立予以判定，应实事求是地进行阐述，并提出切实可行的教育建议。

任务三　实验设计

一、实验设计的价值

实验设计对于实现实验研究的成功至关重要。详细的实验计划是考验假设、获取变量关系有效结论的程序蓝图。好的实验设计，就如同好的设计蓝图一样，能使研究者以最经济的方式达到最佳的实验效果。

二、实验设计的类别

（一）单因素实验设计

一般实验设计的模式多为单因素设计，即在一个实验中，只有一个自变量被作为实验条件而受到控制。

（二）多因素实验设计

多因素实验设计就是在研究过程中同时操纵两个以上自变量，以发现每个自变量对因变量的影响，以及各变量间的交互作用和综合影响。例如，在某项研究中，研究者可以通过实验研究来分析教学方法、学生的智力水平和教学时间对学生学习效果的影响和作用。

三、实验研究中需要注意的问题

（一）要确保研究的真实性和客观性

研究者要有着一丝不苟的科学态度，在整个研究过程中都保持着高度的“严格”意识，要加强对整个实验过程中各种无关变量的控制。只有这样，才能确保研究的真实和客观。而这些客观严格的实验操作步骤，也有利于以后的研究者再次充分实验，以进一步验证实验的可行性和实验结论的真实性。

（二）要做好实验控制工作

实验控制是实验的基本特点。在一些实验中，实验者出于顺利完成实验的目的，挑选最好的学校和班级，选择最好的教师担任组织者，为实验班提供最佳的物质条件，这样一来，就会损害实验的控制力，使得实验结果不够精确和有效。

（三）要考虑生态效度问题

受到高度人工控制的实验场所和儿童的现实生活环境之间的差别越大，研究的生态效度就越差。因此，研究者要尽量让实验环境与儿童的真实生活环境相接近。基于这样的思考，现在许多研究者倾向于在儿童的自然环境中采用自然实验法来研究儿童的行为。

（四）要处理好控制组和实验组的关系问题

在一些教育实验中，有些教师希望成为实验组，而不乐意成为控制组。甚至会出于赌气的想法，暗地里加油，让儿童在测查中得高分。因此，我们要让实验组和控制组的老师认识到成为实验组和控制组是通过随机的方法产生的，而且实验组和控制组都对实验结果做出了自己的贡献。从而确保研究的结论建立在稳定的控制之上。

【拓展阅读】

幼儿同情心培育实验研究①

幼儿园教师经过诊断观察，发现幼儿的友好行为与他们的同情心程度有关。因此，打算用培养同情心的手段来增进儿童间的友好程度。经研讨，决定采用表演和故事等形式进行教育。实验选择了本

① 王坚红. 学前儿童发展与教育科学研究方法［M］. 北京：人民教育出版社，1991：185.（注：选入时有调整）

班不常缺席的正常儿童 19 名作为被试，采用“单组前后测”设计类型，对 19 名儿童用某种测量同情心的量表进行预测。然后进行实验干预，即用一系列情景表演和故事进行情感教育。2 个月后，用同一量表再次测量同组儿童的同情心，结果见表 5－1。经符号检验法，P＝0.048＜0.05，因此在 α＝0.05 水平上差异显著。该实验表明教育干预活动在改善儿童同情心理方面有一定的效果。

表 5 － 1　儿童同情心得分及符号检验

原始数据（同情心得分）			符号检验
幼儿代号	前测分	后测分	符号
1	60	54	－
2	42	46	＋
3	51	70	＋
4	58	65	＋
5	54	50	－
6	47	48	＋
7	41	43	＋
8	40	63	＋
9	59	51	－
10	53	53	0
11	58	70	＋
12	57	58	＋
13	52	61	＋
14	56	55	－
15	48	72	＋
16	43	49	＋
17	45	53	＋
18	59	72	＋
19	47	44	－

任务四　实验研究报告的撰写

在撰写实验研究报告时，为了让读者了解整个研究过程，体现研究的科学性和客观性，应注意向读者交代研究方法及研究过程。

研究方法的介绍主要包括以下内容：研究对象的取样和选择、研究因素的操作与控

制、资料的收集与处理等方面所采用的方法与实施的技术手段。此外，还应阐明研究课题中出现的主要概念和定义，以及介绍研究所采用的特殊工具、设备以及一些方法和手段。如果这一部分内容较多或有相关的量表、调查问卷、测试题等，则应以附录的形式附在后面。

方法的介绍应注意条理清楚、阐述明白，通常可以按照研究过程的顺序逐一介绍，在介绍过程中应注意专业概念或说法的用词准确。

实验研究的成效和结果讨论是研究报告的重要部分，这一部分主要包括两方面内容：

1. 对研究中所收集的原始文献资料、观察资料和实验资料进行初步整理、分析的结果。对定性资料可进行归纳、列条，对定量资料则可以列出图表等。

2. 对研究资料进行初步整理分析后，采用逻辑或统计手段，推断出研究的最后结果或结论。

需要强调的是，在这部分内容中既要重视定性的分析，更要注重定量的分析，既可以有一两个典型事例或一些数据为佐证，更要有对客观数据资料的统计分析处理。撰写时应注意：（1）不可以单纯从逻辑的角度推出结论，而应重视定量分析与定性分析相结合；（2）对于数据资料，不应仅仅作为事例列举，还应采用一些统计分析的手段，力求从数据的变化中揭示事物的本质属性。

案例与分析

中班人物画两种教法的实验①

王正可

一、实验假设

用活动人教具进行一次性动态教学，其效果可能优于教师示范性分布教学。

二、实验被试

上海黄浦区汉口路幼儿园中二、中三班幼儿各30名。

三、研究变量

1. 自变量——教学方法。分为一次性教学与分步示范教学两种实验条件，分别在实验班与对照班实施。

2. 因变量——在命题画作业中的得分。评分标准：形状——画出人的基本特征，五官俱全，描绘人的简单动作，形态有趣为15分；色彩——涂色均匀，配色恰当，色彩鲜艳为5分；结构——能按主题画出简单情节，主题突出为3分；创造性——内容独创新颖为2分。

四、实验条件控制

1. 被试幼儿园入园时间均为半年以上，经同一天同一命题画基础水平测定，两组幼儿成绩无显著性差异。（控制组间差异）

① 王正可．中班人物画两种教法的实验［J］．学前教育研究，1987（5）：25—26.

2. 两班用同一组教材，并由同一位教师执教。(控制教材内容与教师因素的干扰)

3. 所有测验按同一评分标准评分。(控制评分误差)

五、实验步骤

1. 初始状态水平测定："正面直立人"。经统计检验，两组无显著差异，可视为等组。

2. 教学实验：实验组观察活动人教具演示，并自己实践手、脚位置改变时的动态，在一次作用中教画走、跑、跳动作，共进行3次。对照组运用样例与示范，分3次教画走、跑、跳动作。

3. 实验后即测定教学效果：对两组均进行命题画"我和好朋友在一起"作业测试，按统一评分标准记分。

4. 实验后50天，再进行延迟测验，题为"大家一起玩"的命题画作业，按前评分标准记分。

六、实验结果分析

1. 对两组教学效果的即时测验"我和好朋友"进行统计检验。资料说明，实验组的平均成绩比对照组高5.8分，对照组比实验组的个体差异大，经t检验，两组之间的成绩差异非常显著。

2. 对两组教学效果的延迟测验"大家一起玩"命题绘画效果进行统计检验。资料说明，两组成绩均有所提高，实验组平均分高于对照组，经t检验，两组差异仍非常显著。

七、实验结论

用活动人教具进行一次性动态教学，效果可能比示范性分步教学更好，这种教学方法可有助于培养幼儿的观察力，激发幼儿的绘画兴趣，可发展幼儿的想象力和创造力。

以上这篇实验研究报告，分别介绍了"实验假设"、"实验被试"、"实验变量"、"实验条件控制"和"实验步骤"，在此基础上进行了"实验结果分析"，最后得出"实验结论"，格式完整、条理清晰、阐述明白，便于读者了解。

【典型工作任务】在专业刊物上选择一篇实验研究报告，尝试对这篇报告中的"实验假设"、"实验被试"、"实验变量"、"实验条件控制"和"实验步骤"进行分析，探讨该研究是如何通过"实验结果分析"得出"实验结论"的。

要求：通过实例的讨论进一步理解实验研究法；教师也可先不出示文章，请同学们先根据研究假设来尝试设计实验研究。

项目六　个案研究法

任务一　个案研究法概述

个案研究法是社会科学研究常用方法之一，最初起源于医学和刑侦学，后逐渐推广应用到心理学、企业管理等领域，近年来在学前教育领域中也已运用得愈发普遍。

一、学前教育个案研究的含义

学前教育个案研究是一种对真实情境中的幼儿、幼儿教师或幼教机构等个体进行全面、深入、系统研究的方法。

二、学前教育个案研究的目的及意义

（一）个案研究的目的

1. 提供描述

在许多学前教育个案研究中，研究者的主要目的是全面、如实、清楚地描绘并概念化某个现象，即对情景和环境进行再现式的一系列描述，让人们能够从这些生动的描述中认识到该情境所具有的意义，获得对特定人物或事物的生动的图景。

2. 提供解释

在另一些学前教育个案研究中，研究者的目的是解释某些特定的现象，了解某一现象与其他现象之间的联系。如果一个现象的变化引起另一个现象的变化，这种模式被称为因果模式。如果不能确定发生变化的几种现象之中究竟谁是原因方、谁是结果方，则只能将其称为关系模式。

3. 提供评价

通过对某些特定现象进行个案研究，可以对计划、个体和环境等做出评价，包括过程性评价和终结性评价，也包括与社会、组织和人的表现相关的需求评价。

（二）个案研究的意义

1. 可以详细地描述个案特征，深入了解个体发展特点及现象产生的原因，有助于因材施教，更好地促进学前儿童的发展；

2. 所获得的结论，可以为进一步证实某个学前教育的理论或假设提供佐证依据；

3. 可以验证某种学前儿童辅导策略或治疗方法是否可行而有效，为解决某类问题提供借鉴与参考；

4. 并不排除将研究结果推广到更大的同类群体中去的可行性，也不排除在个案之间进行比较后加以应用的可能。

三、学前教育个案研究的特点

（一）研究对象的个别性与典型性

学前教育个案研究的对象通常是单个的个体，且作为研究对象的个体还应具有与众不同的显著特征，可从三个方面进行判断：①在某方面有显著的行为表现；②与这方面有关的某些测量指标与众不同；③教师、家长等主要关系人都有类似的印象和评价。

（二）研究内容的深入性和全面性

学前教育个案研究既可以研究个案的现在，也可以研究个案的过去，还可以追踪个案的未来发展。因此，既可以做静态的分析与诊断，也可以做动态的调查或跟踪。由于个案研究的对象不多，所以研究时间较为充裕，可以进行透彻深入、全面系统的分析与研究。

（三）研究方法的多样性和综合性

学前教育个案研究的手段往往是综合的，收集个案资料的方法也是多样的，可以通过观察、访谈、问卷调查、评定、实物分析等多种方式，全方位、多角度地深入收集有关研究资料，以获得对研究对象充分而深刻的理解，发现和挖掘导致问题产生的深层次原因。

四、学前教育个案研究的优缺点

（一）优　点

规模小、方法灵活多样、没有时间限制，且研究结果具有针对性，特别有利于因材施教，因此适合一线教师使用。

（二）局限性

主要表现为因样本较小而代表性、普适性差；定性分析的结果难以量化、标准化，容易做出主观的不精确的结论；费时费力，研究对象易流失。

五、学前教育个案研究的类别

（一）根据个案研究的方式来分

1. 综合性个案研究

知识链接：普莱尔与儿童心理

是指研究者对选定的某个研究对象进行全面、综合、系统的研究。如：著名的德国生理学家和实验心理学家普莱尔，曾以他自己的孩子为个案研究对象，从其出生起直到三岁期间，每天对其身心发展的各个方面进行有系统的观察和记录，后在此基础上写成《儿童心理》一书，为科学的儿童心理学的建立奠定了最初的基石；我国著名幼儿教育家陈鹤琴先生也以其长子陈一鸣为研究对象，在其出生后连续做了808天的观察记录，内容涉及孩子身心发展的方方面面。

2. 专题性个案研究

是指对某一领域内的某一方面或某一现象进行多层次、多角度的专门研究。主要用来考察某些优秀或特殊个案，探索个案的经验教训或存在的问题等，对其进行分析、研究、探讨，以求对其他类似个案研究带来一定启发的一种研究方法。如我们可以就“幼儿园的混龄活动”这个专题，选择几个幼儿或班级作为个案研究对象，进行深入细致的研究。

【**知识要点**】1. 一般研究角度的选择要小，观点要新，研究要深入。

2. 可先以教研组活动的形式进行，然后定期在更大范围内展开研讨，最终达成对研究问题的认识。

（二）根据个案研究的目的来分

1. 诊断性个案研究

主要是对研究对象的现状作出判断，比如我们可以用诊断性个案研究的方法来研究某个特殊儿童的发展状况，或是研究孩子的某种问题行为。

这种方法不仅适用于研究幼儿，也适用于研究教师自身。如：通过在教研活动中开展诊断性个案研究，可以使更多的教师对教育教学有更加深刻、充分的理解，不仅可以有效地提高教师的反思、评价水平，而且有利于促进教师的教学实践能力的提高。

2. 借鉴性个案研究

是在实际教学过程中很实用的一种研究方法，主要以幼儿园特级教师、骨干教师的经典教学范例为研究对象进行资源共享，让更多的教师进行借鉴性学习。它有助于一线教师从个别中寻找规律，探索教育教学的真谛。

3. 探索性个案研究

通常是用于一些大型研究的准备阶段的尝试研究。为了使大型研究少走弯路，可以先在小范围内选择个别对象或个别群体进行探索，在此基础上可以澄清一些困惑、找到有效的方法手段，为后面大型研究的开展提供参考经验。

（三）根据个案研究持续时间来分

1. 现状研究

主要是用来考察个案研究对象的某方面心理或行为问题现状的研究。由于任何现状的出现都经历了一个从量变到质变的过程，因此在对个案研究对象的现状进行分析把握时，通常也要考虑问题产生的缘由，以更好地理解其当前的状况。

2. 追踪研究

是指对个案的研究不仅仅停留在对其目前状况的把握上，而是随着时间的推移，关注个体的发展变化，持续不断地对个体的发展过程进行纵向的追踪研究。

（四）根据研究对象的不同来分①

1. 个人个案研究

学前教育领域中的个人个案研究主要指对个别幼儿、幼儿教师等进行的研究，通过对访谈、问卷调查、作品、自传、观察记录等相关资料的分析，对其特殊的历史、现状及后来的发展进行研究。如，对具有攻击性的幼儿进行个案研究、对某个特级幼儿教师的成长过程进行个案研究等。

---

① 杨晓萍. 教育科学研究方法［M］. 重庆：西南师范大学出版社，2006：198—204.

2. 机构个案研究

学前教育研究中的机构个案研究是以幼儿家庭、幼教机构等单位为研究对象进行的研究，一般涉及该幼儿家庭或幼教机构的基本情况，主要教育目的、教育任务以及为实现教育目的所采取的一些典型做法和教育措施等。如某个幼儿园的教育教学改革、某个幼儿家庭对孩子进行理财教育的个案研究等。

3. 团体个案研究

是以幼儿园或地区中一定数量的幼儿或幼儿教师为研究对象进行的研究，一般涉及的人数比较多，如以某所幼儿园为团体，对其中的小、中、大班孩子的生活自理能力情况进行调查研究。

六、个案研究资料的来源及获取途径

以学前儿童为研究对象的学前教育个案研究资料的来源及获取手段主要有：

（一）学前儿童本人

可以通过观察、谈话、实验、测查等手段直接从儿童本人那里收集研究资料，以了解其行为表现，分析其心理发展水平和速率，以及所受教育影响等。

（二）学前儿童的作品及有关文字资料

收集幼儿的绘画、手工制作、教师评语、测查报告等相关资料加以分析，可以间接地考察幼儿的行为及其心理发展，以及所受的教育和环境的影响等；也可以分析反映幼儿健康状况的病历、体检表、心理测查报告，及学习成就、教师评语等，深入地了解研究对象。

（三）幼儿教师、家长及其他有关人员

可通过问卷、访谈等方式向熟悉幼儿的教师、家长和其他有关人员了解其在各种场合和环境中的行为表现、成长状况等，如：通过了解幼儿的家族遗传史、家庭结构和生活方式、教养方式、家庭氛围、家庭成员之间的关系等，探寻幼儿的心理发展和个性形成轨迹等。

任务二　个案研究的实施原则与步骤

一、个案研究的实施原则①

（一）灵活性原则

在个案研究过程中，研究者要根据不同的研究问题、不同的研究对象、不同的研究阶段，针对研究的需要和进展灵活地调整研究内容与方法。

（二）综合性原则

个案研究要综合运用观察、交谈、测量、问卷调查、实物分析等研究方法来收集研

① 杨晓萍．教育科学研究方法［M］．重庆：西南师范大学出版社，2006：186－190．

究对象的各方面资料，包括幼儿园生活、家庭生活、社区关系、社会活动状况等。

（三）谨慎性原则

进行个案研究时，必须慎重对待研究对象和研究资料，注意材料的报道是否经过研究对象的许可、是否涉及研究对象的秘密和隐私。在对个人进行个案研究时，应注意取得其信任和支持，并对其表述给予尊重。

二、个案研究的实施步骤

【知识要点】个案研究资料的反思性分析：

是指研究者主要依赖直觉和个人判断对收集到的资料进行分析的过程，也可包含对现象的批评观点。

这是学前教育领域运用较多的一种个案分析方法。对教师来说，必须经历丰富的教育实践，才有可能有效地进行反思性分析。

（一）制订个案研究计划

应预先制订一个个案研究计划，内容涉及研究问题性质的确定、合适研究对象的选择、研究的重点和所使用研究方法的考虑、研究资料收集时间间隔与步骤的安排等。

（二）选择个案研究对象

个案研究不是仅仅随意地在调查个体，而是寻找“重要信息提供者”，因此需要研究者具有细心的观察力和敏锐的洞察力、较强的问题意识和综合判断能力。应根据个案研究的目的和内容，确定具有某一方面典型特征的个体作为研究对象。

（三）收集个案研究资料

为了对研究对象进行全面深入的研究，找出问题的原因所在，必须尽可能地运用观察、问卷调查、访谈、测查等各种手段收集与研究对象和研究问题有关的资料。此外，还应注意收集的资料的深度和广度，并仔细核实个案材料，保证获得的资料真实可靠。

（四）整理、分析个案研究资料

对个案研究资料的整理，一般可采用表格的形式进行。在进行个案研究资料分析时，研究者需要对收集到的大量资料进行归类，按横向联系或纵向联系做一番梳理、汇总，考察研究对象的行为和心理特点，比较各因素之间的关系，在此基础上通过分析形成一定的观点、理论，对研究对象的身心发展规律和形成原因进行解释、说明。

可以从三个维度对收集到的大量资料进行分析：

1. 从主观上分析了解学前儿童的内在动机；

2. 从客观上分析了解学前儿童的教育背景、社会环境、家庭教育等与其生理、心理特点及其成长、发展过程存在相适应或不相适应的地方，并找出这些适应或不适应的矛盾关键所在；

3. 对导致个案产生行为结果的各种现象的形成和发展过程进行分析，了解其影响因素。

（五）进行个案的发展指导

对儿童的发展进行观察、分析的目的，是把握个体差异、找到问题所在，进而采取有效措施促进每个儿童全面和谐地发展。因此，个案研究还需对个体的发展进行指导，首先应针对幼儿个体发展中的不平衡、不和谐现象提出改进的方案。

从影响个案发展的内外部条件因素来看，对个案的发展指导可从两个方面进行：

1. 通过心理治疗、思想交流等方式矫正影响学前儿童发展的自身内在的因素，以使其与社会环境的要求相适应；

2. 通过改进幼儿园教育方式、对家庭教育进行指导等方式改善影响学前儿童发展的外部条件，使之适应学前儿童的发展需要。

（六）撰写个案研究报告（详见本项目任务四）

（七）确定个案研究结果的应用程度

教育实践工作者在阅读个案研究报告时，关注的重点往往是研究结果在多大程度上能应用到自己所在环境中去，也就是说关注个案研究的可应用程度。

确定个案研究结果的应用程度的方法之一是看个案的抽样策略。通常认为，如果研究者选择了一个具有典型性的个案，那么其研究结果被认为可以应用到其他类似的个案中去。如果研究者研究的是多个个案，那么不同案例之间的研究结果如果是一致的，就证明该研究结果可以应用到其他情况和个体身上。

【知识要点】幼儿个案的发展指导：

首先，弱势领域是发展指导应该关注的；其次，即应重视以幼儿优势领域的发展带动其全面的发展；再次，应从家庭和幼儿园，幼儿生活和学习环境的创设、教养方式的改变与适应等方面全面考虑，提出相应的教育措施和建议。

【拓展阅读】

1. 迈克尔·巴顿（2001）提出的个案研究者选择个案的步骤（目的抽样）

目的抽样旨在选取能够提供和研究目的相关的丰富信息的个体。研究人员通常采用系统的抽样策略选择某一个个案或多个个案，下表是巴顿描述的15种目的抽样策略，按抽样依据分为四类。所有这些方法都可以用来选择多个个案进行研究。如果研究者只选择一个个案，只有某些方法适用（在第二栏开头标有“单”而不是“多”的方法）。①

抽样策略	选择的个案
一、重要特征抽样策略	
1. 极端或偏差型个案抽样	（单）表现出高或低两个极端特点的个案
2. 强度抽样	（单）表现的特征强度或高或低但不极端的个案
3. 典型个案抽样	（单）具有一定代表性的个案
4. 最大差异抽样	（多）最大限度覆盖研究现象中各种不同情况的个案
5. 分层抽样	（多）表现出事先确定的不同层次特点的个案
6. 同质个案抽样	（多）内部成分比较相同的个案
7. 目的随机抽样	（多）在可获得总体中经过随机抽样选择的个案
二、单一特征抽样策略	
8. 关键个案抽样	（单）对检验某个理论、项目或其他现象比较关键的个案
9. 以理论为基础的抽样或操作性构念抽样	（单）表现出特定理论构念的个案
10. 相符或不符个案抽样	（单）能够证实或否定以前的个案研究结果的个案

① 乔伊斯. P. 高尔，等. 教育研究方法实用指南［M］. 第5版. 北京：北京大学出版社，2007：296－297.

续　表

抽样策略	选择的个案
11. 校标抽样	（单）符合某个重要标准的个案
12. 重要政治个案抽样	（单）比较著名或具有重要政治意义的个案
三、突发性抽样策略	
13. 机遇式抽样	（单）由于有些情况事先难于预料，研究者在数据收集过程中根据具体情况选择的个案
14. 滚雪球或链锁式抽样	（单）由知道他人可能提供相关丰富信息的个体推荐的个案
四、无依据抽样策略	
15. 方便抽样	（单）指因为方便找到而选择的个案

2. 可以以下 19 个问题①作为个案研究评价的准则

(1) 是否界定说明了研究问题以及个案的基本情况？

(2) 个案记录是否简洁明确？

(3) 是否遗漏或忽略了个案的重要信息？

(4) 是否用多种手段或途径来收集个案的资料？

(5) 对个案资料数据的来源是否加以详细说明？

(6) 对个案特殊行为是否详细加以描述？

(7) 是否提供个案家庭背景资料的情况说明？

(8) 所获资料是否确实可靠？

(9) 是否说明个案行为发展变化的过程和经历？

(10) 诊断是否有充分的依据？

(11) 对行为的判断是否运用测验或推论？

(12) 是否考虑到个案作弊的可能性？

(13) 是否注意到个案的行为动机？

(14) 对个案的矫治是否考虑到伦理问题？

(15) 对未来的矫治计划是否做了充分考虑？

(16) 是否针对性地提出具体的矫正辅导的措施、方法和过程？

(17) 是否准确解释矫正辅导的效果？

(18) 个案报告的撰写格式是否规范？

(19) 他人阅读个案报告后是否会对个案有真正的了解？

三、个案研究资料的记录

(一) 资料记录内容②

1. 研究对象的基本情况

包括姓名、性别、年龄或出生年月、民族、籍贯、所在幼儿园及班级、家庭住址等。

---

① 郑金洲，等. 学校教育研究方法 [M]. 北京：教育科学出版社，2003：203.

② 张燕，邢利娅. 学前教育科学研究方法 [M]. 北京：北京师范大学出版社，1999：167—169.

2. 个人身体健康资料

有无既往病史、药物过敏史、有无身体器官伤害等。

3. 个体成长及心理发展资料

如母亲妊娠、出生及语言、动作、感知觉、人际交往、认知、情绪情感等各个领域的发展情况，生活习惯等。

4. 个体家庭背景情况

包括父母姓名、年龄、职业、文化程度、经济状况、居住环境、家庭中其他成员的情况、对子女的教养方式、亲子关系、家庭重大生活事件、家族遗传病史以及家庭所在社区环境、自然、人文、社会与经济发展等情况。

5. 个体所在的幼儿园或其他教育机构的情况

包括幼儿园或其他幼儿教育机构所处的地理环境和人文环境，师生的构成情况等。

6. 个体在家庭生活中的活动模式

个体一天生活的基本情况，比如如何安排一天时间、空闲时间从事何种活动、看电视的情况等。

7. 个体在幼儿园或其他教育机构的行为表现

8. 个体与其他人（成人及其他儿童）的交往情况

如幼儿是如何与教师和同伴交往的，人际关系如何等等。

9. 个体使用各种材料（如玩具、图书等）的情况

10. 个体通常的娱乐方式有哪些？比如观看电视的情况等。

11. 个体对经常发生的事情和新异事物、意料之外的事物的反应

12. 个体的模仿风格如何，其对成功与挫折的反应怎样，是如何表现自我概念的，等等。

研究者要注意在不同时间里、不同情景下和不同活动中考察研究对象的表现，对比其差异。比如既要对比幼儿在室内与户外、园内与园外、家庭内与家庭外、独处和与他人相处、在小群体内与在大群体中表现的不同，也要注意对比幼儿在一周内不同时间以及一天内不同时间，如早晨、上午、中午、下午、晚上的情况。通过全面、细致的观察，可以使研究者更为深入地了解特定对象的有关情况。

（二）资料记录形式

1. 日记或儿童传记

个案研究中的追踪研究最常用的记录形式是用日记（儿童传记）对儿童定期进行观察记录，着重观察和记录儿童新出现的行为及其发展变化情况。注意对于年龄越小的儿童，观察记录的时间间隔应越短，以后随着儿童的发展日趋稳定或发展速度逐渐减缓，可慢慢延长记录的间隔时间。

也可采用轶事的形式记日记，注意记录要细致完整，应善于抓住关键性的语言和行为，随着日积月累进而做出系统分析，从中了解幼儿的行为模式、存在的问题和问题形成的原因等。

2. 摄像和录音

除了用纸、笔做记录外，还可借助现代化的仪器设备收集特定研究对象的有关资

料。比如可以定期拍摄幼儿动作的发展情况，也可录下幼儿的语言发展资料，以便长期保留进行日后的分析，或与其他材料进行印证等。

【典型工作任务】在幼儿园教育实习期间，选择在某一方面具有典型特征的一个幼儿为研究对象，收集其各方面研究资料，并在整理、分析资料的基础上，尝试对其发展提出一定建议。

要求：1. 采用轶事的形式记观察日记，注意记录细致完整，抓住关键性的语言和行为；2. 对积累的资料做出系统分析，从中了解幼儿的行为模式、存在的问题和问题形成的原因等。

任务三 几种常用的个案研究法

一、个案追踪法

【知识要点】1. 一般来说，追踪研究的时间越长，收集到的研究资料往往越丰富，越容易得到深刻的、具有说服力的研究结论。2. 如追踪研究时间很长，可将研究划分为一个个年龄段进行，每个年龄段制订一个研究目标，以尽量减少研究对象流失造成的损失。

（一）含　义

是指在一个较长的时间内持续跟踪相同的研究个案（单个个体或多个个体），直接收集研究对象发展变化的各种第一手资料，揭示其发展变化的趋势与特点，弄清其中的影响因素等情况的研究方法。

（二）注意事项

1. 明确追踪研究的对象和目的

一般选择具有某一方面典型特征的幼儿或教育事件作为个案追踪的对象。在明确了追踪对象以后，还应根据自己的研究问题，明确对幼儿和事件具体哪些方面进行追踪研究。

2. 紧紧围绕研究课题进行追踪

在按照研究计划，运用适当的研究手段收集相关研究资料的过程中，要注意排除外来因素的干扰，不被表面现象所迷惑、不遗漏重要信息，并在较长的时间里精心保存研究资料，从而保证个案研究的正常进行和研究目标的实现。

3. 探索个案发展的连续性

所跟踪的应该是同一个或几个研究对象，要对其进行长期的连续不断的研究。通过将研究对象发展变化的不同阶段进行纵向比较，我们可以了解其变化的轨迹与特点。

4. 探索发展的稳定性

个体的发展是一个连续变化的过程，从量变的不断积累到质变的飞跃，研究对象的某些方面特质或某些教育现象在一个时期内也呈现出相对的稳定性，这种稳定性也是我们需要研究探索的。

5. 关注早期教育对后面发展的影响

追踪性个案研究经历了一个比较长的时间跨度，按先后顺序将研究对象发展的各个不同的阶段连接起来，可以比较清晰地看出个体的发展脉络和各种因素的相互关联，因此在进行个案追踪研究时，研究者可以关注早期教育对个体后面发展的影响作用，从而更好地探索早期教育的规律与方法。

二、个案追因法

（一）含　义

是根据发现的结果去追究其产生的原因的一种个案研究方法。

例如，我们发现某个幼儿的性情或行为习惯突然改变，为了了解是什么原因造成了这种变化，我们可以采用个案追因的方法对其进行研究，以便有的放矢地解决问题。

（二）注意事项

1. 了解行为发生的背景

在进行研究的起始阶段，我们首先要仔细了解某种行为或某种现象究竟是在什么样的背景下出现的，这可以为后面了解行为或现象产生的原因提供重要的线索。例如，当我们发现某个孩子在班级活动中表现出不自信时，应该仔细了解他究竟在什么样的情景下表现出不自信、各种情景下不自信的表现程度等，进而才可能找到追因的线索。

【知识要点】某一行为或现象可能产生的原因包括：

1. 家庭原因（家庭结构、家庭教育氛围、代养方式等）；2. 幼儿园原因（教师处理问题的方式、突发事件、同伴关系等）；3. 生理原因（先天障碍、后天疾病等）。

2. 全面假设原因

在我们了解了行为或现象产生的具体情景，明确了研究问题以后，接下来就是要寻找导致这一行为或现象出现的可能原因。

最初需要对可能原因进行假设，假设原因应尽可能全面。然后对各种原因之间的关系进行推断和假设，在此基础上去实施追因研究，为更好地改进教育方法、采取更恰当的教育措施提供依据。

3. 进行对比研究

可以设置用来进行比较的个案，一种是具有相似行为或现象的个体，另一种是行为或表现毫不相像的个体。前一种可以帮助我们找到造成他们出现某种行为或现象的共同原因；而对后一种进行研究，探究其生活背景、教育环境及成长过程中的不同之处，则可帮助我们找到造成该行为或现象出现的真正原因。

除了设置相似或不同的研究个案进行比较外，我们还应注意对查阅的有关研究对象的资料进行对比，看是否具有前面假设的原因。

4. 检验找出的原因

在研究过程中，对找出的可能原因不要轻易下结论，而应该从多方面进行研究，进一步验证得出的结论。通过审慎的诊断得出的结论，找到行为或现象产生的真正原因和主要原因，我们才能有的放矢地研究出矫正幼儿问题行为、改进教育策略等的有效方法。

三、谈话法

(一)含 义

是指在个案研究中，研究者通过与研究对象谈话的方式收集研究资料。谈话的方式既可以是面对面的口头交谈，也可以是以书面形式进行的问卷谈话。对幼儿教师来说，通过与学前儿童及其家长交谈可以获得研究所需要的资料。

(二)注意事项

1. 事先列出口头访谈提纲

口头交谈是谈话双方互动的过程，应鼓励研究对象用自己的语言表达自己的看法而不是简单地在研究者给定的答案中进行选择。在进行这种开放式交谈时，研究者需要事先列出一个简要概括的交谈内容提纲，既可以采用自然会话的方式进行，也可以采用标准化的形式进行。

2. 采用适当的方式与幼儿交谈

如果交谈的对象是幼儿，教师通常应交替采用封闭式问题和开放式问题对幼儿进行询问，且语言表达方式应是幼儿能够理解的。此外，还要注意消除幼儿的紧张、焦虑、防御心理，创造轻松自如的谈话氛围。

3. 按问卷调查程序进行书面访谈

书面谈话往往用在对幼儿教师或幼儿家长的资料收集中，一般按问卷调查的程序进行，要向谈话对象交代清楚做问卷的具体要求和注意事项。对问卷的评分要严格按照标准，做到公正、客观。

对于一些复杂的研究个案，研究者往往采用口头交谈和书面交谈两种方式进行，对研究个案进行综合的分析与判断。

四、作品分析法

(一)含 义

作品分析法是指通过分析研究对象的活动作品来了解研究对象的知识范围、情感状况、能力水平、技巧熟练程度等，是个案研究中一种常用的方法。

(二)注意事项

1. 对作品进行分析时，不仅要研究作品，而且要研究作品制作过程本身以及作品所反映出研究对象的各种有关的心理活动状况。

2. 往往需要与实验法结合使用。通过设置对照组，观察作品制作的实际过程，可以获得更科学合理的结论。

五、教育会诊法

(一)含 义

是指召集有关学前教育专家学者（尤其是幼儿教师集体）进行讨论，就某个个案的行为或现象等方面作出鉴定，得出比较客观公正的结论的一种个案研究方法，具有集体性、公正性和简便性的特征，不仅适用于问题儿童，也适用于正常儿童，是深受广大幼儿教师喜爱的一种学前教育研究方法。

（二）注意事项

学前教育会诊应按以下 6 个环节进行①：

（1）明确会诊目的；

（2）确定会诊参与者；

（3）由班主任和相关老师说明对某一幼儿的看法，并列举理由；

（4）组织集体讨论，广泛交换意见；

（5）为个案作出鉴定，提出有针对性的教育措施；

（6）根据个案的鉴定材料，教师对集体或个人的教育工作进行自我反省，加强自身修养，提高教育教学水平。

任务四　实物研究

实物研究是指研究者对所有与研究对象有关的文字、图片、音像等物品进行收集、分析，解释自己所看到的实物的意义，从中了解研究对象的观念、行为及情感等，获取研究所需信息。

实物研究操作程序比较简单，易于被广大学前教育科研工作者掌握和运用，为我们提供了一种深入观察、了解儿童的新途径，可运用在个案研究中。

一、实物研究的特点

（一）客观依存性

进行实物研究时，不仅要关注研究对象自身的发展特点，而且要把实物产生的自然情境和历史文化背景综合起来加以分析，只有这样才有可能“读懂”实物这种静态物品无法用语言向我们表述的实物制作者的动机和意图，以及使用者的目的等等，才能使我们理解实物所代表的意义。

（二）主观倾向性

在学前教育研究中，学前儿童内隐的或是无法用语言很好地阐述、表现的知识、技能和心理特点等信息，需要研究者来进行“解读”。同一件实物被不同研究者从不同的视角、不同的层次，为不同的目的进行分析后，结果可能差异很大，其所代表的意义会因分析者的不同而被理解得不一样，表现出较大的主观倾向性。

二、常见的实物种类

对一线教育工作者来说，较常收集用于学前教育研究的实物包括以下几类：

---

① 王旭，等．现代教育科研［M］．青岛：青岛海洋大学出版社，1998：215．

（一）语言文字资料

1. 幼儿的语言文字资料

主要包括学前儿童描述的故事或事件，叙述、自编故事的口述记录、各种活动记录单、自创的书写符号等，反映了学前儿童基本的语言表达能力、语言创新能力和想象力等心理特征。

2. 幼儿教师的文字资料

既包括幼儿教师写的以自身工作、学习为目的的个人资料，如教育日志、教学札记、教案、教学计划、教学反思、听课笔记、会议记录等，也包括为幼儿所做的活动观察记录、成长记录等。

前一类文字资料可为我们了解幼儿的成长历程和发展状况提供帮助；后一类文字资料则可反映出教师的教育观、教学思路、个人教学风格、学习习惯等。

3. 幼儿家长的文字资料

主要指家长在抚养孩子过程中为孩子的成长情况所做的家庭教育记录，包括记录孩子的生长发育过程，也包括记录家庭生活中发生的一些与孩子有关的教育事件、家庭教育趣事，家长对于幼儿教育问题的思考等等。

从中我们不仅可以了解孩子的具体成长过程和发展状态，也可以了解家长的儿童观、教育观、教育方式、教育技巧以及家庭教育存在的问题与困惑等，还可从侧面了解家庭的教育氛围、亲子之间的关系等。

4. 家园联系手册

家园联系手册是系统记录幼儿发展状况和成长过程的一种最方便、最直接、最具体的文本形式，不仅能反映幼儿在园学习、生活和游戏某些方面的表现，而且能让我们了解幼儿在家的情况，从而全面反映出幼儿的整体发展水平。

此外，也可以让我们了解家长对幼儿园教育活动的参与意识和重视程度、对幼儿园教育的具体需求、家长在教育孩子过程中产生的困惑和遇到的难题，以及教师和家长的互动模式等。

（二）作品资料

1. 幼儿的作品资料

（1）建构作品

是指幼儿用泥土（陶土）、沙、雪、积木（积塑）等自然或人造材料进行建构的产物，可以帮助我们了解学前儿童对事物的观察力和认知水平、象征性思维能力、对建构技巧和原理的掌握程度、建构作品的创意水平、空间协调感和艺术表现能力，以及手部大小肌肉动作的灵活性等。

（2）绘画作品

是指幼儿的绘画或涂鸦，反映出其对周围现实生活的认识和体验。通过分析，从中可以了解幼儿的手部动作发展情况、审美能力、想象力、创造力和表现力等。绘画作品也是幼儿表现内心世界的载体，通过分析我们可以察觉幼儿的真实想法、情绪状态和情感世界。

2. 幼儿教师的作品样本

包括幼儿园班级的墙饰、家长园地、活动区域创设方式、桌椅摆放方式，幼儿教师为幼儿制作的成长册等，反映了教师的教育观、儿童观、审美能力、专业技巧，以及教师个人的喜好和性格特征。

（三）音像资料

1. 幼儿的音像资料

幼儿的音像资料是指教师为幼儿的表演、游戏等活动所做的录音、拍照和摄像资料。

这类资料不仅可以生动地记录下幼儿的立体作品（如拼搭的积木、制作的手工作品），而且可以记录下幼儿的创作过程和探索活动、幼儿生活中发生的有意义的瞬间和许多有趣的事情，提供有关场景、人物和事件的具体细节，从而使我们对幼儿的发展状况有更为生动、清晰的了解。

2. 教师的音像资料

教师的音像资料是指研究者对教师的教育教学活动所做的录音、拍照和摄像资料。

这类资料不仅可以反映教师与幼儿的互动方式、教师的教育策略与技巧等，而且可以让我们了解摄制者的喜好和关注点，以及他们是如何看待幼儿和幼儿教育的。

（四）测查、调查资料

1. 幼儿的测查资料

是指幼儿园每半年或一年一次用谈话法、自然观察法等测查方法对幼儿的发展情况进行评估而获得的资料，内容除了包括身高、体重、视力、龋齿等这样一些反映幼儿身体发育情况的指标外，还包括幼儿各方面的素质与能力的发展情况，如幼儿的动作、体能和认知发展，生活卫生习惯，早期阅读兴趣等。

这类资料不仅可以使家长和幼儿教师进一步了解幼儿各方面的发展情况，清楚其发展优势和弱势，而且为研究者追踪幼儿的纵向发展轨迹，以及对不同儿童的发展情况进行横向的对比研究，提供非常有价值的信息。

2. 家长的调查资料

是指幼儿园或班级教师为了某些特定的目的对幼儿家长进行调查而获得的资料。这类资料不仅可以使幼儿园获得所需要的信息，而且可以使研究者了解幼儿园与家长的互动方式、家长对幼儿园工作的意见态度等，并能从侧面反映出家长的教育观、价值观和配合幼儿园工作的积极性等。

对一名边缘儿童绘画作品的分析①

南京师范大学教育科学学院　邱学青

在幼儿园里，我们时常会看到一些儿童在社会交往以及行为表现等方面有别于一般

① 邱学青. 对一名边缘儿童绘画作品的分析 [J]. 幼儿教育，2008 (2)：4－26.

儿童，他们或存在不同程度的情绪焦虑、行为偏差，或很少与同伴交往，甚至游离于同伴群体。对于这些边缘儿童，我们尝试用游戏治疗的方法帮助他们缓解情绪焦虑，纠正行为偏差，使他们回归主流群体。

游戏在儿童发展过程中起着重要的作用。游戏能满足儿童的心理需要，让儿童获得自由和快乐；游戏是儿童表达情感的最佳途径，是成人了解儿童心理需要的窗口。游戏治疗就是为儿童创作一种充分受到尊重、完全放松和自由的游戏情景，让儿童通过游戏将日常受到的挫折和困扰表现出来，将内心的焦虑、紧张、害怕、退缩等不良体验发泄出来，将自己的愿望和问题表现出来。

笔者运用儿童中心游戏疗法对一名边缘儿童（以下简称 A）进行了 13 次游戏治疗。A 在游戏中自由玩耍，在摆弄各种玩具、玩水玩沙、绘画、建构等过程中一点点将问题“玩”了出来。其中绘画是非语言交流和问题图形表征的一种形式，是儿童常用的一种宣泄情感的方法，对游戏治疗具有促进作用。笔者通过呈现 A 在几次游戏治疗中的绘画作品来分析 A 发生的变化。

一、A：一个孤独的边缘儿童

A 对周围环境缺乏安全感，经常表现出退缩、被动、自我封闭、自卑、胆小、焦虑等，害怕或不愿意上幼儿园，对教师和同伴置之不理，回避与他人的目光接触，拒绝被他人拥抱，不能与他人亲近。

在幼儿园里，A 注意力不集中，不能理解教师的要求和指令，缺乏兴趣或兴趣不广，活动内容和形式千篇一律，不能正常开展想象性游戏；行为刻板且固执，对自己的座位以及使用的物品等存在偏执现象；念旧，拒绝新鲜事物；动作发展不协调，反应慢，动手能力差；常出现嘴咬、手抓、脚踢、拳打等伤害同伴的行为。

由于存在发音不清、口吃等语言障碍，A 不能清楚地表达自己的想法和感受，或因听不懂别人的问话而答非所问，或重复别人的语言，或自言自语。A 不会正确使用人称代词，只能用自己的名字指称自己。A 不能顾及别人的想法，在游戏中会不合群、焦虑，出现攻击性行为，不知道如何与别人交流，不能与同伴友好互动，常因交往不畅或失败而不愿意与同伴交往。A 常游离于同伴群体之外独自玩耍。由于缺乏社交技能，A 常常遭到同伴的拒绝或排斥，不能融入同伴群体。

在活动中，其他儿童会与教师在语言、身体动作、目光等方面进行交流，A 却很少或不能与教师发生类似互动行为，好像自己与活动根本就没有关系。

二、问题：在重复中呈现

儿童的画是儿童潜意识的表现，画面上的符号或色彩都具有特殊的象征意义。凭借画面上的线、形、色的组合与象征，分析儿童的心理状况，了解儿童的需求、家庭关系、攻击性的倾向等，有助于我们研究和诊断儿童的问题行为。

A 的绘画能力较强，在游戏室里表现出喜好绘画。心理学家和艺术治疗师罗宾认为，孩子们的绘画目的，有可能是为了掌握绘画的方法或表现自我，也有可能是为了缓解心理压力和表达情绪问题。

儿童在自由绘画的过程中可以借助颜料和纸来抒发情感，反映自身存在的问题，尤其是在描绘人物的时候，情绪积极的儿童通常会画一些人很快乐地在一起进行有意思的活动。若一个儿童的绘画题材和形式一成不变，则该儿童的情绪或行为可能存在一些异常现象。在家庭中受到关爱的儿童比在家庭中缺少关爱的儿童更倾向于用图画来表现家庭。A在家庭中备受关注，由于父母工作忙（父亲经常出差），A一直由老人精心呵护。家庭成员之间时常因为教育观念或教育方法的不同而发生矛盾。分析A在整个游戏治疗过程中出现的几幅有代表性的绘画作品，我们可以更好地理解A与环境的关系，洞察A内心的感受。

A在第五次游戏治疗时去了绘画区，他先用绿色颜料在纸上随意涂画，再加上一点咖啡色，就画成了“树”。在第六次游戏治疗时，A用黑色水彩笔在纸上草草画了几笔。从这两幅画来看，A也许是在试探环境的安全度，其内心是矛盾和焦虑不安的。这两幅画与其后面的画相比，显得有些杂乱无章。

A从第七次游戏治疗时开始在绘画中重复表现“爸爸在北京照相”的主题。这是因为A在暑假和爸爸妈妈一起去了北京。这次一家人的旅游是A最难忘、最开心的经历。随着画画次数的增加，A的问题逐渐显现出来。（图1、图2、图3略）从整个画面来看，三幅图的主要部分是一样的：左上角是一个太阳（根据德国柯赫1904－1958）对画面的有关分析，笔者认为居于画面左上角的太阳可能表示A对男性、父性的印象较好，右上角是两朵云，中间是一个人，即A的爸爸。A每次都会边画边说：“爸爸在北京照相，在天安门照相，有太阳公公，因为北京是夏天，不会下雪。”

在第七次游戏治疗中，A用大红色水彩笔画了一幅“爸爸在北京照相”。A在画画时不许笔者靠近他，这样他似乎在心理上感到更加安全。由于A执意要将画拿回家，笔者同意A下次将画带回来。A回家后把那幅画藏了起来，这也许是A寻求心理安全的一种方式。妈妈让A另外画了一幅画交给我。这幅画与A在游戏室里画的那幅画内容相差不大，我就用它来代替A在第七次游戏治疗时的画。

三、变化：在细节中显露

尽管三幅画在主题、风格和内容上没有太大的差别，三幅画的人物都在画面中间，身体动作也差不多，但仔细观察，我们可以发现许多细节悄悄发生了变化。

变化一：眼睛。在图3和图4（图4、图5略）中爸爸都是戴眼镜的，而图5中爸爸不戴眼镜了，且额头上多了一颗星。由此我们可以猜测A虽然画的是爸爸，实际上表现的是自己的问题。随着游戏治疗的深入，A在幼儿园已能控制自己的一些行为，并参加一些集体活动，教师给A发了一颗五角星。画面实际上表露了A内心的喜悦。可见，同样的绘画主题，在不同的心境下具有完全不同的意义。

变化二：嘴唇。从图3到图5中，A画嘴唇所用的笔墨越来越少。图3中人的嘴唇是弯月形的，看似在笑；图4中人的嘴唇是歪的，好像在生气；图5中人的嘴唇是张开的，似乎在说话。柯赫研究指出，描画的笔迹能反映不同的信号，用笔粗重，象征攻击性较强；笔墨呈棍棒型，则表现行为、思想受到了禁锢，或内心处于敌对状态。A从画厚厚的嘴唇到画张开的嘴唇，说明他通过游戏缓解了对口吃的焦虑情绪，开始变得自信了。根据教师反映，A已经开始参加集体活动，并喜好上幼儿园了。

变化三：鼻子。图3中的鼻子犹如大于号“＞”，图4中的鼻子是“n”形，而图5中已没有鼻子了。

变化四：身体。从图 3 到图 5 中人的身体逐渐由胖到瘦或由大到小，但并无过多的细节特征。班克（bank，1948）等人研究发现，人物形象的大小与自尊或者个体适应能力有关。儿童通过绘画象征性地表现自己，往往在画人物时会画出反映自己情感的一个自我形象。如 A 一开始是画爸爸的，之后就将自己情感中的自我形象投射到爸爸身上，所以爸爸就被越画越小了。我们还可以从图 5 中“爸爸不戴眼镜了，而额头上多了一颗星”的事实来印证画中人物就是 A 的自我形象。

变化五：衣服。图 3 和图 4 中爸爸穿的是分成上下两部分的带点衣服，图 5 中人穿的衣服是一体的，突出了纽扣，一共有 12 颗之多。总之，画面上由用力点击的点状图案过渡到平和的线条。

变化六：云朵。三幅画面中都有两朵白云，它们所处的位置基本一样，但从线条的柔和度来看，从图 3 到图 5 云彩的边界逐渐趋于平缓。这同样反映在人物双手和太阳光芒的变化上。这些变化说明了什么，它给我们传达了什么信息呢？一些社会学家推测，绘画之所以在个体排除忧郁过程中作用明显，是因为绘画作品可以占据一些因失落而空出的物理空间。A 通过自己的绘画让我们感受到他似乎获得了在现实生活中无法得到的平静与轻松，通过想象找到了用其他方式得不到的快乐。从画面内容来看，A 用笔最多的是嘴唇，反映出 A 其实很在意自身的缺陷。在幼儿园里，由于口齿不清，不能很好地与教师和同伴交流，担心别人笑话自己，A 常常用动作来代替语言与人交流，有时由于动作过猛，被同伴误认为是打人。在第八次游戏治疗时，A 画了四幅画（图 6、图 7、图 8、图 9 略），一共画了五个人，无论是大人还是小人，也无论是站着的宝宝还是坐在澡盆里洗澡的宝宝，他们的嘴唇都被涂得厚厚的，这其实是 A 对自己的口吃感到焦虑的一种无意识表现。罗德费尔德（Lowenfeld，1947）研究发现，如果儿童对人物形象的某一部分不断夸大或歪曲，往往是因为儿童这一部分不正常或有障碍。

A 在绘画中除了反映爸爸的主题外，还反映有关家庭的主题。如“冰箱里的雪糕”可能是 A 比较喜好的东西；“宝宝洗澡”反映了生活的细节，有肥皂、大拖鞋、小拖鞋等。A 通过画“爸爸在北京照相”和有关家庭的画，主要表达了对温馨家庭的渴望，以帮助自己缓解由此产生的焦虑。自由绘画成了 A 抒发自己跟爸爸这个生活中的重要人物分离时的担忧和失落之情的渠道。

福兰克（frank，1982）认为，儿童通过不断重新适应现有的状况，同时将它们与自己的过去联结，他们重述过去的经验，并融合成新的联结。每一次游戏都会使儿童修改自己与这个世界的关系，这样儿童会不断发现自我，不断修正自我形象。在游戏过程中，儿童表现出不安与困惑时，他其实正在企图化解自己的问题和冲突。

儿童毕竟不同于成人，他们有独特的表达方式，成人不经意间可能会错过许多发现和了解儿童的机会，儿童在日常生活中的游戏和绘画表现或许反映了儿童对某个事物或现象的理解，有些相同的游戏和绘画主题可能会重复相当长的时间。如果教师和家长能用相互联系的、纵向分析的立场去分析和看待儿童的游戏和绘画表现，而不仅仅把它当作一次简单的玩耍和乱涂乱画，就会多拥有一种观察和了解儿童的途径，就能更深入地了解儿童、发现儿童，更有效地促进儿童发展。

知识链接：洛利斯马拉古齐与瑞吉欧艾米里亚教育体系

著名的意大利瑞吉欧儿童教育专家洛利斯·马拉古兹曾说过：孩子，是

由一百种组成的。孩子有一百种语言，一百双手，一百个想法，一百种思考、游戏、说话的方式，一百种倾听、惊奇、爱的方式……每个儿童都是一个独立的个体，且有着不同于成人的独特的表达方式。要想走进儿童的内心世界，深入了解他们、发现他们，进而更有效地引导他们的发展，必须通过某些特殊的途径，实物就是其中之一。即便受到研究时间、人手、环境条件、特殊需要等因素的限制不能对幼儿进行现场考察，我们通过分析他们完成的作品的情况，也能推断其心理变化、学习特点和发展水平等，从而有助于我们更好地针对幼儿的个体差异因材施教，改善教育教学的效果。

在运用儿童中心游戏疗法对一名边缘儿童A进行游戏治疗的过程中，我们发现A用绘画这种非语言的交流形式，逐渐将自己的情感问题用图形表征的形式反映了出来。儿童的画是儿童潜意识的表现，画面上的符号或色彩都具有特殊的象征意义。笔者通过对A的多幅绘画作品的主题、内容、表现形式、细节变化等的仔细观察与分析，洞察了他的情绪状况、心理需求、家庭关系、自我意识等，进入了他的内心世界，为诊断他的问题行为、有效引导他的发展提供了重要依据。

三、实物研究的基本操作程序

实物研究的基本操作程序可分为五个步骤进行：

（一）明确实物研究的目标

实物研究目标是为课题研究目标服务的。在进行实物分析前，首先要明确实物研究的具体目标是怎样的，只有这样才能选择合适的方法来实现目标。

（二）分层确定分析指标

与其他研究方法类似，实物研究也可采用逐层深入的方式，将研究目标划分为具有可操作性的一级、二级、三级指标，每个等级给予具体的描述定义。

（三）收集研究所需的实物资料

在尊重实物所有者意愿的基础上，通过与对方协商实物的收集方式，可以直接拿走或借走实物，也可以将实物资料复印下来或拍摄下来用以研究。

（四）整理原始的实物资料

对收集到的实物资料应及时进行整理，以便比较系统地把握已经收集到的资料，并为下一步更有针对性地收集资料提供依据。

（五）对实物资料进行分析

由于实物资料产生的背景存在差异，因此需要借助于专业知识、从专业角度出发对实物进行分析。对实物资料的分析主要有两种形式，一是解释，二是假设。

（六）得出分析结论

研究结论是在对实物研究资料进行分析的基础上得出的，它为课题研究服务，可以使研究不断得以深入。

四、实物收集、整理与分析的基本要求

（一）实物收集的基本要求

实物收集是指对于有关的实物资料进行寻找和汇拢，以供研究。可以是将实物直接

拿走或借走，也可以是将实物资料复印下来或拍摄下来。无论用哪种方法收集，都应注意以下两点：

1. 必须获得当事人的同意

首先，必须要了解想要收集的实物资料是属于谁的。然后，要知道如何与实物所有者取得联系并征得他们的同意，以便将实物收集起来用于研究。

如果经过沟通努力，实物资料的主人仍不同意对实物进行收集，则应尊重他们的选择，绝不可强求对方答应。

2. 必须围绕研究目的收集实物

实物资料必须围绕研究目的来收集才有价值。为了明确自己收集实物资料的目的，使收集内容相对集中，我们需要经常问自己一些问题①：

我为什么要收集这些实物？这些实物可以如何回答我的研究问题？

这些实物如何与通过其他途径（诸如访谈、观察等）所获得的其他资料相互补充、验证？

这些实物资料与其他资料有何相同与不同之处？

我用来分析这些实物的理论依据是什么？

通过反复询问自己这些问题，我们的研究思路才会逐渐清晰，才会聚焦到研究的核心问题上来而不至于“跑题”。

（二）实物整理的基本要求

实物整理是指对收集到的实物资料及时地进行分类整理。它可以帮助我们比较系统地把握已经收集到的资料，并为下一步更有针对性地收集资料提供依据。

整理实物资料时，应首先为每一份资料进行编号，以便在后面对实物资料进行分析使用时能很快查找到。编号可采用数字或字母，各个编号之间可以形成一个统一的体系。

对于录音资料必须逐字逐句地整理出来，包括记录研究对象非语言的行为（如叹气、哭、笑、沉默、语气中的迟疑等）；对录像资料进行观察整理时，还应记录研究对象的表情、行为、动作以及所处的环境背景等。

如果在整理过程中发现实物资料不全、有疑问或错误的地方，应及时进行补充、澄清或纠正。

（三）实物分析的基本要求

在学前教育科学研究中，研究者不能仅仅凭借一般的常识、从平常的视野出发对实物进行分析，而应借助于专业的知识、从专业的角度出发对实物加以解释。一般说来，研究者的专业知识越多，对实物的分析就会越深入透彻。例如，我们在对学前儿童的积木建构作品进行分析时，就可以借助于学前儿童心理学的知识和学前儿童游戏理论，分析积木建构作品所反映出的学前儿童游戏的心理年龄特点和个性心理特征，及其当时的情绪状态等。

当然，不可能所有的研究者都具备各个方面的专业知识，在因缺少某方面的专业知

① 陈向明. 教师如何作质的研究［M］. 北京：教育科学出版社，2001：150－151.

识而无法对实物资料做出适当分析的情况下，我们应该去向专业人员请教，或请其一起参与分析工作，在其帮助下完成实物分析。

五、学前儿童绘画作品的分析方法

（一）对学前儿童性格和情绪情感特点的分析

学前儿童的绘画作品是学前儿童的一种特殊语言，是其表现内心世界的一种载体。通过运用专业美术知识和学前儿童心理学的有关知识对学前儿童的绘画作品进行分析，我们可以获得对学前儿童的性格特征、情绪情感特点等的了解。台湾学者郑明进对这方面有比较集中而明确的研究结论：①

1. 色彩变化的幅度和无色彩（黑、白、灰）的使用，可以看出儿童的性格特点。

例如，性格积极、活泼的儿童使用色彩较多，而消极、拘束的儿童用色少或只爱用无彩色。

2. 从选用色彩的种类、明暗、曲线和直线的构成中，也可以了解儿童作画时的情绪状态。

例如，儿童心情愉快、活泼时用色丰富，且倾向于用明朗的红、粉红、黄色、黄绿色等色调；而心情郁闷、烦躁、不安的时候，则用色较少，且倾向于使用黑色、紫色、暗绿色等色调。

3. 画面上又短又直的线多而曲线少、锐利的角度出现多，则表明该儿童是属于攻击型的。

4. 画面描画很仔细的，大多是内向型的儿童，而画画得生动、粗壮、有力的，则是外向型的儿童。

5. 画面出现特殊形体并注意远近法，只用黑色去描画的，儿童则可能具有分裂性格的倾向。

（二）对学前儿童艺术思维活动特点的分析

1. 学前儿童艺术思维中的知觉

通过分析学前儿童的“静物写生”作品，我们可以了解学前儿童是怎样表现其感觉到的物体特点的，在作品中他们会力图反映物体比例、空间遮挡关系，其知觉带有明显的选择性和个人倾向性。

同时，由于对艺术思维来说，知觉是获得审美心理意象的过程，审美心理意象是事物在儿童头脑中所形成的融入了主体情感色彩的表象，因此，通过对学前儿童绘画作品的分析，我们不仅可以了解其对感性世界的敏锐观察和自我解释，而且可以知道他们有什么样的喜好和情感世界。

某幼儿的两幅绘画作品（图一、图二略），分别表现如下：

---

① 孔起英. 学前儿童美术教育［M］. 南京：南京师范大学出版社，1998：25.

图一：在画“跑得很快的人”时，幼儿描画了人跑动时胳膊与腿的摆动、身后像风一样的斜线、流出的汗、随风飘动的辫子、脸上愉悦的表情等。

图二：在以“母亲节”为主题的绘画作品中，幼儿以各种动物为主要形象，画了“妈妈”和“宝宝”在一起的很多愉快的生活画面：拥抱、亲吻、手拉手、照顾、送礼物。

通过对以上两幅幼儿绘画作品的分析，我们知道图一反映出幼儿很在意并能凸显运动的细节，且喜欢奔跑带来的畅快感；图二表现了母子之间的喜爱、依恋关系以及孩子对母亲的感激之情。

2. 学前儿童艺术思维中的反省

儿童会对通过知觉获得的审美心理意象进行心理加工与改造，这一过程也就是艺术思维的反省过程，它包括体验和对信息的形式分析两个方面。研究发现，学前儿童艺术思维中的反省是对审美心理意象再创造的过程，具有直觉性、无意识性、情感体验性等特征。

案例与分析

案例一：

绘画作品中幼儿用长短不一的斜线或曲线表现狂风，用缠绕在一起的线团表现龙卷风，夸张因“刮大风”而带来的物体状态的变化，如房子、大树歪倒了，麦当劳的牌子、树叶、人、柳条、汽车，甚至小朋友的牙齿等都被吹到了天上。

由于学前儿童的思维受到的牵绊和束缚比成人少很多，加之他们有敏锐的观察力和丰富的情感体验，因此他们在绘画中往往会表现出自由、大胆而丰富的想象力。

案例二：

幼儿在绘画作品中把太阳涂成绿色的，对此的解释是“绿色的太阳会让我们感到清凉”；将云朵画成有各种表情的面孔，说“云彩也有高兴的时候和不高兴的时候”。

以上作品反映出学前儿童的绘画作品中敏锐丰富的通感表现，这是由于在艺术思维活动中，幼儿没有任何功利性，他们无拘无束，可以上天入地，也可以投入地与画面事物同喜同悲。

案例三：

在“开心（不开心）的事”绘画作品中，幼儿表现出：“我想吃肯德基时，妈妈笑眯眯地答应我，但是爸爸瞪着眼睛、竖着头发不同意！”

通过分析以上绘画作品，我们可以了解儿童的生活经验，洞察儿童在对事物有了深刻体验后，通过绘画自由表达或宣泄的情绪情感。

3. 学前儿童艺术思维中的制作

学前儿童艺术思维中的制作是儿童借助于工具和材料，伴随着语言和动作将审美心理意象物化的过程。儿童对事物的知觉和体验必须通过纸、笔、颜料等绘画工具和材料以及造型、上色、构图等艺术语言才能形成绘画作品。

研究发现，制作中也有反省，而且儿童喜欢构图胜于涂色，往往一次性完成绘画创

作，在创作中几乎不作太多考虑，而是直接作画，下笔流畅，线条大胆，涂色随心所欲，不存在成人所谓的败笔。研究还发现，儿童在创作中充满自信，能以较多的方式使用线条和形状，如开放性的和封闭性的，爆发性的和控制性的，并根据自己的情感、愿望或按物体固有色来涂色。

学前儿童的绘画作品是他们的知觉与情感的物化形态，他们将自己对外物的知觉与情感通过绘画这种外在的符号形式传达给他人，为我们提供了深入了解儿童内心世界的重要途径。对学前儿童的艺术思维进行研究，有助于教育者进一步深入认识学前儿童的认知、情感、表现力和创造力，有助于使学前儿童艺术教育更好地促进儿童的发展。

（三）对学前儿童作品其他方面的分析

1. 儿童完成作品的正确程度

学前儿童的知识经验水平与应用水平，影响着他们完成作品的正确程度，是进行实物研究的重要指标。通过对作品的分析，我们可以清楚地了解学前儿童对知识、技能，以及学习重点、难点和关键点的掌握程度，从而判断其发展水平。

事例补充：为什么澳洲幼儿园不教孩子画画

2. 儿童完成作品的时间与质量的关系

在正确完成作品的基础上，学前儿童完成作品所用时间的多少反映了其能力的强弱，因此应将儿童完成作品的时间与作品质量综合起来加以分析。

3. 儿童完成作品的形式

完成作品的形式反映了学前儿童的想象力、创造力和对任务完成方式的理解与掌握程度，体现出其所具有的技能技巧水平。

【典型工作任务】收集3幅幼儿的绘画作品（可以是一个幼儿的多幅作品，也可以是不同幼儿的同一主题的作品），尝试对作品中反映的幼儿的性格和情绪情感特点、艺术思维活动特点及其他方面进行分析和解释。

要求：1. 可以用拍照的方式进行收集，如需拿走分析，应事先征得幼儿同意；2. 在收集作品时，可以与幼儿交谈，了解幼儿自己的绘画想法。

任务五　个案研究报告的撰写

一、个案研究报告的类型

1. 描述性报告

这种类型的个案研究报告尽可能地用客观描述来呈现对个案的解释，具有直观、具体等优点。但其不足之处是整理报告所需时间较长，重心难以把握，较为繁杂。

2. 简介性报告

这种类型的报告着重反映个案的主要特征，比较简洁。其优点是整理时间较短，问题的重心突出，不足之处是对个案的细节部分的报告不够详细。

二、个案研究报告的基本格式

1. 概　述

主要包括研究对象的基本情况。

2. 特殊表现的基本描述

主要包括研究对象的特殊表现，如问题儿童的问题行为表现、智力超常儿童的智力超常表现等等。

3. 特殊表现的原因探索

谨慎而深入地分析导致这种特殊表现出现的原因。

4. 分析与讨论

分析讨论对个案进行具体的矫正辅导的措施和过程。

5. 结论与建议

通过分析得出一般性的结论，然后有针对性地提出一些教育建议，对个案起到矫正、辅导的作用。

三、撰写个案研究报告的注意事项

个案研究中的“事实”资料是个案真实发生的事件，而“意见”资料则主要涉及主观感受和价值判断。在对研究资料进行分析的过程中，研究者应该根据自己掌握的知识经验，或是通过将不同来源、不同方式获得的信息与资料加以比较，来判断研究资料究竟是“事实”资料还是“意见”资料。在撰写研究报告时，必须明确描述哪些资料是事实资料，哪些资料是有关的证据，哪些是价值判断和推论。区分“事实”与“意见”的方法有如下几种：

1. 根据研究者自己掌握的知识经验，对“事实”资料和“意见”资料进行主观的定性判断；

2. 通过“这是真的吗?”“还有别的证据吗?”等提问帮助研究者澄清叙述句的真实性和有效性；

3. 采用归纳和演绎的方式推断哪些是“事实”，哪些是“意见”；

4. 对于不同来源或不同方式得来的资料进行比较分析，看是否具有一致性，从而判断资料的真实与否。

案例与分析

幼儿交往能力个案研究①

安　颖

（甘肃省保育院　甘肃　兰州）

个人交往能力在整个人生发展中起着极其重要的作用，在幼儿园学习生活中，每个

① 安颖. 幼儿交往能力个案研究 [J]. 教育革新，2007 (12)：7—8.

幼儿都有着不同的交往地位。有些幼儿表现在：害羞、攻击性少，对他人的攻击表现退缩、不敢自我表现、多为独自活动，既不被老师和同伴所喜好，也不被老师和同伴所讨厌，在老师和同伴中往往不被注意。这种不利的交往地位容易使幼儿形成顺从、沉默的性格，更会影响幼儿的身心发展。《幼儿园指导纲要》提出："身体的健康与心理的健康是密切相关的，要高度重视良好的人际环境对幼儿身心健康的重要性。"在教育内容与要求中也提出："建立良好的师生、同伴关系，让幼儿体验到幼儿园生活的愉快，形成安全感、信赖感。"因此，作为一线教师我们应关注交往能力弱的幼儿，此记录以幼儿园为视角，对幼儿交往能力进行个案研究。

一、个案情况

1. 基本状况：姓名：宁宁；性别：女；出生年月：2002年9月；父亲学历：大学；母亲学历：大学。

2. 行为特征：宁宁性格内向，不爱说话，说话声音很小，安静不好动，身体协调能力较差；在室内活动时她通常处于无所事事的游离状态，多是自己安静地坐在板凳上，双手不定地抓弄衣服或头发，经常无目的地东张西望；有时拿出手绢自己独自游戏，很少与别的幼儿交谈，有时也会得到对方的积极响应；在户外自由活动时，经常在群体中独自游戏或旁观，很少合作游戏，偶尔去邀请她所喜好的幼儿玩，但共同玩的时间不长。在教学活动中她能很好地遵守纪律，不吵不闹，不爱说话，反应较慢，从不主动地举手回答老师的提问，老师从未提问过她，也未给予个别指导。

行为表现一：活动中教师发出组织纪律的口令，如："小朋友赶快回到自己的座位上，我看谁最快？"宁宁都能快速做好，眼睛看着老师，在这种能严格遵守纪律的情况下，老师偶尔会去表扬她，但次数很少。

行为表现二：在一次数学活动中，教师共提问21次。宁宁对教师的提问总是不举手、不说话，嘴角无意识地微动着，目光时而看老师，时而看回答问题的其他幼儿，时而低着头，双手抓弄着衣襟、耳朵、头发等。

行为表现三：在自由活动时，宁宁很少与大家共同游戏，经常独自游戏。有一次她想邀同桌共同玩手绢，便高兴地说："我会折老鼠，你会吗？"对方摇头，她又说："是这样折，你看！"对方不想看，也不想与她玩，这时她有点生气，瞪了一眼，然后用嘴咬着手绢，看了我一下，之后停止了手绢游戏。过了一会儿，另一幼儿对她说我们玩手绢游戏时，她态度冷淡，不理不睬。之后在很长的一段时间里，她没有与其他幼儿说话。

行为表现四：在一次自由游戏活动中，教师让幼儿去阳台玩，当时大家都兴高采烈地跑出去了，可她却到阳台上用手抓着栏杆，不知道要干什么，时而看其他小朋友玩，时而看看别处。

二、原因分析

1. 幼儿自身的行为特征。行为特征是儿童社会能力的重要体现。一般来说，所有不能正确地、良好地开展同伴交往的幼儿都应该得到成人的帮助、指导，使他们改变现状，通过交往而获得种种好处，促进其社会化进程。然而处于不利交往地位的幼儿却最容易失去这种成人指导的机会。对他们而言，在平时生活和交往中缺乏主动性、内向、文静、胆小，所暴露的问题不明显且不易引起教师、家长的注意。从行为表现一中能充分反映出由于宁宁常表现得比较听话、不惹是非等，能使成人感到比较满意，这也是导致处于不利交往地位的儿童被教师忽视的原因所在。

2. 幼儿的认知能力。在行为表现三、四中能充分表现出宁宁在交往中明显表现出缺乏一定的交往技能。其中更多的是参加一些认知不成熟的游戏和进行更多的以自我为中心的言语行为。如要试图参加到一个群体活动中时，往往不能运用恰当的交往技能，多是处于观望状态。

3. 幼儿的自信心。从行为表现二中看出，被忽视儿童的自信心较低。因为自身各方面的能力较差，导致干任何事情的积极主动性不高。一个幼儿如果没有自信心，就会影响其他各方面乃至今后的发展。所以，在关注处于不利交往地位儿童的社会交往能力的同时，可以从锻炼幼儿的各方面能力入手，提高其自信心，改善其交往地位。

4. 教师的教育观念问题。在幼儿园的班级当中，有一部分幼儿被教师忽视是一件很常见的事情，因为在班级中孩子较多，教师往往是“关注两头，忽视中间”，即，教师特别关注、喜好在班上能力强的、听话的、表现突出的幼儿，也很关注在班上调皮捣蛋、不爱听话、爱惹是非、令教师头疼的幼儿，而往往对类似宁宁这样不吵不闹、不吭不响、能力一般、表现一般的幼儿最容易忽视。

三、采取的措施

根据处于不利交往地位儿童产生的原因分析，我们提出改善他们交往能力的措施。

1. 在幼儿园中加强幼儿交往能力的培养

（1）在游戏中建构儿童的交往语言。游戏过程本身就是儿童的交往过程，在游戏中教师可以引导儿童进行交往语言的迁移，使幼儿的交往语言得到进一步的发展。如，我们让幼儿学会说：“请你帮帮我，好吗？”“请让一让，行吗？”“请和我一起玩，好吗？”“请你来娃娃家做客，好吗？”……然后让幼儿将“请……好吗？”的句式迁移到各种游戏中加深体验，使幼儿因不会使用交往语言而产生的冲突减少。每一位幼儿都会体验到交往的乐趣，变得爱交往、会交往。

（2）为幼儿创设良好的交往环境。幼儿园是幼儿集体生活的地方，教师应充分利用这一资源，为幼儿创设交往环境。例如为幼儿交往开设活动区，幼儿在活动区活动时自选游戏内容，自结游戏伙伴，自定游戏主题，在此过程中，自然而然地学会主动交往，为幼儿提供语言交往的机会。例如，在集体活动中教师提出启发性问题，让幼儿展开讨论，大胆发表自己的见解。孩子的交往能力不是与生俱来的，而是通过不断学习逐步形成的。在日常教育活动中教师应最大限度地为幼儿提供交往的机会，在交往中为幼儿树立交往的信心，克服胆怯、害羞的心理，学会处理和解决一些问题。

（3）通过教师的关心、引导和帮助加强幼儿的交往能力。对于那些内向胆怯的幼儿，教师更应该给予关心和引导，如：走路时请她排第一个，老师拉着她的手。午睡时坐在她身边，摸摸她的头，拍拍她的背，使她深深地感到老师是喜好我的。针对她一言不发的情况，老师事先跟她说好，给她一个示范。鼓励她大胆说话、大胆表达，帮助她加入到其他小朋友的圈子里一起游戏，使之逐步体验到交往的乐趣，打破心理障碍，不再害怕交往或对交往没有兴趣。

2. 家长的重要作用

教师应经常和家长沟通，共同研究培养方案。苏霍姆林斯基在《给教师的一百条建议》中说过："没有家庭教育的学校教育和没有学校教育的家庭教育，都不可能完成培养人这一极其细致而复杂的任务。"家长是孩子的一面镜子，孩子的很多行为都喜好模仿成人，因此家长应从自身做起，在日常生活中处理好自身与他人的关系。如在外认真学习，团结同事，在家与邻里和睦相处，调节好家庭的气氛等，使幼儿在观看、模仿中受到潜移默化的影响。如：孩子的同伴来家里玩，家长要热情接待，还要留给孩子们单独在一起的时间，并提醒自己的孩子要把食物和玩具与同伴一起分享；等小客人走时，要客气送别，欢迎下次再来。这样做实际上是给孩子做出表率，使孩子在潜移默化中受到教育，形成良好的社会规范，不仅培养了孩子的交往能力，也使孩子在交往中学会礼貌待人，学会了交往的技能和许多本领。

家长还应经常带孩子外出散步游玩，鼓励幼儿简单的交往，如：到超市或商场购物，鼓励幼儿向售货员说明想买的东西，选好后，并能自己在家长的指导下去交款，购回所买的东西后，会说："谢谢，再见"。这样，既培养了幼儿的独立性，又锻炼了幼儿的交往能力和胆量。总之，在培养幼儿交往能力方面，幼儿园与家庭乃至全社会都应做出努力，相互配合。

每个幼儿都是一个独特的个体，不仅有着先天遗传因素带来的差异，而且因后天生活环境、家庭背景、受教育状况等诸多因素的影响而呈现出不同的发展状况，具体表现为每个幼儿的发展特点、发展水平、发展速度、发展方向等都会有所不同。作为一个优秀的幼儿教育工作者，不仅要了解一定年龄阶段的幼儿所具有的共性特征，更要正视、关注每一个幼儿的个体差异，针对每个个体的需要实施与之相适宜的教育，这是实现科学教育的前提，也是家长对幼儿教育提出的要求。个案研究法为我们深入了解幼儿的个体差异，进而有针对性地实施教育提供了重要依据。

上文中的幼儿"宁宁"是班级中一个处于不利交往地位的幼儿，她性格内向，不爱说话，说话声音很小，安静不好动。在室内活动时她通常处于无所事事的游离状态，在户外自由活动时也经常在群体中独自游戏或旁观，很少合作游戏，偶尔去邀请她所喜好的幼儿玩，但共同玩的时间不长。在教学活动中她能很好地遵守纪律，不吵不闹，不爱说话，但反应较慢，从不主动地举手回答老师的提问。

是什么原因导致"宁宁"产生这些交往问题呢？我们应该怎样有针对性地改善教育、更好地引导她的发展呢？为了解决这些问题，研究者运用个案研究法对她进行了全面、深入而系统的研究，最大限度地搜集反映她各方面情况的详细资料，把握了她自身的行为特征，并通过对其心理发展过程、个体特点等进行深入、细致的分析，发现了其认知能力、自信心以及教师教育观念等方面存在的问题，进而为改善她的交往能力采取了一系列相应的措施。虽然个案研究的对象是个别儿童，但因个体必定是整体中的个体，是与其他的个体相互联系的，因此它绝不是孤立的。对于这些个体的研究，必然在一定程度上反映其他个体和整体的某些特征和规律，通过对"宁宁"这一个体的深入研究得出的结论，对于幼儿教育工作者帮助其他处于不利交往地位的幼儿提高交往能力，具有一定的借鉴指导意义。

从本篇个案研究报告的撰写来看，属于简介性的个案研究报告。研究者分为“个案情况”、“原因分析”、“采取的措施”三大块进行撰写，其中第一大块“个案情况”中，概述了研究对象的基本情况，并对其特殊表现进行了描述；在第二大块中，研究者从“幼儿自身”“教师”两个角度分析了导致这种特殊表现出现的原因；在第三大块中，则从“幼儿园”和“家庭”两个角度提出对研究对象进行具体的矫正辅导的措施和策略。整篇文章条理清晰，层次分明，可以为相似的个案研究提供借鉴和参考。

项目七　行动研究法

任务一　行动研究法概述

行动研究法最早出现在20世纪40年代的美国，50年代被引用于教育领域，80年代初传入中国。随着我国学前教育改革的发展，行动研究越来越为教育工作者们所关注，近年来幼儿教师开展的行动研究在数量上和质量上都有所提升。

知识链接：行动研究法与代表学者

一、行动研究法的概念

库尔勒·勒温认为，行动研究法是将科学研究者与实际工作者的智慧与能力结合起来以解决某一事实的一种方法。约翰·埃里奥特认为行动研究是对社会情境（包括教育情境）的研究，是从改善社会情境中行动质量的角度来进行研究的一种研究取向。凯米斯则认为行动研究是由社会情境（包括教育情境）的参加者，为提高对所从事的社会或教育实践的理性认识，以及加深对实践活动及其所依赖的背景的理解而进行的反思研究。

综上所述，行动研究法是指教师在教育教学实践中基于实际问题解决的需要，在自然、真实的教育环境中，按照一定的操作程序，综合运用多种研究方法与技术，以解决教育实际问题为首要目标的一种研究模式。

二、行动研究法的特点

虽然人们一般把行动研究法放在与教育观察法、教育调查法并列的位置上来学习，但从上述概念就可以看出，行动研究法不仅是一种研究方法，更是一种研究理念和价值取向。行动研究法以现实问题为研究导向，以一线教学现场和情景为研究基地与内容，行动者即是研究者，集中表现在以下三个鲜明特点：

为行动而研究　在行动中研究　由行动者研究

三、行动研究的目的和主体

从研究目的来看，行动研究的最终目的是提高行动质量，改进实际工作，解决实际问题。行动研究不太关注纯理论层面的问题，而是致力于研究教师在课堂上遇到的实际问题，注重挖掘教师的经验、感受和困惑。行动研究可以拆分为行动＋研究，也就是

说，只要研究有助于改进实际行动，这样的研究就是有价值的，而行动也不是一般的行动，是为了解决问题而产生的行动。

从研究主体来看，行动研究的主体是幼儿教师，是一线工作者们。现代社会期待幼儿教师成为专家型教师、学者型教师或者说研究型教师。所谓的专家学者型教师，与一般教师的区别在于这类教师善于在日常工作中反思、总结。反思即反思问题，总结即总结经验，这样的教师就是我们所说的行动研究的主人，而反思总结的过程也就是行动研究的过程。行动研究的研究方式强调教师与专家相结合。一线教师实践经验丰富，专家理论功底扎实，如果一线教师能够与专家学者强强联合，协同攻关、共同研究，会大大提高行动研究的成效。

行动研究的样本量较小，属于较为个性化的研究；重在相互借鉴，推广程度并不是太高，属于应用研究，强调自我反思。在研究的过程中可以集各种研究方法于一体。

【典型工作任务】请同学们思考本节所学的“行动研究法”与之前介绍的“教育观察法”、“教育调查法”有何异同？

要求：可以4—6人为小组，进行概念对比和讨论。

任务二　行动研究法的基本步骤与要求

勒温是行动研究的先驱，他不仅首先提出“行动研究”这个词，还提出行动研究应包含计划、行动、观察和反省四个环节，并建立了行动研究螺旋循环操作模式，如下图所示：

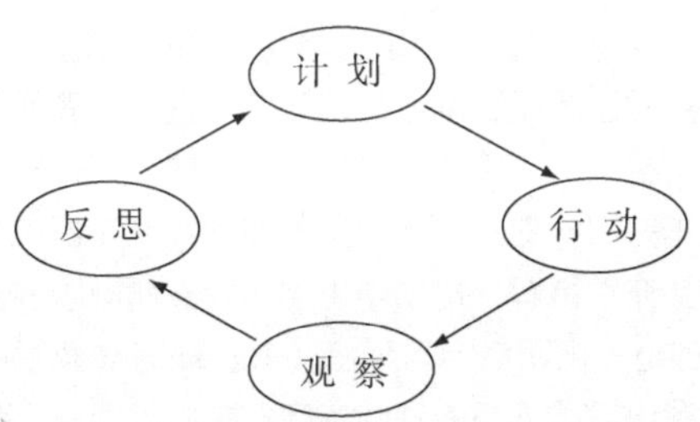

后来，他又进一步把反思后重新修改计划作为另一个循环的开始，从而把螺旋循环模式作了修正，如下图所示：

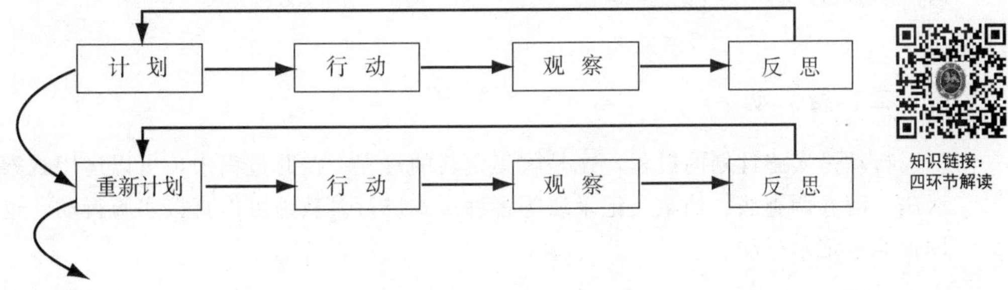

知识链接：
四环节解读

一、计　划

这是研究的第一个环节，也是十分重要的一个环节，主要任务是总结已有的问题或困境，确立明确的研究问题，并对已有问题进行概念界定，以对其范围、本质有十分清晰的认识。换句话说，在开始研究之前，我们必须清楚要研究的问题究竟是什么？提出这样的问题有何种价值？具备哪些研究条件？计划中还应当提出解决问题的行动方案，并根据方案制订总体计划和短期计划，即搞清楚研究的基本节点有哪些，在规定的时间内应当完成哪些具体任务等。计划中要明确说明具体时间、内容、人员安排、经费预算等事项。

【知识要点】行动研究中研究问题的选择应注意：

1. 问题来源于教育实践，一般是教师的亲身经历或感受而生成的；2. 问题应当切忌大而空，避免过于混杂的问题；3. 如果是较大的问题，可以分解成几个小的子问题，建立不同的研究小组，分工合作进行研究。

【拓展阅读】

上海师范大学教育学院教授夏正江将案例教学法应用于职前教师教育。为了探索这种教学法的实际效果，研究者以自己面向师范生开设的一门案例教育课程为载体，展开了持续四年的行动研究，以下是本次行动研究的计划：

从 2008 年至 2012 年，历时四年的案例教学试验均采用小班授课（教学班人数控制在 30 人以内），每周授课时间为 3 课时。教学的展开分以下三个阶段：

（1）课前：学生自行阅读案例材料，某个或某几个学生围绕案例材料后面的“思考与讨论题”做精心准备，完成案例作业任务，准备在课堂上作案例学习汇报（采用 PPT 汇报）。

（2）课中：首先由指定的学生作案例学习汇报，展示自己完成的案例作业任务，汇报完后转入团体讨论与交流。所谓“团体讨论与交流”，主要是指学生对同伴的汇报给予点评或评论，如指出其汇报的优点和不足，对同伴的观点提出质疑，或者提出补充。之后，教师对学生的汇报进行点评。在此基础上，教师对整个案例学习的情况（包括学生的汇报和课堂讨论）进行总结，归纳出本次案例教学中学生汇报和讨论中形成的基本共识，指出学生应予掌握的案例知识或原理。此外，教师也可以围绕案例问题的解答，作进一步的补充性讲解，帮助学生加深对案例问题的认识与理解。

（3）课后：利用学院开发的电子化网络学习平台（Blackboard 教学平台，简称 BB 平台），学生课后到平台的讨论板上发帖子，提出自己不懂的疑问或自己关心的问题，教师在网上答疑释惑。除此以外，教师还会在平台的讨论板上发布一些与案例学习相关的讨论话题，向学生推荐一些与案例问题相关的拓展阅读材料，引导学生参与网上讨论与交流。相对于课堂上的案例作业汇报展示与讨论交流而言，课后网络平台上的讨论既可以起到拾遗补缺的作用，也可以起到拓展延伸的作用。

二、行　动

行动是实施计划的过程，也是收集资料的过程。在此过程中，可以运用观察法、访谈法、问卷调查法、档案袋记录法等多种形式进行。教师可以直接实施行动，也可以借助仪器来记录行动。

【拓展阅读】

以上案例教学法行动研究的行动阶段，研究者所做的总结和调整：

研究共进行了四轮教学，在各轮教学试验中，上述三个阶段的具体做法均有所不同。之所以不同，原因就在于每轮教学试验都遇到了一些新的困难和问题，针对这些困难与问题的解决，下一轮的教学试验作了相应的调整。

三、观　察

观察的形式多种多样，可以是行动者借助现代设备和仪器对本人行动的记录观察，也可以是请其他合作者进行观察，观察的内容主要是行动过程、结果、背景以及行动者的特点等，通过反思修正行动计划，这是确定下一步行动的前提。

在行动研究中，教师既是研究者，又是观察者，在此过程中，应当注意自身身份的转换。在观察行动的过程中，还应当及时思考，不断对计划和行动进行反思、修改、重新认识，以凸显行动研究的意义所在。

【拓展阅读】

案例教学法的行动研究过程中，研究者在进行观察后提出的问题：

问题 1：案例作业的完成及汇报，由学生单独来承担还是由小组合作来承担更好一些？

问题 2：教师该如何激励学生积极主动地参与案例讨论和交流？

问题 3：教师该如何引导学生逐步适应案例学习的“不确定性”？

问题 4：教师该如何对学生的案例学习成绩进行评价？

四、反　思

反思是最后一个环节，它在行动研究中既是一个螺旋圈的终结，又是过渡到另一个螺旋圈的中介。反思主要包括整理分析资料、评价解释结果和撰写研究报告，以及针对具体问题提出建议措施。

整理和描述资料，是对研究者观察和感受到的各种现象进行归纳整理，描述出本研究的实施过程和结果的过程。

评价和解释结果，是对行动过程和结果做出判断，对有关现象的原因进行分析，找出预期目标和实施过程结果不一致的地方，从而形成是否需要修正基本设想、总体计划和下一步行动的判断和构想，提出怎样修正、实施下一步行动的建议。

撰写研究报告，是整个工作的结束阶段，要求研究者以文字报告的方式总结研究历程，描述行动研究中典型的、有价值的案例，给读者以启发。研究报告要注意有特色，容易让同行产生共鸣，以达到行动研究的真正目的。

【拓展阅读】

下面是案例教学法的行动研究中，研究者所总结的行动建议：

总结四轮教学试验的得与失，研究者认为，以下教学建议构成的操作系统或许代表着一种在职前教师教育中切实可行的案例教学模式：

1. 建议小班授课，学生人数控制在 30 人左右。

2. 第一次上课教师应利用一次课，专门讲一讲什么是案例教学、为什么要搞案例教学、这门课跟以往的课有什么不同、在这门课上学生应当怎样学习等等，让学生对这门课的性质、目标、内容、学习与评价方式等有一个基本的了解，为接下来的学习做好必要的心理准备。

3. 案例教学的流程建议分三个阶段进行：课前，学生研读案例，完成案例作业；课中，学生以独立或小组合作的形式汇报案例作业，然后，师生围绕汇报内容发表评论、进行讨论交流；最后，教师对课堂讨论进行归纳、总结和提升，作必要的补充性讲解；另外，课后学生围绕 BB 教学平台上的讨论话题进行在线交流，进一步拓展学习内容。

4. 为了帮助学生更好地完成案例作业，加深对案例问题的理解，建议教师在开发案例教材时，在每个案例的“思考与讨论题”后面附上一份“推荐阅读材料”的清单，清单上的推荐阅读材料电子版放在 BB 教学平台上，供学生课前或课后下载阅览。

5. 建议教师课前围绕案例问题的解答，自己做一份案例作业；也建议教师课前把回答案例问题所需要的专业知识整理出来，以便在案例讨论的总结与补充阶段派上用场。

6. 通读一遍案例，一定要做到对案例事件的整个历程、关键叙述和细节都非常熟悉。

7. 为了给课堂上的案例讨论与交流留出足够的时间，建议案例作业的汇报采用小组合作汇报（小组人数 2—3 人）的形式，且每次课只有一组汇报；若采用个体单独汇报，则每次课汇报的最佳人数为 2 人。

8. 建议教师在案例讨论结束之际，预留 20—30 分钟，对课堂讨论中形成的共识、得出的基本结论进行归纳总结；并对学生讨论中遗漏的问题、理解不深或理解有困难的问题作补充性的讲解。

9. 对那些涉及问题较多、挑战性较强、对学生背景知识要求较高的复杂案例，建议教师在案例讨论课的基础上，用常规教学法再给学生讲一次，作为“续课”。

10. 建议学期末教师专门给学生上一次复习课，帮助学生对蕴含在每个案例中的教育教学知识（案例知识）进行系统的梳理与复习。

11. 最好给主讲教师配一个研究生助教，将每堂课的案例讨论与交流记录下来，整理成“课堂讨论纪要”，供学生查阅和温习。

12. 为了激发学生积极主动地参与课堂讨论，建议教师根据学生的课堂表现和助教整理的“课堂讨论纪要”，每次评选出 2—3 位“今日课堂之星”。

13. 建议把“是否看过推荐阅读材料”作为一条重要的评价标准，用以衡量学生提交的案例作业或小论文的质量，以此引导学生课前去看教师提供的推荐阅读材料。

14. 对那些复杂而重要的、课堂上未提出或来不及深入展开的案例问题，建议教师强制性地规定学生课后必须到 BB 教学平台上发帖子参与讨论，并把参与的表现纳入到平时成绩的考核中去。

15. 建议教师根据“学生提交的案例作业及其汇报质量”、“学生课堂内外参与案例讨论的质量”、“学生期末案例知识考试的成绩”，对这门课的总成绩进行综合评定。

在此需要特别说明的是，行动研究中行动的过程即是观察、反思的过程，步骤之间不存在严格的先后顺序，是边行动、边观察、边反思。研究者应当特别注意角色的转换，及时记录观察信息，为反思和修正下一步的行动做好准备工作。

任务三 行动研究法在学前教育中的运用

一、行动研究法和学前教育研究

行动研究法是一种扎根于实践的研究方法，而近年来的教育改革和发展实践要求教育研究要立足于解决当前的实际问题。因此，幼儿园教育研究迫切需要行动研究法。

由于地域、文化、经济发展水平等差异，不同的幼儿园会有各自不同的发展问题。行动研究能够立足于幼儿园实际，从教育实践中的问题出发，着眼于有效地解决问题，因此成为幼儿园一线教师开展教育科研的有利选择。

另一方面，由于国家、社会幼教改革与发展的需要，教育研究能力已成为幼儿教师专业发展能力的重要组成部分。然而，一些教师为了研究而研究，研究结果并不能有效地解决实际问题，往往事倍功半。行动研究是围绕教师自己工作中的问题而进行的研究，研究过程也是行动过程，这样既不会给广大教师增添额外的负担和压力，又能在一定程度上提升其工作效率和科研能力，有着事半功倍之成效。

综上所述，行动研究法的特点决定了其适用于学前教育研究，而学前教育研究的目的、对象等因素也说明这个领域的研究需要行动研究这样的方法，两者结合能够创造较大的价值，为学前教育质量的提升、教师专业能力的发展做出贡献。

二、行动研究法在学前教育中的运用

以 3—6 岁幼儿为研究对象，采用行动研究法可以围绕很多问题开展课题研究，如幼儿的身体发育、动作发展，认知、情感和社会性发展，如何帮助幼儿改变不良的生活习惯等问题，都可以成为行动研究的课题。某园曾以幼儿的不良饮食习惯的改善为研究课题，历时三年，不仅了解了小、中、大班幼儿饮食习惯中的常见问题，而且与家长合作探寻改善办法，进行循序渐进地扭转与改进，最终取得了明显成效。

也可以幼儿园教师为研究对象，或教师成为自己的研究对象，对同行及自己的专业成长历程进行研究，在此过程中不断探索、不断总结、不断进步。例如：以某位优秀的幼儿教师为研究对象，对其整个专业成长过程进行记录、分析和研究，探寻其专业成长要素和优秀的实践经验，可为同行的学习提供有益借鉴。

此外，还可以幼儿园的日常工作为研究内容，用行动研究法研究幼儿园一日生活中的保育和教育，探寻解决教育活动、区角游戏、环境创设、家园合作等方面存在问题的有效方法。或以幼儿园管理工作为研究内容，用行动研究法研究幼儿园工作的评价机制、特色课程与文化、管理的理念及方法、教师的激励制度等。

【拓展阅读】

促进幼儿社会观点采择能力发展的行动研究① (节选)

刘桂宏　刘云艳

【摘要】社会观点采择能力是一种重要的社会能力，其发展与幼儿的发展有着密切的联系。本研究旨在运用行动研究的方法，通过对某大班全体幼儿进行为期八周的训练活动，探讨出一套行之有效的活动方案，促进幼儿社会观点采择能力提高的策略及如何在日常生活中进行教育。并在此基础上对教师开展相关活动提供一些建议。

【关键词】幼儿；社会观点采择；认知观点采择；情感观点采择；行动研究

一、问题的提出

社会观点采择是在社会领域内，个体能够区分并理解自己与他人的观点及情绪，能感同身受地体验到他人的情绪，并结合已有的生活经验和当时的情境进行合理推测的能力。社会观点采择能够促进幼儿社会性方面的发展。已有研究证明，儿童的社会观点采择与分享行为、同伴互动及利他行为等亲社会行为呈显著性正相关，而与幼儿的攻击性等反社会行为呈现出显著性负相关。其次，基于对同伴冲突事件的思考，同伴冲突可能是幼儿无法站在他人的立场上，无法整合并协调自己与他人的观点造成的。且现代大多数家长对孩子的无回报的单向的爱使他们事事以自我为中心，不顾及他人的想法和感受。因此，探索促进幼儿社会观点采择能力的发展具有重要意义。

国外研究大多针对特殊人群，如社会适应不良、自闭症，且探索提高幼儿社会观点采择的策略较为丰富，主要有“结构性游戏和戏剧性游戏”、“角色扮演”、“合作性的互动”、“录像模式”、“训练儿童对错误解释的理解能力”、“位置交换”等。国内的相关研究较少，主要有方富熹和齐茨对小学生运用“东郭先生和狼”的故事进行观点采择的培养训练；林彬、程利国等针对一年级小学生以合作活动，认知和情感训练为心理活动课程进行了为期半年的干预研究。虽然国外已有许多相关研究，但中西方文化有一定差异，存在文化适宜性问题，因此有必要设计适合中国儿童的活动方案；国内缺乏具有生态效应的行动研究。故本研究以行动研究范式探索如何促进幼儿社会观点采择能力发展。

二、研究方法

（一）研究对象

随机抽取重庆市某所幼儿园的某个大班的全体幼儿作为被试。该班共 37 人，男孩 20 人，女孩 17 人，平均年龄是 65.2 个月，标准差为 3.16。所有幼儿均为正常儿童，无身体和智力上的问题。

（二）研究内容

在实践中与 L 教师共同构建一个可行的活动方案，探索促进幼儿社会观点采择能力的策略，以及在一日生活中如何渗入这种教育。

（三）研究方法

采取行动研究的范式进行为期八周的训练。行动研究法中的每一个循环都包括五个环节，即诊断问题——制订活动方案——实施活动方案——评价效果——反思。具体运用了三种研究方法：测验法、观察法和访谈法。

① 刘桂宏，刘云艳．促进幼儿社会观点采择能力发展的行动研究［J］．早期教育（教育科学版），2013（1）：31－35．

三、研究的结果及分析

1. 构建“朋友树”主题活动方案

首先，从现实层面考虑，同伴是在认知、情感及社会性等方面发展水平相当的群体，且幼儿与同伴朝夕相处，这些为幼儿采择他人的观点提供了平等的机会。其次，大班幼儿喜欢玩规则游戏，游戏的过程中需要每个成员的协调合作，这从客观上要求幼儿去自我中心，以推进游戏的顺利进行，从而产生采择他人观点的需要和动机。

从理论层面考虑，多维度理论提倡考虑多种影响社会观点采择能力的因素。以采择同伴的观点为核心的“朋友树”主题活动方案就是以多维度理论为依据的。采择观点的立场以对方的立场为主；目标对象大多是幼儿从小认识的，彼此都比较熟悉，有深厚的友谊；时间上，主要采择同伴间当前发生的事情，也有对同伴过去和未来事件的采择；每次活动包括集体活动，小组讨论及个别指导等几个环节，持续时间上有保障；且教师为幼儿们营造出合作、和谐的氛围。基于此设计了以采择同伴观点为核心的“朋友树”主题活动方案，具体的活动是与L老师共同合作协商制定的，如图一。

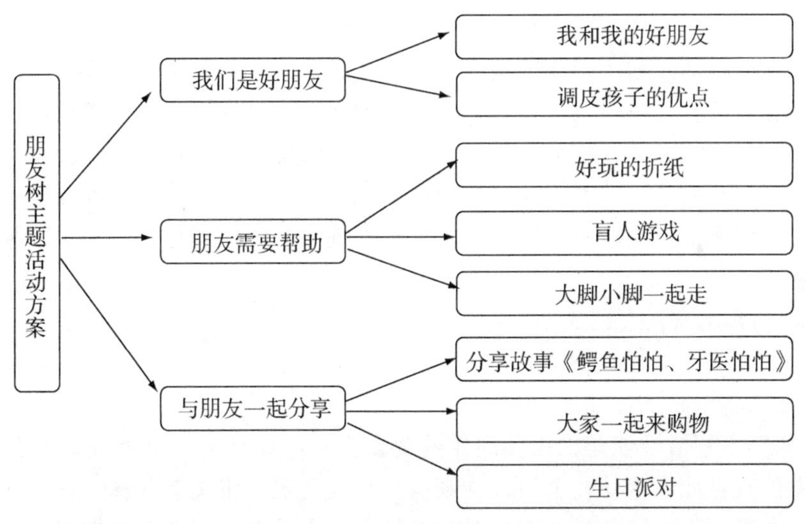

图一 “朋友树”主题活动方案框架

2. 渗入幼儿一日生活中的教育

幼儿从习得这种能力到灵活运用是一个漫长的过程。因此，还需要教师善于在幼儿的日常生活中发掘教育素材，把握教育契机，适时地参与其中，引导他们去自我中心。

（1）利用生活事件进行随机教育；

（2）充分利用过渡环节；

（3）开展各种区域活动。

四、反思与建议

（一）提升教师自身在社会观点采择方面的素养

1. 学习相关的理论知识

为克服教师对该领域的陌生感与畏难情绪，树立起与研究者合作的信心，进行相关理论知识的学习和培训是有必要的。需要学习的相关理论知识包括：什么是社会观点采择，社会观点采择能力对幼儿的发展有何价值，社会观点采择能力是如何发展的，以及如何培养幼儿的社会观点采择能力等。具体可以通过以下三个途径来进行：个人的自学及反思，同行间的交流与切磋，及专家的引领与解惑。

2. 培养幼儿与社会观点采择相关的能力

第一，促进幼儿增强区分自我与非我的能力；第二，提高幼儿自我控制的能力；第三，培养幼儿思维递推的能力。

（二）帮助幼儿丰富并重构社会图式

采择他人的观点是一个社会信息加工的过程，幼儿在信息加工的过程中能够注意、记忆并理解与已有社会图式的相关、不相关及无关的信息，并以先前的社会图式作参照进行推测。因此，幼儿是否具有相关的社会图式影响着幼儿能否采择他人的观点。社会图式即在社会交往的过程中形成的他人图式、自我图式、角色图式以及事件图式。幼儿有可能已经存在某种社会图式，只是社会图式是初级的、原始的、朴素的、情境性的、具体形象的，虽然能对某种情境中他人的想法进行解释，但适用的范围较小，还有待进一步提炼、抽象和概括。幼儿无法采择他人的观点也可能由于缺乏某种社会图式，在遇到新情况尝试将之纳入到原有的社会图式，但发现无法使之同化，因而会激起构建新社会图式的动机。

1. 帮助幼儿丰富社会图式

2. 帮助幼儿重构社会图式

（三）增进同伴间的互动

“朋友树”主题活动就是以采择同伴的观点为中心设计的，采择同伴尤其是采择幼儿的好朋友的观点能激起幼儿学习社会观点采择的动机。张文新和林崇德（1999）的研究也表明，儿童同伴之间的社会互动对儿童社会观点采择能力的发展有积极影响。

在同伴互动中，要注意男女幼儿之间的互动以及不同发展水平幼儿之间的互动。在集体活动中，要同时注重对男女幼儿的平等情感教育，不应只偏重对女孩的情感教育，教师的言语、行为和态度都会间接地引导幼儿对情感的关注。在日常生活中，当男女幼儿谈论与他人情感相关的话题时给予男孩以精神上的鼓励，如点头、微笑和支持性的话语等，淡化男子不注重表达、理解和推测情感的固有角色模式。增进不同发展水平幼儿之间的互动，发掘不同的幼儿身上的闪光点，加强他们在人格上的相互吸引；组织他们共同参与某一活动，在交流与互动中拉近他们的心理距离，增进彼此的友谊。在开展各类活动和游戏时，可将不同发展水平的幼儿搭配组合，使其在耳濡目染中积累采择他人观点的社会经验。

（四）集体活动与幼儿日常生活的对接

剖析这其中的原因发现，先前开展的集体活动大多是从“朋友树”这一社会主题中预成的活动，缺乏从日常生活中幼儿感兴趣或经常遇到的问题生成的活动。来源于生活又高于生活的集体活动有助于幼儿形成应对此类问题的社会图式，易于幼儿将获得的知识与能力迁移到生活中去。幼儿的日常生活是零散的、琐碎的，并非每一件事都值得用集体活动的方式来解决，因此要从中挑选出具有典型性的事件如大多数幼儿经常会遇到的问题，也可以是幼儿当前最感兴趣或最关注的事情，并以此为原型来设计具体的活动。例如，同伴冲突是每个幼儿经常会遇到的问题，因此可以在某一次同伴冲突发生之后及时开展一次集体活动，先让发生冲突的双方幼儿各自陈述自己的想法与感受，然后再让双方互换角色重演一遍冲突情境。又如，幼儿在看到邓某和一条大蟒蛇照的相片时，大家都很感兴趣，都在讨论邓某害不害怕蟒蛇的话题。教师此时应抓住幼儿的兴趣，围绕邓某害不害怕蟒蛇展开一次集体的辩论活动。

本研究与L教师合作共同开展了为期八周的训练活动，虽然获得了一些收获，但本研究仍然存在不足，未涉及特殊幼儿的社会观点采择能力的培养和怎样通过家园共育提高幼儿的社会观点采择能力，希望在今后的研究中关注这些方面。

【典型工作任务】认真阅读并分析上篇文章中包含的行动研究的基本步骤和要点。

要求：可以作为课堂练习，也可以布置成家庭作业。

任务四 幼儿园教学活动研究

教学活动研究是幼儿园教育科学研究的组成部分之一，是指以幼儿心理学、教育学、卫生学等科学的理论为依据，以幼儿园教学活动中出现的教育现象为对象，以探索幼儿园教育实践的规律、方法，解决幼儿园实际工作中的教育问题为目的的创造性的研究活动。

一、幼儿园教学活动研究的特点

（一）问题性

一切研究皆来自于问题，问题是研究的源头。幼儿园日常教学活动中，经常出现一些常见的或偶发的问题。教师能够在幼儿的活动中发现问题并且判断出问题是否具有研究价值，是迈向研究的第一步。教师要善于在实践中发现问题并勇于向问题挑战，质疑自己的教学，大胆地提出解决问题的假说，并对此进行研究验证。

（二）独立性

这里的独立性有两方面的含义，一是指教师独立地发现在自身实践中出现的单个或单独的教育问题，积极寻找其中的规律，并依据相关的教育理论，采取有针对性的解决策略，在实践中独立实施研究；二是指研究内容的相对独立，通常以一个活动或者活动的某个环节、或者对一个现象的分析等作为研究内容，获得研究结果。

（三）实践性

教学活动研究本身就是一种“生成实践”的研究，它是在实践中成长和发展起来的，是教师不断完善教学活动，在实践中不断修正自己的教育行为的过程。由于教学活动的研究本身就是通过在教学实践过程中边操作、边思考的研究，因此具有很强的实践性。在研究中，需要教师不断将自己的假设进行实践，以获取第一手实践经验和结果，及时调整和改善自己的教育教学行为及方法。

（四）传承性

任何教学活动的研究都应建立在他人研究的基础上，只有了解他人研究成果，才能不走或者少走弯路。要学会借鉴前人的研究成果，特别是一些行之有效的策略，在其研究的基础上，探索出适宜本园本班幼儿学习发展的策略。

二、教学活动研究的意义与价值

教学活动的研究，因其着眼于日常教学活动中发生的一些常见的、普遍的问题进行研究，对幼儿园教育工作者来说，有着实用性强、操作便捷、利于推广等优势，有着其特殊的意义与价值。

（一）提高教师的实践性智慧

教学研究主张教师在实践中进行研究，在研究中实践，通过教研现场实际发生的问题来反思和改进自己的工作实践，促进教师对自己、对自己的专业活动乃至相关事物更为深入的理解。

（二）提高教师课改意识

当前我国幼儿园课程的基本导向是要求教师创造性地参与课程实施过程，《幼儿园教育指导纲要》及《3—6 岁儿童学习与发展指南》也强调幼儿园的课程实施要留有足够的空间和余地。教师在课程实施的过程需要对现成的课程方案进行演绎、调整、补充、完善，使课程方案所体现出来的思想和方法与实际情况相符合。因此，教师积极主动地对课程进行修正研究的意识和能力尤为重要，而开展教学研究正是教师获得这种能力的最好途径。

（三）促进幼儿全面发展

教师通过对教学实践中各个环节的不断探索、创新和反思，来不断改进和构建合理的教学活动方案，对不同的幼儿制订不同的目标、提供不同的活动材料、采取不同的指导策略等，以使教学目标的制订更加准确、活动的准备更加充分、教学活动过程的组织更加流畅，更好地满足幼儿的身心发展的需要。

总之，教学活动的研究对于提高教师对千变万化的实践情境的应变能力，实现从新手教师到经验型教师再到专家型教师的转变，适应课程改革的需要以及提高教师全方位的专业素质与能力，有着不可替代的意义和价值。

【拓展阅读】

幼儿园课程的五条原则[①]：

1. 课程的目的最重要的是帮助儿童目前的生活，至于将来生活的帮助还在其次。

2. 所有的课程都要从人生实际生活与经验里选出来。

3. 富于弹性的课程，可以适应个别不同的兴趣与能力的儿童。

4. 所有的课程允许重编。

5. 非但要适应儿童目前的需要，尤其应该适应其他的新需要。

三、教学活动研究的主要内容

通常来说，教学活动研究的主要内容包括对备课、说课、评课、反思等一系列与教学相关活动的研究。

（一）备　课

“有准备的教学意味着教师的教学行为指向具体的结果或目标，以促进儿童的发展和学习。”“有准备的教学不是偶然或碰巧发生的，它是有计划、有目的、经过精心设计的。”[②]

备课是幼儿教师独立进行的教学研究活动，以更好地组织教学活动、提高教学质量，不断促进幼儿发展为最终目的。备课的关键内容是科学合理地安排教学活动，为教学活动提供操作性强、条理清晰的教学流程。在撰写备课稿时，需要写出教什么、怎么教，主要包括以下内容：

（1）教学目标

教学目标应做到全面（包括认知、情感、动作技能等方面）、具体、符合《纲要》和《指南》要求；重难点把握准确、处理得当；所授知识准确。此外，教学目标还应具有激励性，能够引导幼儿主动学习。

（2）教学内容

教学内容应切合幼儿的实际，与幼儿的生活经验密切结合，并具有科学性、教育性，能够激发幼儿的学习兴趣，有利于幼儿情感和能力的培养。

（3）教学过程

教学过程设计应思路主线清晰，环环相扣、层层递进，由易到难、由浅入深，且应富有创造性，给幼儿带来新鲜的学习感受。此外，教学过程还应注重为幼儿创造主动学习的机会，使其在操作体验中发现问题、探索解决、发展能力。

（4）教学方法

教学方法应根据活动目标及幼儿的学习需要灵活运用，注重多样化、富有艺术性。应注重教学方法的创新以及现代化教学手段的运用。

---

① 幼稚园的课程．陈鹤琴文集［M］．南京：江苏教育出版社，2007：36．

② 但菲，等．幼儿园说课听课与评课［M］．北京：北京师范大学出版集团，2012：101．

（二）说　课

幼儿园说课是指幼儿教师以幼教理论为指导，以《幼儿园教育指导纲要》为依据，结合具体的教材内容以及幼儿的实际情况，口头表述对教学活动具体流程的分析，说明方案设计思路及其理论依据的过程。具体来说，就是说清“为什么教”、“教什么”、“怎么教”等问题。①

在进行教研活动的过程中，教师把自己设计的教学活动以说课的形式供大家讨论、交流是常用的研讨形式。说课时，教师应用简明扼要的语言将目标设计、活动组织等内容表述清楚，还要将教学活动背后的设计依据、教育理念、特点特色等讲述出来。简而言之，就是将与整个教学活动相关的显性和隐性的内容完整地讲述出来。

1. 说课的类型

（1）预测型说课

预测型说课是指课前说课，即教师在反复分析教材和幼儿的实际情况，以及所拥有的教学资源后，初步完成教学设计，并对自己教学活动进行一次“预演”。例如，幼儿园组织教师二次备课时，事先将需要调整的一些活动内容进行互相说课并讨论，以期达到最佳效果。

（2）反思型说课

反思型说课是教师在完成教学活动之后开展的一种教研形式，即在整个教学活动结束后，执教教师向所有观摩教学活动的同行阐述自己的教学活动设计思路与教学体会。

通常在幼儿园内开展的全园性教学活动观摩之后，执教者首先要进行反思型说课，对包括教学活动目标、教学准备在内的整个活动流程进行阐述，找出活动的成功与不足，以及问题产生的原因。接着，教研组展开集体研讨，共商对策，以使整个教学活动更加完善。

2. 说课的特性

（1）科学性

说课要以《幼儿园教育指导纲要》、《3—6 岁儿童学习与发展指南》以及儿童发展理论、课程理论等为依据，以促进幼儿的发展为出发点，以提升教学活动的质量为目的，仔细分析科学依据是否渗透在整个教学活动中，活动是否顺应了幼儿的发展规律和认知特点，确保教学目标符合幼儿发展需要，教育内容与手段适应幼儿的实际生活经验与年龄特点。

（2）全面性

教学活动目标的制订要充分考虑到幼儿的多元化发展、适应性发展以及身心全面发展；教学活动各环节之间要紧密相连、层层深入，所提供的学习内容应全面、具体、适宜，并与活动目标相吻合。此外，还应特别注重幼儿的操作活动，结合幼儿的生活经验和现代化教学手段灵活地运用教具和学具，满足幼儿操作、探索的学习需要，巩固幼儿的已有经验。

① 但菲，等. 幼儿园说课、听课与评课［M］. 北京：北京师范大学出版集团，2012：101.

（3）客观性

要客观地分析教材、幼儿和整个教学活动过程，对自己的教学活动有一个客观而真实的评价。同时，对教学活动的不足之处要以客观的态度进行分析和判断，并且能针对问题提出一些切合实际的改进措施。

3. 说课的主要内容

（1）说教材

教师要结合幼儿园的实际、幼儿的实际以及班级的特点来说明为什么要选择这些教学内容，注意体现园本课程的特点。

（2）说目标

应注意从"知识与能力"、"过程与方法"、"情感态度与价值观"几个方面综合地确定教育目标，还应围绕目标谈谈自己对活动重难点的确定依据、解决途径与策略。

（3）说准备

活动准备包括知识准备和物质准备。知识准备包括对幼儿与此活动相关的认知经验、学习能力的分析和把握；物质准备则包括一些相关资料的收集，以及教学环境、活动材料（教具、学具）的准备等。

（4）说教法

主要说本次活动所采用的教学方法和教学手段，以及这样做的原因和依据。教学方法主要有讲解法、讨论法、谈话法、操作实验法等，需要教师合理地加以选择，并对这些方法的运用情况加以说明。

（5）说学法

应说明幼儿怎样学，为什么要这样学，教师教给幼儿哪些方法，培养了幼儿哪些能力等。此外，还要说明自己在教学活动中是怎样注意激发幼儿的学习兴趣，运用了哪些教育教学规律来引导幼儿进行操作活动的。主要的学习方法有多通道参与法、观察法、实验操作法、讨论交流法等。

【拓展阅读】

《有准备的教学》（节选）①

汤尼和萨莉玛正坐在地板上玩橡树果。这些橡树果是萨莉玛从外面捡回来的。她把这些橡树果平均分成了两份。老师坐在旁边看他们玩耍。汤尼把他的橡树果堆在一起，而萨莉玛用她的橡树果围成了一个圈。这时汤尼说："嗨，你的橡树果比我多！"萨莉玛回答说："没有，我的和你一样多。"在这种情况下，老师为了让他们认识到两人的橡树果一样多，就让两个孩子来数橡树果的数量。

汤尼："1、2、3、4、5、6、7、8、9、10、11、12、13、14。"（数的时候，他把橡树果一字排开，排成一排）

萨莉玛："1、2、3、4、5、6、7、8、9、10、11、12、13、14。"（数的时候，她也把橡树果排成一排）

老师："你们都有 14 个。"

汤尼："对，我们一样多。"

---

① ［美］安. S. 爱泼斯坦. 有准备的教师［M］. 北京：教育科学出版社，2012：2，3，8.

老师：（老师把汤尼的橡树果散放在地板上，把萨莉玛的堆成一堆）"现在你们谁的橡树果多呢?"

汤尼：（笑）"我的!"

萨莉玛："不，你不比我多，我们一样多，看。"（说着，她边数自己的橡树果边把它们排成一排，然后又边数边把汤尼的也排成一排）

老师：（这次老师把汤尼的橡树果放成一堆，而把萨莉玛的散放在地板上）"现在谁多呢?"

汤尼：（想了一会）"没有谁的多，我们一样多。"

萨莉玛：（笑）"我也这样认为。"

有准备的教师运用他们的知识、判断力和专业技能为幼儿组织学习经验，当意外出现时（这种情况经常发生），有准备的教师能发现教学契机并能利用这种机会合理地组织教学。

优秀的有准备的教学的几个特点：第一，高期望。教师要对儿童有信心，相信他们能达到教育目标。第二，计划和管理。教师要为儿童的学习安排具体的顺序和计划。第三，学习型课堂。像教师一样，儿童也把教室看作学习的地方。第四，设计让儿童全身心投入的活动。教师懂得儿童是怎样学习的，并且知道与儿童经验相关的活动和观点更有可能吸引他们的注意力和兴趣。第五，合理的质疑。为了了解儿童正在思考什么并激发他们的思维过程，教师可以向他们提出一些合理的问题。第六，反馈。儿童会向教师寻求支持性和评价性的反馈，有效教师知道何时以及提供反馈。

【典型工作任务】结合一次教学活动的备课，撰写一篇说课稿，进行说课观摩与交流。

要求：可先在小组内试说课，然后在全班进行说课观摩与交流。

（三）评　课

评课是对教师教学活动的整个实施流程进行评价。幼儿园评课就是对教师在教学活动中的成败得失以及产生原因进行实事求是的分析与评价，结合相关理论对所产生的问题进行正确的解释与说明，从而探讨教育教学规律，提高教师的教学研究水平，促进课程改革的深入发展。①

评课能够有效地评析教师的教学状况，揭示其优缺点，帮助教师了解自身教学的不足之处，明确今后努力的方向。同时，评课也是教育同行进行教材分析、教法研讨、教学经验分享的有效形式。教师通过不断地评课研讨，教学实践能力能够得到迅速提升，并能更加关注学习的主体——幼儿，更为有效地促进其身心的和谐发展。

1. 评课形式

评课分为个别评课和小组评课。个别评课是指听课者与执教者面对面地就教学活动的实践结果进行交流和沟通；小组评课则主要用于幼儿园举行的一些观摩课、研究课等。

在小组评课中，首先由执教教师进行说课，接下来所有参加听课的人员依次进行评议。一般说来，幼儿园组织的园内赛课、教研组内进行的研讨课等，都采用小组评课的方式进行。

① 但菲，等. 幼儿园说课、听课与评课［M］. 北京：北京师范大学出版集团，2012：218.

2. 评课原则

（1）儿童发展为本原则

一个具有重要影响力的评课标准是由罗兰·萨伯领导的芝加哥“教育、多样性、卓越化研究中心”开发的5条课堂教学有效性标准，包括：①师生是否共同参与创造性活动，以促进学习；②教师是否注重发展学习者的语言，提高学习者的素质；③教师是否注重把教学与学生的真实生活联系起来；④教学是否具有挑战性，是否通过思维挑战发展学生的认知技能；⑤教师是否重视通过对话进行教学。①

由此可见，评课首先要尊重幼儿的发展特点和认知规律，注重幼儿的学习状态和积极的情绪情感体验，注重幼儿的主体地位和主体作用的发挥，并强调尊重幼儿的人格和个性，鼓励幼儿探索和质疑，注重培养幼儿的创新意识和操作能力。

（2）教、学共评原则

在评课过程中，要将教师的教和幼儿的学放在同等重要的位置进行评析，不仅要站在教师的角度去评析整个活动，更要站在幼儿的位置去评析幼儿的学习状况，关注如何在幼儿的学习活动中多角度地促进幼儿的发展，这样才能达到以评促学、以评促教的最终目的。

（3）实事求是原则

教学评析研讨的过程是同行之间难得的相互学习、共同提高的过程，执教者能够得到每一位观摩者的帮助，评析者也能够通过观摩以及参与研讨获得对自己有益的信息，双方构成一个成长共同体。因此，每一位参与者都要本着求真务实的精神，对教学活动中存在的问题进行客观的评析，做到条理清晰、观点明确、有理有据，既看到执教者的长处，又看到其不足，并能提出自己独到的改进建议，使大家共同受益。

3. 评课的内容

（1）教学目标

应评析教学活动目标的制订是否全面；教学活动中，教师是否有较强的教学目标意识，能将其贯穿于整个教学活动中；教学目标的达成度如何等。

（2）教学内容

应评析所选的教学内容是否与幼儿的生活经验相结合，是否是幼儿感兴趣的、易于接受的，是否具有科学性、教育性，是否有利于激发幼儿的学习潜能，有利于幼儿情感、能力等的培养。

（3）教学过程

应评析教学设计是否环环相扣，教学节奏是否松弛有度，师幼配合是否默契，教学过程是否由易到难、层层深入，结构安排是否合理，集体、小组和个别教学形式的交替是否自如，实践体验机会是否丰富，是否注意因材施教、灵活组织教学活动。

（4）教学方法

应评析教师是否量体裁衣、灵活多样地运用教学方法，是否有一定的创新意识，能运用现代化教学手段开展教学活动。

---

① 孙亚玲．国外基于标准的教育改革运动与课堂教学有效性标准研制［J］．学习科学研究中心网．

（5）师幼互动

应评析教学活动是否体现了幼儿的主体地位，教学氛围是否自主、宽松，师幼关系是否融洽和谐。

（6）教学基本功

应评析教师的普通话是否标准，教态是否亲切自然，语言是否准确清楚、生动形象，以及运用教具是否熟练、规范，教学机制是否灵活。

（7）教学效果

应评析教学活动目标的达成情况，幼儿是否能够不同程度地受益，幼儿的学习兴趣是否高涨，课堂气氛是否活跃，是否取得了较好的教学效果。

（8）教学特色

应评析教师组织开展教学活动是否有自己独特的个性和教学风格。

【拓展阅读】

教师角色的第三个层面正是瑞吉欧的教师经历过的困难，也就是介入的是基于方法，因为这要针对当时的情况分析幼儿的思维。①

麦戈尔·邦达维利和马利那·莫利两位教师认为——

说到（教学时的）困难，我们一直可以感受到这些困难的存在。对幼儿做的事提出建议，我们的方法是保持每件事的开放性。跟孩子在一起，也就是要不停地调整，因为没有任何事情是绝对的或是确定的。通过孩子的姿态、话语以及动作，我们一直试着去解释他们在经验中的生活，然后再从那里出发。这真的不容易。

维·维奇表达了他的意见——

但是你们总是害怕将会错失一个大好时机，这真是一个需要平衡的事情。我相信介入的价值，我个人是倾向于等待，因为我留意到孩子们常常自己来解决问题，而且不总是依照我所告诉他们的方法去进行。孩子们经常找到我从未见过的解决方式，但是有时等待也代表着错失机会，所以必须尽快地做出决定。

【典型工作任务】 实地观摩幼儿园教学活动，课后对教学活动开展情况进行评议。

要求：1. 可先在课堂学习中通过观看教学活动录像来进行评课练习；2. 幼儿园教学活动观摩后，以个别或小组的形式进行评课，并进行全班分享交流。

四、教学活动研究的主要形式

教学活动的研究一般以“案例”为载体，主要围绕如何上好一节课或组织好一个主题活动而展开，研究过程渗透或融入教学过程的各个方面，主要贯穿于备课、上课、评课等教学环节之中，活动方式以同伴成员之间的沟通、交流、讨论为主。

教学活动研究主要有以下形式：

（一）审议式教研

① 卡洛琳·爱德华兹，莱拉·甘第尼，乔治·福尔曼．儿童的一百种语言［M］．南京：南京师范大学出版社，2008：184，185.

审议式教研一般以年级教研组或某一领域的教研组为单位，集体审议课程设置或教学活动组织中存在的不足，通过研讨确定需要删减或增加的主题内容等。例如：班级每开展一个主题活动，教研组或年级组以备大课的形式将主题活动中每一个教学活动的方案进行逐一审议，结合幼儿园的实际情况进行修改等。活动结束后，再集体审议主题活动开展过程中幼儿的发展情况、教师发现的问题等，提出修改意见和建议，并进行及时的归纳总结，避免下一次开展活动时再发生类似的问题。

此外，一个教研组通常也会以学期或学年为一个时间段，着重解决某一个领域教学中的某一点问题，在每一次实践活动前进行集中研讨，由执教教师将要开展的活动以说课的形式呈现，再由组员们共同审议，初步达成共识后再实施。这样的好处是通过集思广益和“头脑风暴”，可以迸发出更精彩的教学策略，并且可以更好地避免一些可能出现的问题。

（二）答疑式教研

答疑式教研是指运用集体的智慧进行疑难问题的解答释疑。一些不能解答或没有把握的问题，最后将被集中，请专家进行专题讲座与交流。这种教研鼓励教师通过“实践——反思——再实践——再反思”的途径进行，直到获得较为满意的答案。教师尤其是新手教师在教学实践中总会碰到一些棘手的问题，如：“语言活动中如何进行师幼互动”、“美术活动中如何提高幼儿的创造表现力”、“体育活动中如何帮助幼儿学会站位”等等，可以在教研活动中以沙龙或者师徒互动等形式进行答疑式的研讨和交流。

当然，教研活动的解惑者一定要有对实践性知识的相当把握能力，才能具有引路人的资格，一般以专家或学科带头人、骨干教师为宜。

（三）案例式教研

案例式教研是指围绕一个研究重点，以一两节教学活动展示的形式开展的一种教研活动。研讨内容包括：集体备课；执教教师谈教学设想及教后反思；听课教师对所听的课进行评议，肯定好的、可借鉴的地方，提出建设性意见等。

在教师的教学实践中，常常有一些问题困扰着教师。例如，在教学活动中幼儿学习的差异性往往很大，有的幼儿一下子就能完成教师的预定目标，有的幼儿则总是难以达到目标等。通过案例式研讨，执教教师可以更好地认清自己教学中存在的问题与不足，得到其他教师的启发与帮助；听课教师也可以通过观摩、研讨学习他人好的经验，并对相关问题引以为戒。因此，案例式教研活动的开展对提高教师的教学水平是大有帮助的，它可以帮助教师针对不同幼儿的年龄特点和心理特征制订相应的教学目标、提供不同的操作材料、采取不同的提问方式等，更好地促进每一位幼儿的发展。

（四）磨课式教研

磨课式教研是指通过磨课的形式实施集体教学，抓准共性问题，逐步提高教师教学能力的一种教研形式。其基本操作过程是“实践——研讨——反思”的反复循环。其中，反思是磨课式教研的重要内容，是教师对自己的教学设计、教学行为和教学效果进行理性审视和分析的过程。

1. 同课异构

是指同一个教学活动内容由不同的老师分别备课并上课，不同的教师有不同的构想和不同的教学组织方式。这种由于教师的不同，带来同一内容的教学活动在结构、风格、方法、策略等方面的不同，就是同课异构。

案例与分析

同课异构案例：中班音乐活动“办家家”

活动一：歌唱活动：“办家家”

活动目标：

初步学唱歌曲，感受歌曲活泼欢快的情绪。

乐意创编说唱部分的歌词，并有节奏地说唱。

进一步体会爸爸妈妈对自己的爱的情感。

活动准备：

歌曲课件、歌曲图片等。

活动过程：

一、出示娃娃，引起兴趣

教师：娃娃肚子饿了怎么办？（炒菜、煮饭给他吃）

二、欣赏歌曲《办家家》

1. 完整欣赏歌曲，讨论：歌曲里有谁？他们在做什么？是怎么做的？（师幼共同回忆歌曲内容）

2. 播放歌曲课件，幼儿欣赏，并且找出自己喜欢的部分，共同复述歌词内容。

3. 幼儿跟着教师完整学唱歌曲两遍。

再次完整边欣赏动画课件边学唱歌曲。

个别、小组分别学唱歌曲2—3遍。

三、创编《办家家》说唱部分

师：想一想，除了炒菜、烧饭，爸爸妈妈还做什么好吃的？（下面条、做蛋糕、包饺子）

引导幼儿将自己讲述的内容编到歌词里。

师：我们把它们编到歌词里。（鼓励幼儿大胆创编）

四、幼儿相互交流自己创编的歌词，教师帮助幼儿整理

延伸活动：

在角色游戏的表演区播放歌曲，感兴趣的幼儿可以继续学习歌曲、创编歌词。

活动二：音乐游戏：《办家家》

活动目标：

充分感受歌曲活泼欢快的情绪并能够掌握歌曲内容。

尝试根据歌词仿编动作并运用到自己的游戏中。

体验与同伴合作游戏的快乐，进一步体会爸爸妈妈的辛苦。

活动准备：

歌曲录音。

活动过程：

一、播放《办家家》歌曲，幼儿欣赏

师：歌曲里有谁？他们在干什么？

二、玩“办家家”游戏

1. 再次欣赏歌曲，共同讨论：爸爸妈妈可以怎样炒菜？怎样烧饭？（提醒幼儿爸爸妈妈是在一起烧饭炒菜的）

2. 幼儿尝试扮演爸爸妈妈，完整地用自己创编的动作大胆表现，重点提醒幼儿互相扮演爸爸妈妈合作表演动作。

3. 教师与个别幼儿将创编出的动作随着音乐共同表演游戏。

4. 请小组幼儿分角色表演。

5. 集体表演 2—3 遍。

三、再次欣赏歌曲

1. 师：除了我们刚才表演的炒菜、烧饭，想一想，爸爸妈妈平时在家还会做什么好吃的呢？（幼儿自由讨论）

2. 小结：爸爸妈妈在家里还会包饺子、做面包、下面条……下次我们再来玩这个游戏。

活动三：表演活动“办家家”

活动目标：

1. 在学习歌曲的基础上编出炒菜、喂饭等动作。

2. 能够大胆地用肢体语言表现音乐。

3. 进一步感受歌曲中的说唱情趣，体验与同伴共同表演的乐趣。

活动准备：

《办家家》歌曲课件、《摇篮曲》录音、人手一个布娃娃。

活动过程：

一、欣赏《办家家》课件

1. 师：你听到了什么？（幼儿回忆歌曲内容，教师帮助幼儿排列歌曲顺序）

2. 再次完整欣赏歌曲。

二、创编歌词

1. 逐句根据歌词创编动作：炒菜的时候可以做什么动作？喂饭的时候可以做什么动作？（幼儿集体学习）

2. 请个别、集体分别扮演爸爸妈妈，表演刚才创编的不同动作。

三、和布娃娃一起表演

1. 出示布娃娃，每位幼儿选择一个做自己的宝宝，个别、集体分角色表演。

2. 播放《摇篮曲》，全班幼儿一起哄宝宝入睡。

从以上三个活动教案中我们可以看出，同一个中班音乐活动“办家家”，不同老师的活动设计是不一样的，她们有不同的活动设计构想和不同的教学组织方式，由此会带来同一内容的教学活动在结构、风格、方法、策略等方面的不同，这就是同课异构。

2. 一课多研

是指同一教学内容由多位教师实施教学，大家在集体备课和相互听、评课中进行比较、相互切磋，共同谋取改进的教研形式。在实际工作中，它因具有“展现个性教学”、“促进自我反思”和“实现合作共享”等特点而成为教研活动中备受关注和推崇的策略之一。这种模式的关键在于教师之间的互动和问题的跟进，能使教师切实感受到同伴互助的魅力和意义。

同课异构与一课多研的主要区别在于，前者更具有个性和开放性，能充分发挥教师的主观能动性和教学创造性，分为同年龄段的同课异构和不同年龄段的同课异构。一课多研则更多是在同一领域、同一目标下共同寻求调整教学的方法，以求达到最佳教学效果。

【典型工作任务】通过实地观摩、阅读幼教期刊文章或者观看教学录像等途径，了解1—2个磨课式教研活动的案例，仔细体会通过教研活动的开展，教学活动怎样逐渐发生变化，以及最后取得的效果。

要求：可以先进行小组讨论，再进行全班交流，也可以作业形式记录分析。

五、教学活动研究的主要策略

幼儿园教学活动研究是在教育教学理论的指导下，运用科学的研究方法，以解决教学实践中的问题为主要目的的研究活动。开展教学活动研究的策略主要包括以下几方面：

（一）学习理论，奠定基础

教师进行教学研究必须具有一定的教育科研理论素质，即要掌握幼儿教育学、幼儿心理学、幼儿卫生学等专业理论知识，以及《幼儿园教育指导纲要》、《3—6岁儿童学习与发展指南》等指导文件精神。

在实践中只有用教育理论武装自己，才能使自己站得高、看得远，才能知道幼儿教育的未来走向。在对教学活动进行总结和反思时，最终也要用教育理论、教育理念对具体实例进行提升，因此要求教师具有一定的教育理论水平和概括能力，用科学的理论撞击实践，就会激发出智慧的火花，创造出新的方法和经验。

（二）重视积累，持之以恒

教育科研能力的提高，是一个积累过程。在日常教学活动中要善于发现问题，并对细小的问题进行锲而不舍的思考、探究和总结。只有通过量的积累，经过长时间的研究，才会有质的突破。要做教学的有心人，善发现、勤记录、敢质疑，是进行教研的必由之路，既解决了教学中的点滴问题，又有利于提高教师的专业素质，只要持之以恒，坚持在平凡中积累提炼，就可能汇聚成具有自己特色的教学研究成果。

教师可以先选择自己擅长的教学领域中的某一“点”作为研究内容，持之以恒地研究下去。随着研究的不断深入，资料积累会越来越丰富，对该“点”的问题的理解会越来越透彻，然后从“点”的研究逐渐过渡到“面”的研究，研究逐渐专业化发展。

（三）抓住核心，研究对策

教师在实践过程中要学会抓住教学研究的核心问题，将所遇到的问题进行归类、梳理，分清楚问题的性质，用相应的教育理论去分析问题产生的原因，并通过研究找到解决问题的办法。

例如：在组织教学活动的过程中，教师经常会发现一些幼儿不能按照要求完成活动任务，如果将其简单地归结为幼儿的学习常规不好而忽视自身教育教学可能存在的问题，试图通过不断强化常规要求来改变，效果不一定好。实际上，这种现象产生的原因，往往跟教师的活动设计及幼儿的经验准备有关。有时一些新手教师在观摩完优秀教师的教学活动后，自己照搬照抄地组织教学，结果却弄得面目全非，分析其原因往往是仅仅依葫芦画瓢地模仿，而没有从本班幼儿和教师自身的实际情况出发开展教学。只有抓住核心问题进行教学研究，才有可能真正找到解决对策。

（四）立足日常，结合实际

幼儿园教学活动研究的根本目的是提高保教工作的质量。幼儿教师的工作较为繁杂、辛苦，因此在进行研究时，应尽量与日常的教学工作相结合，这样既不加重负担，又能够获得实实在在的成长动力。从这个意义上说，幼儿园教学研究的本质就是以研究的态度去工作。要善于从实践中发现迫切需要解决的问题，通过分析找出问题产生的主要原因，拟定解决问题的方案，并在实践中不断反思、修改和完善方案，不断改进工作。

【拓展阅读】

学习共同体①

所谓学习共同体，包括儿童、教师与其他有关人员，目标和意义就在于大家互相学习，分享经验，分享智慧，共同提高。通过建立学习共同体，不仅使儿童有机会与本班多位教师和幼儿园中的其他相关教育人员，而且有机会与同伴（包括本班和他班的）、父母及社区其他人员分享经验、共同学习。这种广泛的分享对于儿童的学习与成长以及学习共同体的建立和发展都是非常有益和必要的。通过学习共同体，教师不仅因为有同事的相互支持、配合与合作，强化了对幼儿的教育效果与效能，而且不断地提高了自己的教育教学水平。

六、教学活动研究案例的撰写

（一）主题活动研究案例

主题活动是根据幼儿的身心特点以及发展需要，由教师预设或幼儿生成的一系列围绕同一主题内容的教育活动。它在时间上具有延续性，在内容和组织上具有综合性等特点。

主题活动方案的制订一定要根据幼儿的兴趣和需要，根据主题活动的目标确立不同领域系列活动的内容，并且在活动过程中，教师应对幼儿的活动不断给予支持和引导，和幼儿共同构建、完善主题活动内容。

---

① 教育部基础教育司．幼儿园教育指导纲要（试行）[M]．南京：江苏教育出版社，2001：176．

案例与分析

好玩的汽车——小班主题活动①

北京市昌平区机关幼儿园 葛玉安 刘淑新 门利艳 张岩

主题活动由来

在玩具分享活动中，班上许多男孩子带来了他们喜欢的汽车，有鲨鱼变形汽车、警车、小汽车、消防车等，孩子们对这些车子爱不释手，不但自己玩，还主动与别人交换着玩。在玩的过程中，车辆鲜艳的颜色、不同的造型、独特的声音、新奇的功能、转个不停的车轮，使幼儿着迷，吸引着他们去观察、去发现、去操作。为了满足幼儿的兴趣需要，更好地促进其发展，我们生成了此次主题活动。

主题活动目标

1. 感知汽车的多样性，丰富幼儿对汽车典型特征的认知，能根据不同的特征进行分类。

2. 学习简单的交通规则，提高幼儿的安全意识。

3. 能与同伴友好交往，能大胆与人交流。

4. 能运用艺术形式大胆进行表达、表现，发展幼儿的想象力、创造力。

主题活动开展

活动一　汽车俱乐部

活动目标：

1. 认识汽车的外形特征及功能。

2. 敢于当众表达自己对汽车的认识。

活动准备：

1. 经验准备：认知常见的汽车。

2. 物质准备：汽车图片、各种汽车模型、电脑、方向盘。

重点：认识不同的汽车。

难点：了解汽车的典型特征。

活动过程：

1. 以参观喜羊羊的“汽车俱乐部”的情景游戏形式，引出活动。

师：今天喜羊羊的“汽车俱乐部”开业了，他邀请我们小三班的小朋友去参观游玩。他希望我们每个小朋友都能在他的汽车俱乐部里找到一辆自己喜欢的汽车来玩。看一看，这里都有什么汽车？

幼：有公共汽车、警车、小轿车、消防车……

师：你最喜欢哪一辆？为什么？

幼：我最喜欢警车，因为警车是用来抓小偷的；我最喜欢鲨鱼车，因为它可以变身；我最喜欢公共汽车，因为公共汽车里有很多座位，能够坐很多人……

---

① 葛玉安，刘淑新，门利艳，张岩. 好玩的汽车：小班主题活动 [J]. 学前教育，2013 (6)：33—35.

2. 请幼儿选择自己喜欢的汽车模型看一看、玩一玩、找一找“汽车上都有什么”，从中观察了解汽车的外形特征。

3. 观看各种汽车图片，丰富幼儿对汽车的认识与了解。

4. 玩游戏“我是小司机”。

5. 小结

今天我们参观了喜羊羊的汽车俱乐部，认识了各种各样的车子，它们虽然名字不同、样子不同、本领也不一样，但都有相同的地方，有车轮、车门、车窗、车灯、驾驶室、方向盘、座椅等。

活动二 汽车的秘密

活动目标：

1. 了解汽车的典型特征，喜欢汽车。

2. 敢于当众表达自己的看法。

3. 懂得简单的交通规则，有初步的安全意识。

活动准备：

1. 经验准备：观察了解自己家的汽车（幼儿园里的汽车）。

2. 物质准备：汽车局部放大的图片、电脑。

重点：了解汽车的共同特征。

难点：了解汽车里外的典型特征。

活动过程：

1. 玩“我是小小发现者”的游戏，带幼儿到户外院子里观看真汽车，寻找汽车上的秘密。

师：你从汽车上发现了什么？

幼：我发现汽车有四个车轮，车轮上有许多好看的花纹；汽车的前面有两个车灯，后面也有两个车灯；驾驶室里有方向盘、座椅，前面的窗户上还有两个雨刷器；有两个反光镜……

2. 请幼儿回班后看图片，说一说自己从自家车里发现的秘密，找出汽车的主要外形特征。

3. 玩音乐游戏“汽车开来了”，建立初步的交通规则意识。

要求：听音乐，看老师手中的交通灯——红灯停、绿灯走。

4. 小结。

今天我们发现了汽车的许多秘密。小朋友今天回家后，可以和爸爸妈妈一起再找一找，看看你家的汽车还有什么秘密没有被你发现。

活动三 我给汽车找朋友

活动目标：

1. 观察汽车的外形特征，会进行简单的归类。

2. 敢于当众清楚表达自己对车子的看法。

活动准备：

1. 经验准备：对各种汽车有初步的观察认知经验。

2. 物质准备：各种汽车模型（每人一辆）、图片。

重点：观察汽车的外形特征和功能，会进行简单的归类。

难点：能够按汽车的颜色、大小、种类、功能分类。

活动过程：

1. 以游戏“我是快乐的小司机”引出活动，请幼儿听音乐玩自己喜欢的汽车模型。

要求：幼儿边听音乐唱歌，边玩自己喜欢的汽车。当音乐停止时，把手中的汽车随意送到停车场。

师：小朋友们看一看，停车场里的汽车出现了什么问题？（太乱了）我们的汽车怎样停放才会不乱呢？

幼：汽车身上的颜色有红的、黄的、绿的，我们如果按颜色停放汽车，停车场的车子一定会很整齐。

2. 玩第二遍游戏“我是快乐的小司机”，请幼儿尝试按颜色给汽车分类摆放。

师：除了按颜色停放汽车外，还可以怎样停放？

幼：停车场的车子有的大，有的小，还有的比较大，我们可以按大小停放，大汽车停在一起，小汽车停在一起，比较大的汽车停在一起。

3. 玩第三遍游戏“我是快乐的小司机”，请幼儿尝试按大小给汽车分类摆放。

师：除了这两种停放方法外，汽车还可以怎么停放？想一想，它们都有什么本领？

幼：公共汽车可以运人，小轿车也可以运人，它们可以停放在一起（客车）；大卡车有车厢可以运菜，翻斗车也有车厢能够帮助工人叔叔运沙子，可以把它们停放在一起（货车）。

师：警车用来抓捕坏人，救护车用来抢救病人，消防车帮助人们灭火，它们既不专门运人，也不专门运货，而是有着自己特殊的本领，我们能不能把这些有特殊本领的车子停放在一起呢？（能）平时，你和爸爸妈妈上街时还见过哪些车辆有特殊本领？

幼：我看见我们小区的垃圾车，专门清理垃圾；我和爸爸妈妈在马路上看见拉水的水车，专门给路边的花草树木浇水……

4. 请幼儿利用汽车图片按汽车的功能分类。

5. 小结。

停车场的汽车不但可以按颜色、大小停放，还可以按车的本领停放。有的车能运人，有的车能运货，还有的车有特殊本领。小朋友回家后和爸爸妈妈上网上看一看，还有哪些汽车有特殊本领？

活动四　汽车的本领大（特殊车辆）

活动目标：

1. 认识特殊车辆的外形与功能的不同。（救护车、消防车、警车）

2. 了解特殊电话号码，建立基本的自我保护意识。

活动准备：

1. 经验准备：对救护车、消防车、警车有初步的了解。

2. 物质准备：救护车、消防车、警车图片及警笛录音，电话号码 110、120、119 图片。

重点：认识特殊车辆的外形与功能的不同。

难点：认识特殊车辆的功能和特殊电话号码。

活动过程：

1. 以游戏的形式引出活动，认识消防车。

师：今天喜羊羊家的房子不知为什么着火了，喜羊羊拨打了119消防电话。不一会儿，喜羊羊就听到了警笛声。（播放消防车的警笛声和消防车的图片）看，什么车开来了？（消防车）消防车是什么颜色的？车上都有什么？

幼：消防车是红颜色的，车上有警笛、闪灯；车上有云梯、水枪，还有水箱；车上装有灭火器，着火时，消防员叔叔不但会用水枪灭火，还会拿出灭火器灭火。

2. 认识救护车。

师：消防车来到喜羊羊家，一会儿功夫就把喜羊羊家的大火扑灭了。可是，喜羊羊的爸爸却在火灾中受了伤，于是喜羊羊又拨打了120急救电话。（播放救护车警笛声，并出示救护车图片）听，什么车开来了？（救护车）救护车是什么样子的？车上有什么？

幼：救护车是白颜色的，车上也有警笛和闪灯，但听起来与消防车的警笛声不一样；救护车上有医院的“十”字。

3. 认识警车。

师：正当救护车抢救喜羊羊的爸爸时，又有一辆车向喜羊羊家开来。（播放警笛声和警车的图片）听，是什么车开来了？（警车）警车是什么样子的？它与救护车、消防车有什么不一样？

幼：警车是蓝色和白色的，车上也有警笛和闪灯，警车的警笛声与救护车、消防车发出的警笛声都不一样；警车上没有云梯，消防车上有云梯；警车上写着“警察”二字，救护车上面有红“十”字。

师：喜羊羊家着火，怎么警车开来了？原来，是村长拨打了110报警电话。警察来到喜羊羊家，经过现场调查发现是灰太狼放的火，于是警察很快就把灰太狼抓了起来。

4. 玩游戏“我是勇敢的小队员”。

巩固幼儿对消防车、救护车、警车的特殊功能与相应的特殊电话号码的认识。

活动延伸：

布置主题操作墙饰“汽车的本领大”，供幼儿日常游戏中操作。

活动五　艺术创作“我喜欢的汽车”

活动目标：

1. 能运用自己喜欢的艺术形式，大胆表现出汽车的典型特征。

2. 能够大胆讲述自己的作品内容。

活动准备：

1. 经验准备：对自己喜欢的汽车有细致的观察了解。

2. 物质准备：广告色、毛笔、大画纸、水彩笔、皱纹纸、彩卡纸、各种汽车图片。

重点：能运用自己喜欢的艺术形式大胆表现出汽车的典型特征。

难点：能够清楚讲述自己的作品内容。

活动过程：

1. 播放“警车的警笛声”录音引出活动。

师：什么车开来了？（警车）警车是什么样子的？车上都有什么？（出示警车图片）警车是干什么用的？你还见过什么车，它有什么本领？

幼：我见过消防车，它能够帮助人们灭火；我见过大吊车，它能够帮助工人叔叔盖楼房；我见过挖掘车，它能够帮助工人叔叔挖地、铲土……

2. 欣赏各种汽车的图片，了解汽车的主要特征。

师：停车场里都有什么车？你最喜欢哪辆车？它有什么本领？

幼：我最喜欢翻斗车，它有一个大车斗，能装很多沙子，车斗一翻，沙子自己就会从车里倒下来；我最喜欢警车，警车能够帮助抓坏人……

3. 请幼儿运用自己喜欢的方式大胆创作最喜欢的汽车，教师巡回指导。

要求：选择喜欢的方式（线描、色彩、粘贴、捏泥）表现自己最喜欢的汽车，要画出汽车的本领。

4. 请幼儿相互讲述自己的作品内容。

幼：我画的是压路机，它有两个大大的车轮磙子，能够帮助工人叔叔铺路；我画的是警车，车上有漂亮的闪灯，抓坏人时，它会一闪一闪的……

活动六　亲子手工制作：各种各样的汽车

活动目标：

1. 能够大胆利用各种材料进行车子创意制作。

2. 会正确使用多种工具。

3. 感受亲子活动的快乐。

活动准备：

1. 经验准备：发放相关倡议书，指导家长搜集材料。

2. 物质准备：剪刀、胶水、双面胶、彩纸、各种纸盒、瓶盖等废旧材料，各种汽车图片、模型。

活动过程：

1. 教师与家长交流，说明这次活动的意义与目标。

2. 提供各种汽车图片与汽车模型，家长带着孩子参观，酝酿自己的创意。

(1) 先确定自己的创作内容。

(2) 幼儿与爸爸妈妈一起选择合适的材料。

(3) 制作中注意节约使用材料，保护环境。

3. 家长和孩子共同制作，教师做好协作工作，引导大家材料共享。

4. 展示作品。

请幼儿自主向他人介绍自己的作品，感受和爸爸妈妈共同制作的乐趣。

活动延伸：

把做好的汽车投放到建筑区和户外活动中，进一步增强幼儿的成功感与自信。

从以上系列活动可以看出，教师通过日常生活中对幼儿的细致观察，捕捉有意义的教育主题并与各个领域的教育有机结合，使活动沿着幼儿的兴趣一步一步发展下去。在

系列活动过程中，教师较好地关注了幼儿多种能力的培养，最后又积极利用家长资源，以使活动得到进一步拓展和延伸。

【典型工作任务】尝试根据幼儿的特点撰写一个较为完整的主题活动方案。

要求：能够较为合理地设计各个领域的活动目标与内容。

（二）课例研究案例

课例研究是幼儿园最常用的教学活动研究形式，通常以幼儿园或教研组为单位，采用集体或个别活动观摩、评析的方式进行。

1. 一课多研

通过“一课多研”促使教师去发现问题、分析问题，探究“是什么”和“为什么”，抓准教学中的关键问题，逐步提高教师的教学能力，改善教育行为，提升教育智慧，从而更好地促进幼儿的发展。

案例与分析

一次数学活动的课例研究[①]

江苏省无锡市滨湖区学前教育研究中心　祝晓燕

江苏省无锡市滨湖实验幼儿园　徐雁

“让孩子自主学习、探究学习，发挥孩子学习的主体性”是教师们的常用词，教师们已有了“以孩子为主体”的意识，但在实际操作中往往还是以“教师如何教”为主线设计活动，较多地关注形式和结果。如何将活动重心从“教师教”转到“孩子学”上？孩子怎样才会“主动而积极地学”、实现数学经验的主动建构呢？在此，试以一次数学活动为例，解析问题并提出建议。

本活动的内容是“排列真有趣”，执教者是一位有10年教龄的幼儿教师，她运用了自制多媒体课件辅助这一教学内容。我们立足“以儿童为主体”的理念，对活动进行了三次实践、修改及分析、研究，期待让孩子有兴趣地、主动地参与活动，主动建构数学经验，让活动真正成为孩子快乐的学习过程。

对照《3—6岁儿童学习与发展指南》的要求，该活动的目标如下：

1. 感知物体的排列，并能用第一至第五的序数词表示物体排列的顺序和位置；

2. 发现方向不同，物体排列顺序也不同；

3. 感受游戏及动手操作的乐趣。

围绕这些目标，活动进行了多次修改。下面是教师独立备课下的第一次教学活动环节设计：

一、激发兴趣

今天小动物们要来开一个小小运动会呢！我们一起去看看吧！

二、坐汽车

请小朋友们拿着车票对号入座。

---

① 祝晓燕，徐雁．一次数学活动的课例研究［J］．学前教育，2013（11）：22—23.

提问：你拿的是第几号的票？你坐的是第几号的座位？

三、小动物出场

展示第一幅课件：5个小动物排成一横排，从右侧缓缓移入画面。

提问：谁排在第几个？

四、小动物站跑道

1. 展示第二幅课件：标有数字1—5的跑道背景，小动物分别站在五个跑道上。

2. 提问：谁站在第几跑道？

五、小动物跑步比赛

1. 展示第三幅课件：小动物以不同的速度从右侧移至左侧。

2. 提问：谁跑了第几名？

六、幼儿单足跳比赛

1. 请一组小朋友单足跳比赛，其他小朋友做裁判。

2. 提问：谁得了第一名？第二名呢？第三名是谁？他跑了第几名？谁得了第五名？

七、幼儿操作活动

1. 大小排序；2. 火车车厢；3. 为运动员颁奖；4. 住高楼。

这一次活动设计老师比较注重活动的情景性，用游戏的形式导入，让孩子通过多个游戏情节巩固认识5以内的序数，但没有串联情节的线索，情节间缺乏关联性，孩子只是被动地跟随教师的要求进入下一环节，表现为活动时等待老师新的要求，活动后期待老师对其作出评价。整个活动过程中，孩子的情绪是平静的，参与是被动、消极的。另外，由于活动的容量比较大，在每一个环节停留的时间较少，孩子缺乏内化的过程，并且非常忙碌，身心疲惫。教师对孩子的探索需求、情感需求等是缺乏关注的。

怎样能让孩子主动参与活动，在游戏中愉快地学习呢？我们将奥运会的吉祥物——福娃引入了活动，修改了游戏情节、多媒体课件和孩子操作材料，并且重新设计了每个环节的教师引导语，进行了第二次教学环节设计：

一、激发兴趣

今天幼儿园里来了五位运动健将，他们是谁呢？播放五福娃的flash。

二、参加拉拉队

他们是来参加运动会的，你喜欢哪一位呢？那就带上他的标记，做他的拉拉队吧！幼儿选挂牌，分成五组。

三、福娃出场

1. 展示第一幅课件：五福娃排成一队，从右至左缓缓移出。

2. 看，运动员出场了！你们的福娃站在第几个？

四、对号入座

1. 要坐到看台上去看比赛了，翻开你们的牌子，看看你们的座位是几号呢？请你们看清号码，千万别坐错了。

2. 怎么还有一些座位空着呢？它们是几号呢？

邀请客人老师和我们一起看比赛吧！

五、福娃跑步比赛

1. 展示第二幅课件：五福娃以不同的速度从画面右侧移至左侧。

2. 你的福娃跑了第几名？第×名是谁的福娃？

六、颁奖仪式

1. 展示第三幅课件：五福娃一横排站在领奖台上，逐个点击，出现奖牌。

2. 你想先为谁颁奖呢？他站在第几个？

七、参观新家

1. 展示第四幅课件：楼房背景，逐一点击开着的窗户，出现五福娃。

2. 比赛结束了，运动员们也该休息了！我们一起去看着他们的新家吧！他们的新家有几层楼呢？福娃们住在哪一层呢？

八、幼儿操作活动

拉拉队也来比赛，让我们一起进入智力大考验！（作业单做成幻灯片，一一讲解。）

1. 从大到小为小猴子排队。

2. 将号码牌挂到相对应的火车车厢上去。

3. 按箭头所指的方向为第×个花盆种上花。

4. 按下面的数字提示把小动物送回家。

第二次的活动，孩子对活动一开始的福娃动画非常感兴趣，老师将原本一个个割裂的环节串连成完整的、连续的情节，在情节的设计上环环相扣：运动员出场——跑步比赛——颁奖仪式——参观新房。情节中又设计了不同场景，在每一个场景都赋予孩子一定的角色：在找座位的时候，孩子就是观众；在比赛的时候，孩子就是裁判；为运动员颁奖时，孩子就是颁奖嘉宾…… 让孩子感觉到他所做的一切都是“有意义的”，从而自然地进入老师设计的情景中，步入下面的一个个环节。同时，教师在环节间的引导比较流畅，提问的设计也比较简洁，能体现情趣性，因而孩子在活动中自始至终兴致盎然。在孩子的操作材料中，融入蒙氏教具的特点——错误控制，在每一份材料上加上相应数最的小点，便于孩子在操作后进行自我检验，从中体验成功、获得成就感和一种积极的心理暗示，这个设计体现了教师对孩子内在发展的关注。但是，活动的容量仍然比较大，教师分配给每一个环节的时间较少，环节过渡时还是有些急，没有为孩子提供充分的“消化吸收”时间。拿电影来作比喻，这次活动就像是一部情节流畅的、平铺直叙的纪录片，内容丰富但平淡，没有高潮。为此，我们对活动进行了再次修改。（活动过程略）

第三次教学活动，徐老师对活动的容量进行了调整，对孩子感兴趣的“五福娃flash”没有一看即过，而是将五福娃的“全家福”定格下来，让孩子仔细看看、认认：谁是贝贝，谁是京京，并鼓励孩子和他打招呼，借此调动孩子的积极情绪，引起孩子对五福娃——教学的主角的亲切感，为活动的展开铺垫温馨的氛围。将原来“运动员”入场的环节删去，在跑步比赛的环节里，她设计了几次定格的画面，让孩子观察五福娃在跑步过程中的名次情况及位置变化，让他们举起手中的数字牌来表示自己这组福娃的名次，这样的游戏充分调动了孩子参与活动的积极性，营造了活动的高潮。此外，她还在“参观新房”的环节里增添了让画面先出现再消失的小插曲，这样不仅增加了孩子参与活动的兴趣，同时也锻炼了孩子的记忆力和观察力。第三次教学对活动容量进行了删减，删去了“运动员”入场的环节，扩充了“跑步比赛”和“参观新房”的内容，体现了教育中的“留白”，让孩子有了更多的时间和空间去内化、去体悟。老师自己也对这次活动感到比较满意，孩子在整个活动过程中兴趣盎然，参与率高，对老师提出的问题反应敏捷而且回答准确，呈现出自主学习状态。

通过观察，我们发现教师设计活动方案时首先需要思考的问题有：1. 要让孩子达成什么目标？通过哪些形式来落实活动目标？活动的价值在哪里？难点在哪里？2. 采用哪些形式让活动的趣味性更强？出现问题怎么办？3. 教具、学具如何设计？怎样讲解？如何评价孩子的表现？这些思考不仅围绕着作为教师的“我”该怎么教展开的，而且应以孩子的“乐学”为基础，特别关注孩子个性化的学习过程与思维方式，以及情绪情感的体验等。教师需要思考如何让活动真正成为“孩子的”活动，如何帮助幼儿主动建构数学经验、让每个孩子享受学习过程带来的快乐。本课例给了我们三点启示：1. 活动要有情趣；2. 要发挥孩子的学习主动性；3. 要能让孩子体验成功感。

徐老师的三次教学，逐渐走近了孩子的需要：“一个有目的的学习过程”→“一个有情趣的、有目的的学习过程”→“一个有情趣的，孩子主动参与的学习过程”→“一个有情趣的、孩子主动参与的、并能获得成功感的快乐过程”。这个过程，是一种渐进的过程，我们相信这样的课例研究会引导我们和更多的教师一起渐进，向着“让儿童发展自己”渐进。

从以上案例中我们看到，教师围绕同一数学教学内容先后进行了三次教研，依据每次活动的开展情况找出关键问题，对教学环节设计进行相应修改和调整，在此基础上开展下一次教学活动，通过这一不断完善的教育教学过程更好地满足幼儿的学习与发展需要。

2. 教学反思案例

教学反思是教师本人在教学实践中对教学的价值与意义、理念与内容、过程与方法等不断进行内省、反观的过程。①

教师在回顾自己的教育教学实践过程中，依据相关的教育理论，对自己的教学理念、教学目标、教学方法、教学过程、教学效果等进行反省，能够更好地认识和把握教学活动的本质特征，提高教学活动的组织能力与水平。

案例与分析

小班科学活动《有趣的海绵宝宝》实录与反思

南京市第五幼儿园　巫莉

活动目标：

1. 初步感知海绵的轻软、能变形的主要特性。
2. 尝试用看看、摸摸、捏捏等方式进行探索操作。

---

① 汝茵佳. 幼儿教师教育研究 [M]. 长春：东北师范大学出版社，2009：100.

3. 乐意参加探索活动，愿意用语言表达自己在活动中的发现。

活动准备：

1. 经验准备：幼儿生活中使用过海绵制品。

2. 物质准备：不同造型海绵（人手一块）；大、小盒子若干等。

活动过程：

一、出示海绵，激发活动兴趣。

1. 师：今天老师带来了一些好玩的东西，它就藏在我们小朋友的椅子下面，请你们轻轻地拿出来，仔细地看一看它是什么样子的？这些东西是用什么做的呢？请你摸一摸、抱一抱、掂一掂你的海绵宝宝，说说有什么感觉？

幼儿：软软的；肉肉的；有好多洞洞；有点刺；很滑……

2. 师幼共同小结：原来海绵可以有不同的颜色、不同的形状、长得也可以完全不一样，仔细看起来海绵上面还有很多很多的小洞洞。摸一摸它是软软的、糙糙的；掂一掂它是轻轻的；抱一抱它很软、很舒服。

二、动手操作，发现海绵会变形的特性。

1.“和海绵宝宝捉迷藏”游戏一：藏在身体里

(1) 师：海绵宝宝想先在我们身体上面躲一躲，你会把它藏在身体的什么地方呢？

(2) 幼儿操作，在身体上收藏自己的海绵宝宝。

幼儿一起藏海绵：有的幼儿藏在身体里；有的夹在大腿中间；有的坐在板凳下、有的藏在胳窝下……

(3) 师：你的海绵宝宝藏在了身体的什么地方？躲在XX里，你有什么感觉呢？幼儿：软软的；轻轻的……

教师：你们藏得真好，有的藏在衣服下、有的藏在裤子里、还有的藏在屁股下、后背，真能干。

2.“和海绵宝宝捉迷藏”游戏二：藏在盒子里

(1) 师：这儿有很多的盒子（出示盒子），海绵宝宝想躲进这些盒子里，你觉得他们能躲进去吗？请你选一个盒子试试吧。

(2) 验证猜想，操作尝试，初步探索海绵能变形的特性。

师：你的小海绵藏在盒子里了吗？为什么你选择这个盒子？

幼儿基本都选择了大盒子藏海绵。

(3) 讨论：如果我选择小盒子你觉得海绵宝宝能藏进去吗？

幼儿：挤一挤可以藏起来。

(4) 再次验证猜想，尝试操作，感受海绵能变形的特性。

师：请你们用挤一挤的方法试一试。

幼儿全部选择了小盒子，个别幼儿选择了中等盒子。

(5) 师：你的小海绵能不能藏在小小的盒子里？为什么很小的盒子小海绵都能躲进去呢？那出来以后会是什么样子呢？

教师：你成功了吗？（一一展示幼儿藏在盒子里的海绵）

幼儿：海绵宝宝原来很大，用力一挤就挤进去了；按一按就进去了。

3. 师幼总结：原来海绵的身体软软的，只要用点力就能变成各种各样的形状，不用力的时候还会还原。

三、探索游戏，进一步体会海绵能变形的特性。

1. 师：（出示圆筒盒子）这儿有个圆筒盒子，它是什么样子的？盒子的口这么小海绵能藏进去吗？这个圆筒很长，能不能藏很多的海绵宝宝呢？

2. 集体实践游戏，进一步体会海绵宝宝能变形的特性。

每一位幼儿这时候都将自己的海绵给教师藏起来，其中一位幼儿就是不肯给。教师劝说无用，最后教师将其他幼儿的海绵都放进了圆筒里。

3. 师：海绵软软的，能变形，这一个圆筒中就能藏很多很多的海绵，那我们再找一找哪里还有海绵做的东西，看看海绵藏在了哪里？变成了什么样子？

活动反思：

1.《指南》指出："在探究中认识周围的事物和现象。"这是一节探究性的科学活动，根据幼儿的经验和技能，首先选择了生活化的内容——海绵，是安全的、幼儿熟悉的，适宜小班幼儿的操作。环节也较为情境化，通过一个个小游戏的贯穿，促进幼儿有效的探究。活动重点落在有趣方面，激发幼儿的兴趣，留下愉快的感受。

2.《指南》指出："给幼儿提供丰富的材料和适宜的工具，支持幼儿在游戏过程中探索并感知常见的物质、材料的特性和物体的结构特点。"本次活动分三个层次，提供的是不同的材料，层层剥开。首先感受海绵的基本特征，通过感官，激发幼儿兴趣，提供的不同形状、大小各异的海绵，感受海绵的轻、软、变形等特性。接着，进一步感受海绵的特性。与海绵做游戏，与身体捉迷藏、与盒子捉迷藏，盒子的提供有大有小，幼儿先抢大盒子装进去，再通过引导，引发下一个环节：小盒子也能放进去，鼓励幼儿试一试，体验探索。最后一个层次，集体游戏：出示很大的盒子，请大家都来试一试。整体上感觉幼儿还是很有兴趣地参与探究活动的。

3. 活动中，发现一个孩子最后不愿意把自己的海绵给老师放在圆筒里，因为他说给了老师自己就没有了。说明教师对孩子的意愿了解不够，对孩子心理的等待不够耐心，今后在活动中，要更加关注孩子的心理，如果将装进筒里去的海绵最后都还给孩子，给孩子心理上的释放就好了。

【典型工作任务】围绕自己组织实施过的一个教学活动进行反思，撰写反思案例。

要求：能够结合相关教育理论和对幼儿活动情况的观察进行分析。

（三）教学活动案例评析

教学活动评析，是幼儿园教学活动研究的主要呈现方式之一。完整的评析包含活动目标、活动经验与材料准备、活动的重点与难点、活动的环节设计以及活动延伸的评析等，也可以为了研究的需要就其中某一个或者某几个问题进行重点评析。

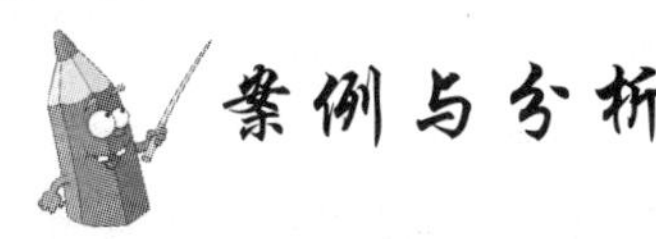

案例与分析

开满鲜花的小路①
——中班美术活动案例及评析

浙江省绍兴市镜湖幼儿园 胡浩花

活动背景

进入3月，“三八”节就被孩子们挂在了嘴边。如何让孩子们理解妈妈、爱妈妈、对妈妈说出心中的爱，是爱的教育中永远不变的主题。这个主题在看似平常的生活中蕴含着丰富的教育内容。抓住这个教育契机，我们以绘本阅读为切入点，生成了《开满鲜花的小路》这一美术活动，通过活动让孩子们学会像袋鼠宝宝一样做一个懂得感恩、孝顺的好孩子。

活动目标

1. 欣赏绘本《开满鲜花的小路》，感受故事中袋鼠妈妈爱袋鼠宝宝、袋鼠宝宝爱袋鼠妈妈的快乐心情。

2. 鼓励幼儿大胆想象，并通过语言、绘画、粘贴等形式表现出来；掌握用油画棒均匀涂色、不涂出轮廓线的涂色方法。

3. 引导幼儿像袋鼠宝宝一样做一个懂得感恩、孝顺的好孩子。

活动准备

1.《开满鲜花的小路》PPT课件，3首背景音乐。

2. 各种花卉、各种小路的图样欣赏。

3. 人手一份作画工具：黑色记号笔、8开铅画笔、袋鼠妈妈和袋鼠宝宝的黑色剪影、油画棒、背景草绿色水粉颜料、刷色笔。

活动过程

1. 欣赏谈论。

(1) 师：今天老师带来了一本很好看的故事书，这里面发生了一个爱的故事，是怎样的一个故事呢？

分析：《幼儿园教育指导纲要（试行）》（以下简称《纲要》）指出，要“引导幼儿接触周围环境和生活中美好的人、事、物，丰富他们的感性经验和审美情趣，激发他们表现美、创造美的情趣”。艺术教育不应该是枯燥的美术知识灌输和美术技能训练，而应该让幼儿感受生活和艺术中的美，大胆想象，以激发幼儿对美术创作的兴趣。而绘本这一独特载体，正是以色彩丰富、形象鲜活、图文并茂的画面，吸引幼儿的眼球，激发幼儿的好奇心，能使幼儿产生创作的欲望，使幼儿在创作过程中的感悟能力、思维能力、审美经验等都获得了提升。

(2) 观看绘本《开满鲜花的小路》PPT前半部分（到第8张时停下来），并谈论。同时定格数张图片，进一步理解故事发生的内容，为画面场景做准备。

---

① 胡浩花. 开满鲜花的小路 [J]. 学前教育，2013 (5)：34—35.

① 袋鼠妈妈好辛苦，袋鼠宝宝想出了什么好办法来爱妈妈？

② 如果是你，你会想出什么好办法来爱妈妈？（幼儿自由回答）

③ 出示第9张图片，袋鼠宝宝想送给妈妈一路的鲜花，应该怎么做呢？（幼儿自由回答）

④ 出示第10张图片：看，宝宝在挖坑；听，小鸟在叫。噢，原来小鸟们都在帮忙往坑里撒花种子。

⑤ 小朋友，你觉得开满鲜花的小路会是什么样的呢？

分析：为了让幼儿更直观地感受故事情节，我选择了动画作为课件辅助教学，同时对动画作了处理，尤其是在画面的定格上，充分展示了教师的教学意图，让幼儿伴随情景展开想象，并和动画产生互动，在一连串紧凑的问题中预设了故事中不为人知的情节，吸引着幼儿去观察、思考、探索，带着问题进入一个又一个的环节。

2. 操作尝试。

(1) 教师出示各种各样的小路让幼儿欣赏，并示范画一条小路。提醒幼儿小路是妈妈要走的地方，应该留空出来，路的两边才画上鲜花。

(2) 出示各种各样花的形状，教师和幼儿共同为一朵大花作涂色示范。幼儿一起参与尝试用油画棒均匀涂色、不涂出轮廓线的方法。教师对幼儿提出要求："这可是袋鼠宝宝辛辛苦苦种出来的花，要涂出漂亮的颜色。"

(3) 出示未完成的鲜花小路，教师向幼儿示范涂草绿水粉颜料，在未干的情况下贴上袋鼠妈妈和袋鼠宝宝的黑色剪影。

分析：《纲要》明确指出："艺术是实施养育的主要途径，应充分发挥艺术的情感教育功能，促进幼儿健全人格的形成，同时支持幼儿富有个性和创造性的表达，使之体验自由表达和创造的快乐。"阅读绘本的过程，会让人在快乐之余产生一丝丝感动。细细品味，我们会发现绘本中蕴藏着有助于美术教育的教学资源：从月亮挂在树梢到太阳落山、小鸟回家的情景，从光秃秃的小路到开满鲜花的小路情景……给了幼儿细细品味的机会。而幼儿对画面的敏感程度更胜过文字，他们喜欢关注画面细节，鲜艳的色彩、不同形状的花朵，一幅幅美轮美奂的画面，正是不可多得的美术教学资源，让幼儿在欣赏之余，有了一种想创作的愿望。

3. 想象创作。

(1) 在音乐声中，幼儿作画，教师巡回指导。

(2) 留意幼儿的绘画思路，鼓励他们把自己的想法表达出来，提醒反复使用相近颜色的幼儿更换对比明显的颜色作画。

(3) 留意有创新的设想，请幼儿及时介绍给同伴。

分析：在绘画过程中，教师为幼儿提供了一个宽松、自由的氛围，让幼儿凭着对画面的感悟，充分发挥自己的创新能力，在音乐声中自由、积极、大胆地表现。

4. 交流体验。

(放音乐) 幼儿分享快乐，体验成功。

请幼儿把作好的画在地板上拼接成一条长长的鲜花小路。

分析：把情景放大，使幼儿在交流体验中获得成功和快乐。幼儿在自己的画纸上尽情地挥洒，他们在小路上都种满了鲜花，而且每一条小路上都有自己独特的创作构想。当他们把既完整又独立的小路一条一条地连接成弯弯曲曲的长长的小路时，他们高兴地跳了起来。他们的情绪再一次被激发，兴奋地投入到拼接小路的快乐创意活动中去了。

5. 活动延伸。

（1）播放《开满鲜花的小路》PPT 后半段。

（2）最后出示封面《开满鲜花的小路》。

小朋友，这本书的名字就叫《开满鲜花的小路》。你们的鲜花小路和袋鼠宝宝的鲜花小路一样美丽，他多么爱他的妈妈呀！你们在家里每天都做一件让妈妈开心的事，好不好？

分析：在欣赏谈论环节教师和幼儿共同阅读了绘本的前半部分，在美术活动后再和幼儿共同阅读绘本的后半部分，这样做既让绘本在美术活动中得到充分的运用，又保持了绘本原有的完整性，使爱的教育更具有完整性。

在以上教学活动案例评析中，我们看到教师对每个教学环节的教育作用和达到的教育效果分别进行了剖析，揭示了其价值所在，使我们对教学活动有了更深入的理解。

【典型工作任务】观摩幼儿园教学活动，对各个活动环节的设计与实施情况进行评析，撰写一篇教学活动案例评析。

要求：评析的内容完整、观点鲜明。

任务五　经验总结的撰写

经验总结概述

经验总结一般是以教育工作者的角度，对于教育活动过程进行分析、思考，并将教育现象进行说明、分析，讨论其背后的原因，或针对具体问题提出教育措施、提升教育认识的过程。

经验总结的目的是总结工作中的经验和不足，提出改进建议，最终提升教育质量，促进教师专业发展和幼儿身心的全面发展。与其他形式的文本相比，经验总结并没有太严格的格式或内容要求，但是看待问题的深度和广度要尽量提升。

经验总结文本的基本内容有：基本情况概述、感想体会、存在的问题、改进建议和措施。一般先有描述性的内容，例如具体的案例实录、教学的环节和步骤，在撰写的过程中要详尽具体；然后对已有经验进行归纳总结，从现象到本质，运用理论原理来分析事例，概括行动的一般规律；最后进行总结，提出适用范围和推广价值等。

案例与分析

教师对幼儿情绪的有效回应①

浙江师范大学杭州幼儿师范学院附属幼儿园　倪慧芳

教师对幼儿情绪作何回应直接影响幼儿情绪能力的发展。首先，教师要能敏锐地觉察幼儿的情绪状况；其次，教师要悦纳幼儿的情绪，允许幼儿表达情绪；最后，教师要采用积极有效的方式回应幼儿的情绪。本文主要针对教师如何回应幼儿的消极情绪进行探讨。

一、觉察幼儿的情绪

幼儿的心情就好比天上的云朵，时而彩云满天，时而愁云惨淡，时而乌云密布。而教师就是气象观测人，需要准确地观测“云朵”的状况。不同的幼儿有着不同的情绪表达方式：有的直接外露、热烈奔放，教师能很快觉察到这些幼儿的喜怒哀乐；有的低调内敛、温婉含蓄，没有明显的表情和行为，不易被教师觉察。因此，教师要有意识地提高自身的观察能力、倾听能力，主动与幼儿交流，从而有效地把握他们的情绪状况。

1. 在观察中发现情绪

幼儿觉察自身情绪和表达情绪的能力有限，往往无法直接、准确地述说自己的内心感受，但有时会在脸部表情和肢体行为上有所表露。如高兴时微笑，拍手欢呼；伤心时流泪，低头沉默；生气时皱眉，叉腰跺脚；害怕时闭眼，抱臂颤抖，等等。有时，幼儿内心的情绪还会在幻想游戏中展露。有时，幼儿胃口差、做噩梦、频繁解小便等生理反应亦是情绪不安的征兆。

教师要了解幼儿的各种情绪表达方式，就要在日常生活中多加留意，细致观察幼儿的脸部表情、肢体动作、游戏行为等，以便及时发现幼儿的负面情绪。

例如，户外游戏时，教师让孩子们手拉手围成一个圆圈，可是这边刚拉上，那边又断开了。教师终于忍耐不住，冲孩子们大声呵斥：“怎么回事儿？连一个圈都拉不好。不准动！谁再动就没得玩。”突如其来的训斥声一下子把嬉闹的孩子们震住了，一个个没了声音，挺直了身子。“总算安静了！”教师松了一口气，目光与一旁的小小相遇，小小慌忙垂下眼帘，避开教师的目光，拉着教师的小手也微微颤抖。教师似乎觉察到了什么，语气温和了下来……

又如，最近，小雪每天吵着要教师陪她午睡，原因是：“我害怕，我会做噩梦的。”一天，小雪在玩芭比娃娃，她指挥芭比不停地游泳，一会儿上一会儿下，突然小雪以芭比的口吻叫道：“妈妈，妈妈，芭比不会游泳，好害怕！”这一幕被细心的教师看见了。联想到小雪不敢独自睡觉，总嚷嚷会做噩梦的情形就是从学习游泳开始的，她拿起电话，和小雪妈妈交流起来……案例中，小小躲避的眼神、颤抖的小手显示出她内心对教师的害怕情绪，小雪则用游戏行为间接地表达出她对游泳的恐惧心理。教师敏锐地觉察到了幼儿种种表现中所包含的情绪。

---

① 倪慧芳. 教师对幼儿情绪的有效回应 [J]. 幼儿教育，2013 (Z4)：27—29.

需要注意的是，除了这些显而易见的表情、行为之外，幼儿某些较之以往突然有所变化的行为往往也隐藏了许多情绪方面的信息。如：原本总是和小伙伴在一起玩，今天却若即若离地出现在教师身边，一副欲言又止的样子；平日里嘻嘻哈哈、爱唱爱跳，最近变得不苟言笑、不爱玩耍，或是突然和小伙伴冲突不断，出现破坏物品和规则等行为。这些都需要教师加以关注，以便综合判断幼儿是否有情绪方面的问题。

2. 在倾听中捕捉情绪

幼儿年龄小，用语言表达情绪的能力有限，特别是对一些复杂的情绪，他们不仅无法觉察，而且无法直接表达。但是，积压于内心的情绪会在某一瞬间通过某一句话、某一行为不经意地流露出来。这时，教师要敏锐地抓住时机，认真倾听幼儿在说些什么，观察他在怎么说。从幼儿的语气语调、脸部表情、肢体动作中捕捉有用的信息。

例如，乐乐摔倒在地，裤子上脏了一大块。教师说道："没事的，回家让妈妈洗洗。"乐乐眼睛一斜，嘴一撇，说道："我妈妈才不洗呢！我的衣服裤子都是奶奶洗的，妈妈和爸爸每天就知道吵架、吵架、吵架。"听到这儿，教师蹲下身帮乐乐拍拍裤子，抚摸着她的脸说："你不开心，是吗？"乐乐也摸摸教师的脸，点点头。"爸爸妈妈经常吵架，他们都不管我，只有奶奶管我……"乐乐倾诉着，摸摸教师的脸，又摸摸教师的头发。教师安静地听着，不时地抱抱她、摸摸她。听完乐乐的倾诉，教师说："来，我们一起玩小猫钓鱼怎么样？"乐乐笑了。

案例中，乐乐的回应体现出她的不快和对爸爸妈妈吵架的不满。教师通过倾听，从她的话语、表情、神态中敏锐地觉察到她不开心，并感受到她对关爱的渴望，于是给予了积极的回应。

二、认同、悦纳幼儿的情绪

成人往往会比较关注和乐于看到幼儿的积极情绪，而忽视甚至排斥幼儿的消极情绪，认为消极情绪对成长不利，不应该甚至最好不要出现消极情绪。当幼儿出现消极情绪时，成人就会训斥和制止。

例如，一大早，小毛对着奶奶哭叫着："你去把玩具拿来。我要玩具！我要玩具！都是你，都是你不好……"原来，小毛在玩具分享日忘记带玩具来幼儿园了。教师对小毛说："小毛，没带就没带，没什么好哭的。是你自己忘记带玩具，怎么能怪奶奶呢？"奶奶说："哎！这孩子怎么这么不懂事！"说完，摇摇头，转身走了。小毛哭得更厉害了。

当幼儿伤心流泪时，为了安慰幼儿，成人往往会说："哭没有用，哭多难为情呀！"当幼儿生气时，成人会说："又生气了！一天到晚只会生气。"当幼儿害怕、恐惧时，成人会说："没什么好怕的，这么胆小！"幼儿面对成人如此回应，情绪会更加低落，或开始极力隐藏自己的情绪，或开始怀疑、否定自己的感觉和判断，变得无助。

积极的情绪体验可以使幼儿身心愉悦，树立良好的生活态度；消极的情绪体验则是幼儿挑战自我和外界事物的一种反应，能促使幼儿不断改进，重新思考和行动。教师要接纳幼儿的各种情绪，不论是积极的还是消极的，但接纳不等于允许幼儿按自己的意愿不加控制地表达，而是承认幼儿有如此感受的权利。过多地要求幼儿抑制或隐藏自己的消极情绪，有可能增强他们的恐惧、愤怒和不安全感。反之，如果幼儿能用恰当的方式表达自己的消极情绪，就向学会控制情绪迈进了一步。

因此，当幼儿出现消极情绪时，教师不能一味地加以斥责或简单地加以制止，而应将此作为亲近、教导幼儿的契机，真诚地接纳、认可它。

三、积极回应幼儿的情绪

教师应相信幼儿具有一定的情绪能力，认真倾听幼儿内心的声音，并以合适的言辞和行为对幼儿的情绪表示认同，帮助他们表达自己的情绪，并提出情绪调节的建议，提供解决问题的技巧，等等。这些支持性回应策略能使幼儿识别自己的情绪，学会恰当地表达、控制情绪以及更好地解决问题。

1. 感受幼儿的情绪，给予认同

首先，认同幼儿的感受。教师应站在幼儿的角度，蹲下身，视线与幼儿齐平，用心倾听幼儿的表述，观察他们的肢体动作、表情，真心地去感受幼儿的感受，并通过语言、表情、肢体动作等多种方式表达对幼儿情绪的认同。如抚摸幼儿的脑袋，轻拍幼儿的肩膀，用“哦……”“嗯……”“这样啊……”“如果我……我也会……”“老师明白你的这种感觉……”等话语来回应。

与此同时，帮助幼儿描述情绪。用语言描述情绪对神经系统有安抚作用，教师可描述幼儿的情绪，并鼓励幼儿描述自己的情绪。如，“你感到十分伤心，是吗?”这不仅可以使幼儿得到他人的理解，还能学会用语言来形容内心的感受。

另外，引导幼儿学会移情。在幼儿表达情绪的过程中，教师还可以引导幼儿学习倾听对方的描述并了解对方的情绪，学习站在他人的角度理解情绪，学会移情。值得注意的是，教师在认同幼儿的情绪感受时，不要将情绪感受与情绪行为混为一谈。当幼儿出现不恰当的情绪行为，如因为生气、愤怒而做出伤害自我或他人、扔砸物品等行为时，教师需要第一时间制止并明确告诉他这样做是不对的，这与认同他的生气、愤怒情绪并不矛盾。

2. 重视身体接触，主动拥抱抚摸

接触、拥抱是安抚情绪的有效方式。社会学家发现，接触在很多情境下能够产生好的效果：教师轻轻拍学生的后背，学生在课堂上的表现就会更积极；运动员相互之间击掌拥抱越多，比赛中表现就越好；医生轻触病人的胳膊，会让病人感到安慰，产生信任。研究者还发现，触摸时人体会分泌一种有助于放松的激素，从而缓解紧张情绪。触摸还会增加后叶催产素（也被称作拥抱激素）的分泌，这种激素会使人产生爱、信任和亲密的感觉。

当幼儿情绪非常激烈时，教师可首先拥抱、抚摸他。即使什么话也不说，只是双臂的拥抱、轻柔的抚摸，也可以在短时间里降低情绪的激烈程度。只有情绪缓和下来，沟通才可以顺利进行。

例如，小班幼儿和大班幼儿一起玩“冒险旅行”游戏。正当教师要带领孩子们穿过“黑黑的大山洞”时，突然，小班的一个小女孩害怕地哭了起来。教师温柔地抱起她，像妈妈一样拍拍她的背，轻声说：“宝宝不要怕，妈妈来保护你。瞧，还有那么多哥哥姐姐呢，他们可厉害了!”教师一边抱着小女孩，一边以“妈妈”的角色带领孩子们继续做游戏。在这一过程中，教师还不时地鼓励小女孩参与游戏。小女孩被快乐的气氛所

感染，露出了笑容，蹬着小腿要教师放她下来，她要和大家一起去“冒险”。这位教师采取身体接触、拥抱抚摸的回应策略，有效地对哭泣的小班幼儿进行了情绪疏导。需要强调的是，拥抱抚摸的作用不只是安抚、化解消极情绪，它还可以帮助教师与幼儿建立互相信任的关系，使幼儿切实感受到教师对他的关注和爱。

3. 转移注意力，分散情绪焦点

当幼儿出现某种消极情绪时，除了拥抱抚摸外，分散、转移注意力是非常好的化解方法。教师可首先带幼儿离开情绪发生的情境，然后利用周围环境中一些有趣的事物吸引他的注意，或带他做一些感兴趣的活动，让情绪的焦点不再停留于矛盾冲突，从而使情绪慢慢得到平复。最后，再针对事件和幼儿具体沟通。

例如，2 岁的舟舟在娃娃家玩，因为没能拿到巧虎而伤心哭泣。教师抱着舟舟离开娃娃家，来到自然角，拿起小水壶让舟舟看教师是怎么给植物浇水的。不一会儿，舟舟就不哭了，忘记了刚才发生的不愉快的事情，还嚷着要给植物浇水。

值得注意的是，转移注意力可以较快缓解幼儿的消极情绪，对小年龄幼儿特别有效。但是随着年龄的增长，幼儿需要直面自己的情绪问题，以此获得情绪控制能力。因此，对大年龄幼儿来说，转移注意力的方法不是最好的选择。

4. 尝试改变认知，给出积极建议情绪和行为受制于认知，认知是人心理活动的决定因素，通过改变人的认知过程和由这一过程所产生的观念，可消除不良的情绪或行为。特别是针对大年龄幼儿，认知改变是对情绪有效回应的方式之一。

幼儿认知能力有限，让幼儿弄清“客观事实是什么”有助于幼儿建立正确的认知。例如，事件是怎么发生的？当事人当时在干什么？说了什么？心里是怎么想的？结果是怎样产生的？为了帮助幼儿更深刻地体会，教师还可以通过情景再现、情景表演、游戏体验等多种渠道感知事实，改变认知。

例如，喝水时间，孩子们挤在饮水机前，有的在排队接水，有的在取放水杯。中中站在饮水机旁喝水，小宇想要取自己的茶杯，一不小心，手臂撞到了正在喝水的中中。中中非常生气，对小宇大喊大叫：“都是你，都是你不好。”为了缓解中中的激动情绪，教师有意识地组织大家玩游戏“磁铁人”。6 个幼儿扮演磁铁人（包括中中），在小圆圈里自由走动，如果不小心碰到了别人，那么两个“磁铁人”就会被吸住。尽管孩子们非常小心，但在游戏中还是免不了碰撞。之后，教师引导幼儿思考原因。大家讨论后一致认为是因为圆圈很小，人很多，所以容易碰撞。经过亲身体验，教师问中中“你还怪小宇吗?”中中摇摇头。中中认识到空间拥挤，碰撞是难免的，自己站在茶杯箱前喝水也不恰当，不能全怪小宇。这时，他的情绪有了很大转变，不再生气，还主动向小宇道歉。

需要注意的是，在认知改变过程中，教师要呵护幼儿的自尊心、自信心，避免把问题归因于幼儿的能力，要具体地针对事件中的行为进行分析，引导幼儿形成正确的认知。与此同时，及时给予幼儿具体的解决问题的策略也非常重要。

在以上文章中，作者分别从“觉察幼儿的情绪”、“认同、悦纳幼儿的情绪”、“积极回应幼儿的情绪”三个方面探讨教师如何回应幼儿的情绪，对已有经验进行归纳，从现象到本质，运用理论原理来分析具体事例，概括行动的一般规律；最后总结出“感受幼儿的情绪，给予认同”、“重视身体接触，主动拥抱抚摸”、“转移注意力，分散情绪焦点”、“尝试改变认知，给出积极建议”四方面好的经验，具有借鉴指导意义。

第三编　学前教育科学研究活动与课题申请

项目八　幼儿园课题研究

任务一　幼儿园课题研究概述

一、课题研究的概念和内容

课题就是人们研究或讨论的主要问题或亟待解决的重大事项。幼儿园的课题研究是以学前教育学、儿童心理学的相关理论为依据，以幼儿园的教育现象为对象，以探索幼儿教育规律和解决幼儿园教育问题为目的的创造性活动。它是一种有目的、有计划、有系统地认识幼儿园教育规律的过程，也是改进幼儿园教师教育实践行为的过程。

二、幼儿园课题研究的价值

（一）有利于教师深化对儿童的了解和认识

幼儿园教育应当以儿童发展为本，所以课题研究最终会指向儿童。通过一系列的课题研究，教师会积累起更多的关于儿童的资料，深化对儿童的了解。这样教师就会更加有力地支持儿童的发展，为他们提供更多的选择机会和活动空间。

（二）有利于提升教师的专业水平

通过课题研究，教师能够进一步总结日常的教育教学经验，让自己系统地回顾所经历的研究历程，使自己对研究对象的认识产生质的飞跃；通过课题研究，教师的各项专业能力都会得到显著的提升，如教师的观察能力、搜索信息的能力、思考问题的能力、语言表达能力、现代教育技术应用能力、合作能力和管理能力等；通过课题研究，教师会实现从具体课程实践者向课程研究者的转变，会更多地在日常活动中寻找问题，会更多地去关注儿童的行为及其行为背后的原因。在团队合作过程中，教师的职业幸福感和归属感会得到提升，同时也会产生更多的社会责任感。

（三）有利于提升幼儿园的教育教学质量

通过课题研究的纽带和桥梁作用，经过教师个体的努力，幼儿园会成为一个充满活力的学习和研究共同体。幼儿园教师的工作带有明显的个体的、分散进行的特点，因此，通过课题研究等方式加强成员间的联系，可让园所形成积极向上和团结进取的良好文化氛围。此外，课题研究的成果也可能进一步提高幼儿园的教育教学水平，提高教育的影响力。

三、课题研究申报的基本要求

对幼儿园教师来说，有多种类型的研究课题可以申报。目前来说，根据课题管理的不同部门，可以把课题分为三类：第一类，教育科学规划课题，主要是由全国、省和市级的教育科学规划办公室负责；第二类，教育部门和各研究会的课题，主要由教研室、电教馆和研究会等部门和单位负责管理；第三类，几个幼儿园联合开展的或由单个幼儿园开展的课题研究。这类课题主要是由幼儿园自行管理，因而在研究的选题、时间和要求上更为灵活。

【拓展阅读】

江苏省教育科学“十二五”规划课题管理规程（节选）①

一、原则与宗旨

1. 进一步强化服务意识，通过持续有效的主动服务，积极营造健康、宽松、自由的学术氛围，倡导和鼓励广大教育工作者做说真话的科研，做真改革的科研，做有利于实践和理论创新的科研。

2. 进一步强化质量意识，通过管理形成权威、规范、高效的科研知识生产力，努力提高课题研究的质量和效益。

3. 进一步简化课题管理的程序和方式，全力推进课题研究的顺利展开，在规范的基础上尽可能为课题承担者提供方便，减轻课题承担单位不必要的负担，提高管理效率。

4. 对以往被实践证明积极有效、成熟完整的制度和规范不作大规模调整和改变，在适度创新的基础上进一步强化有效执行。

二、类别与总量

5. 设“重大课题”、“重点课题”、“专项课题”和“立项课题”四大类。其中“重大课题”全部有经费资助，采取招标和委托两种方式进行研究。“重点课题”和“专项课题”包括经费资助和经费自筹两类，“立项课题”需全部经费自筹。

6. “专项课题”包括“决策咨询专项”、“初中教育专项”、“青年教师专项”、“人民教育家培养工程专项”等。其中“人民教育家培养工程专项”专为“人民教育家培养对象”所设。“专项课题”的类别和数量在“十二五”期间将明显增加，立项数将逐步扩展为总立项数的20%。

7. “十二五”期间，全省教育科学规划课题立项总数在保证质量的前提下适当有所增加，增加幅度为10%－12%。

8. “十二五”期间，全省教育科学规划课题分三次申报，申报时间分别为2011年上半年、2013年上半年、2014年下半年。每次课题立项数占总立项数的比例为4∶3∶3。

9. “十二五”期间，全省教育科学规划“重点课题”立项数占总立项数的30%左右，约840项。其中有经费资助的项目占“重点课题”总数的40%，控制在340项以内。.

三、课题申报

10. 凡在江苏省内从事教育工作的个人，均可申报江苏省教育科学“十二五”规划课题，没有职称要求。根据研究的实际需要，同一课题也可同时署两个申报人姓名。

11. 为鼓励和扶持青年教师开展教育科研，“青年教师专项”课题申报者年龄放宽至40岁，所有40岁及以下的青年教师均可申报。

12. 有下列情况之一者不得申报“十二五”规划课题：

---

① http：//www.jssghb.cn/ktfw.htm，江苏省教育科学规划领导小组办公室网站，2013－12－10.

⑴无工作单位或挂靠工作单位；

⑵所承担的江苏省教育科学“十一五”规划课题自行中断；

⑶所承担的江苏省教育科学“十一五”规划课题未通过专家鉴定并获得结题证书；

⑷有确凿证据证明违背科研道德；

同一申报人不得同时申报两项及以上课题。同一课题不能同时申报专项课题与非专项课题。

13. 申报人须认真如实填写相关申报材料，其中：

重大课题申报人填写《江苏省教育科学“十二五”规划重大课题申报评审书》（一式六份，其中一份为原件）；

专项课题申报人填写《江苏省教育科学“十二五”规划专项课题申报评审书》（一份原件即可）和《江苏省教育科学“十二五”规划课题申报评审活页》（一式五份，其中一份为原件）；

其他课题申报人填写《江苏省教育科学“十二五”规划课题申报评审书》（一份原件即可）和《江苏省教育科学“十二五”规划课题申报评审活页》（一式五份，其中一份为原件）。

为便于网络管理，请申报人将《申报评审书》、《申报评审活页》的电子版本发送至我办邮箱（webmaster@jssghb. cn）。

14.《申报评审书》内“一、二”项内容由课题申报人按要求详细填写，不得空白，严禁弄虚作假。申报人所在部门（单位）须对《申报评审书》全面审核，对申报人的工作表现、业务能力、科研条件签具明确意见，并承担信誉保证。申报人所在部门（单位）和课题委托管理机构负责人应在《申报评审书》的相应栏目签具意见。

15. 有下列情况之一者，退回申报材料：

⑴所填的申报评审书非《江苏省教育科学“十二五”规划课题申报评审书》；

⑵申报材料没有通过正常的申报程序；

⑶申报者同时申报两项及以上课题，退回一项；

⑷同一课题同时申报专项课题与非专项课题。

16.“十二五”规划重大课题，由江苏省教育科学规划领导小组采用招标、委托的形式单独组织申报，由我办直接受理与组织评审。

17. 重大课题以外的其他课题，幼儿园、小学、中等学校、特殊教育学校和县（市、区）、市单位人员按“县（市、区）教科室——市教科所（院、规划办）——省规划办”程序逐级申报；高校人员按“所在院、系——校科研管理单位（科研处、高教所等）——省规划办”程序逐级申报；省教育厅及直属事业单位人员直接向我办申报；上述单位以外的部门直接向我办申报。

江苏省教育科学“十二五”规划课题指南（节选）①

二、研究方向与范围

以“基础教育”、“职成教育”、“高等教育”为三大领域，“政策研究”、“理论研究”和“实践研究”为三条主线，形成“研究方向与范围”的基本结构，共分四个部分：一是基础教育，二是职成教育，三是高等教育，四是自选课题。为方便研究者选题，力求表述的完整和全面。“研究方向与范围”是课题选择的提示，不是具体的课题名称，需要研究者自拟研究课题的名称。江苏省教育科学“十二五”重点课题（经费资助和经费自筹）、各类专项（经费资助和经费自筹，名教师专项和青年专项）、立项课题的申报在此范围内选题。超出三大领域的综合性研究、基本理论研究、教育史研究等，为自选课题，请在申报评审书相应栏目注明“自选课题”。上述范围的所有课题均填写《江苏省教育科学“十二五”课题申报评审书》。

① http：//www. jssghb. cn/ktfw. htm，江苏省教育科学规划领导小组办公室网站，2013－12－10.

（一）基础教育

1. 政策与体制研究

发达国家学前教育政策的比较研究；我国学前教育政策演变和发展的研究；0—3 岁婴幼儿社区早教公共服务体系研究；“0—6 岁一体化”学前教育体系研究；0—6 岁特殊儿童的早期教育康复研究；普及农村学前教育的政策与制度建构的研究；区域农村学前教育发展规划的研究；学前教育办学体制多元化的研究；幼儿园准入管理的机制研究；高水平、有特色的民办幼儿园建设研究等。

义务教育“全面覆盖”的内涵与政策保障研究；城乡一体化背景下的义务教育体制、机制改革研究；进城务工农人员子女免费义务教育实施现状的调查研究；区域推进特殊儿童随班就读的体制与机制的研究；城市化过程中流动人口子女义务教育问题的对策研究；有效缓解义务教育阶段城市学校择校问题的政策研究；义务教育从机会公平走向过程公平和结果公平的政策保障研究；学龄儿童明显减少背景下科学调整义务教育阶段学校布局的研究等。

区域推进普通高中优质特色发展的体制和机制的研究；深化普通高中办学体制和管理体制的研究；统筹协调普通高中教育与中等职业教育的发展研究；促进普通高中教育国际化进程的相关政策研究；普通高中实施素质教育的政策保障措施研究等。

2. 教育资源配置研究

发达国家学前教育的经费投入与使用的比较研究；江苏学前教育投入与收费的政策研究；政府采购民办学前教育学位问题的研究；学前教育经费投入与使用的调查研究；城镇/农村幼儿园合理布局的研究；幼儿园园舍建设的研究；幼儿园办园经费的核算研究；幼儿园收费标准与管理机制研究等。

农村义务教育转移支付制度的研究；我国义务教育阶段经费投入的历史演变及现实状况的研究；我省义务教育经费投入及使用的调查研究；促进我省城乡义务教育均衡发展的财政保障政策的研究；义务教育阶段实行小班教学的成本核算研究；农村义务教育阶段寄宿制学校建设的投入政策研究；健全义务教育阶段国家资助政策体系的研究；义务教育阶段学校岗位设置的研究；义务教育教师资源配置政策与制度创新研究等。

公办普通高中政府投入所占比例逐步增加的研究；逐步取消“三限政策”的可行性研究；普通高中教育成本分担研究等。

3. 教育质量保障研究

幼儿园教育质量综合评价的研究；幼儿园安全管理研究；幼儿园教育评价与督导体系的研究；区域学前教育发展水平评价的研究；幼儿素质发展的评价标准研究；特殊教育教学质量评估研究等。

建立区域义务教育质量基本标准和监测制度的研究；义务教育阶段招生考试制度改革的政策研究；改进义务教育阶段教育教学质量评价、教师评价、学校评价制度的政策研究等。

全面提高普通高中学生综合素质的机制研究；区域普通高中教育质量的保障研究；建立普通高中教育质量监控体系的研究；切实减轻普通高中学生课业负担的研究等。

4. 区域教育发展研究

区域基础教育发展规划及其实施的研究；区域学校布局结构调整的研究；区域推进素质教育、全面提高教育质量的研究；区域推进义务教育优质均衡发展的实践研究；区域推进学校共同发展及学校共同体建设的研究；区域推进校长队伍、教师队伍专业发展的研究；区域推进学校教学改革和课程建设的研究；区域推进学校自主发展、学校文化建设、学校品牌建设的研究等。

5. 学校发展研究

学校发展与变革的国际比较研究；学校变革的基本理念、主要目标、整体思路、实施途径的研究；江苏中小学学校整体变革的案例研究；学校发展的共同愿景及学校共同体形成机制的研究；学校文化建设与品牌建设的研究；学校内涵发展与特色发展的研究；江苏名校的个案研究；现代学校管理制度的深化研究；中小学全纳教育的实践研究；家庭、社区与学校共享共建的研究；教师、学生、社

区参与学校管理与学校重大决策的研究；幼儿园园本发展的研究；学前特殊需要儿童融合教育研究；特殊儿童医教结合康复教育模式研究；公益性导向民办学校发展研究；学校德育与心理健康教育体系的创新研究；中小学生课外活动体系和学校文化活动体系构建的研究；学校体育、艺术、卫生教育的研究；学校教育教学科研的研究；学校领导与学校管理的创新研究；学校领导的基本趋势与实践样式研究；学校领导与管理体制的变革研究；区域推进中小学校长职级制的研究；校长专业化的内涵、特质、标准及培训的研究等。

6. 课程教学研究

整体提高国家课程实施水平和教学质量的研究；学校课程特色与教学文化建设的研究；学校课程与教学资源开发的研究；学校课程规划的研制；教学方式与学习方式变革的研究；有效教学的深化研究；教学设计与教学操作的研究；教学组织形式变革的研究；“三维目标”相统一的教学过程优化研究；现代教育技术与课堂教学有效整合的研究；网络教学的研究；学前教育整体课程建设的研究；幼儿园混班制课程与主题活动的研究；幼儿园与小学教学衔接的研究；幼儿园校本课程开发研究；中小学研究性学习与综合实践活动的研究；普通高中模块化教学的创新研究；学校（幼儿园）课程审议制度建立的研究；学校（幼儿园）课程与教学管理变革的研究；特殊教育课程建设与教学改革的研究；特殊儿童教育有效性及评估研究；创新人才早期培养模式研究；中小学校本教学评价改革研究；中考制度变革研究；中小学生学业成就的国际比较研究等。

7. 学生发展研究

建立正确的学生观、儿童观、学习观的研究；中小学生素质发展现状、问题及其成因的研究；促进中小学生素质全面发展及评价的研究；中小学生科学素养和人文素养培养的研究；全面提高学生身体素质和心理素质的研究；学生道德成长与价值观形成的研究；学生学校日常生活体验的研究；学生学习情感与学习态度的研究；学生学习风格与学习差异的研究；特长生破格录取的学校政策与制度研究；学前儿童智力的早期发展研究；儿童文化与儿童发展的研究；营养与幼儿身心发展问题研究；特殊儿童身心发展及干预策略研究；特殊儿童的个案研究；儿童心理危机干预策略和应急机制研究；学生校园安全问题的研究；学生学习生活幸福感研究；生命教育研究等。

8. 教师发展研究

幼儿教师培养模式研究；男幼儿教师培养机制的研究；促进幼儿教师专业化的培训机制研究；幼儿教师资格标准研究；学前教育教师流动的政策研究；特殊教育教师准入机制的研究；特殊教育学校教师专业发展的策略研究；农村义务教育教师培养和培训的研究；初中特级教师、名教师、名校长培养的研究；义务教育阶段教师（校长）流动制度和机制的研究；普通高中课程改革与教师专业发展的研究；普通高中教师课程能力全面提高的研究；校本（园本）教研活动与机制的研究；建构学校（幼儿园）教师专业发展学校的研究；学校（幼儿园）教师学习共同体建设的研究；区域推进名师工作室建设的研究；中小学教师心理健康问题的研究；中小学班主任专业化研究等。

任务二　课题研究的内容与设计

一、选定合适的研究内容和主题

在进行课题研究时，教师们首先要回答的问题就是：自己要去研究什么？幼儿园教师应当关注自己身边的问题，对自己最感兴趣和最想探究的问题开展专项研究。一般来说，一线教师可以从以下四个方面来思考课题研究的主题：

（一）关注幼儿

只有了解幼儿、理解幼儿，真正有效的教育才成为可能。因此，教师要想方设法地进入幼儿的童心世界。幼儿自身就一直是一个人们探讨已久，却经久不衰且富有生命力的研究课题。幼儿教师每天拥有大量的接触个体幼儿和群体幼儿的机会，因此在了解幼儿和研究幼儿方面具有得天独厚的优势。

（二）关注幼儿园的一日生活

教师在幼儿园看似平淡无奇的一日生活中，在平凡的日常教育教学工作中，通过观察和反思，往往可以发现许多值得关注的研究课题，这些在自己日常工作中凸显出来的困难与困境，极具有研究的价值。因此，教师可以通过专项的课题研究来重点解决工作中自己面临的困惑，从而提高自己的研究能力和工作能力。

（三）关注自身

幼儿教师研究自身的教育行为与他人研究相比更具有可行性和高效性，对自身的反思与研究更有利于教师改善教育教学行为，通过研究提高自己的教育指导能力。

（四）关注成功的教育经验

对教育实践中的教育经验及时进行总结并上升到理论层面进行分析，挖掘其中的教育价值，是幼儿园开展教育科学研究比较容易切入的内容。

幼儿教师可以通过翻阅自己平时的儿童观察记录、教学记录、读书笔记和活动心得等材料，建立起一个内容广泛的问题库和素材库，从中寻找到自己最感兴趣的研究内容。此外，还需要发挥团队的力量，共同开展讨论以确定研究内容。需要注意的是，确定的研究题目应小一些，研究的时间可以相对短一些，研究的步骤和计划要尽可能详细，这样开展起来就会更加顺利。

二、收集整理相关的研究资料

教师可以通过多种方式去深入了解与自己研究题目相关的各类信息和资料。教师们可以围绕研究的话题，查找各类相关的资料，如图书、杂志、笔记本、电子文档等资料。通过网络，教师可以收集到很多有价值的信息。只有充分地了解了前人在这个方面的研究，教师才可以对自己要研究的问题有真正和全面的了解。借助别人的研究，教师很可能对研究的价值有更深的认识，在研究方法上会得到很多启发，也可以充分了解前人在哪些方面已经进行了探索，在哪些方面还缺少研究，等等。

文献也有具体的格式要求，根据国家标准《文后参考文献著录规则》（GB/T 7714—2005）的规定，具体代码如下：

文献参考类型：专著［M］，论文集［C］，报纸文章［N］，期刊文章［J］，学位论文［D］，报告［R］，标准［S］，专利［P］，论文集中的析出文献［A］，电子文献类型：数据库［DB］，计算机［CP］，电子公告［EB］，电子文献的载体类型：互联网［OL］，光盘［CD］，磁带［MT］，磁盘［DK］。

三、研究课题的设计

（一）阐明研究的背景、意义和目的

要阐明研究的由来，自己是受到怎样的启发而开展起这项研究的，简单地阐述这项研究的目的和价值是什么，通过研究自己期望能解决什么问题，并通过查询文献资料，总结分析前人在本研究课题或相关问题上已经做了哪些研究，分析已有研究的价值和不足之处，凸显出自身研究的实践价值。

（二）明确课题的名称和研究目标

教师应围绕“要研究什么”，清晰地表述出本课题研究的具体目标。研究课题的名称要能够清晰、明确地表述出研究的问题。一线教师在确定题目时往往存在下列问题：题目表述过于模糊或笼统、题目太大、问题的针对性不强、题目和研究内容相脱节、题目过于花哨，等等。在研究者确定好研究题目之后，还需要对题目中的一些关键概念做出明确的解释，这样有利于对自己所要研究的问题的理解。

在确定研究目标时，有的课题研究从理论目标和实践目标两个方面来进行阐述，有的研究则从幼儿、教师和家长三个角度来确定目标。

例如：“基于幼儿成长需要的‘经历学习’研究”的研究目标是：1. 通过研究和实践，形成对幼儿“经历学习”和幼儿“经历学习”活动的系统、理性的认识，以及关于幼儿“经历学习”活动设计和实施的应用性理论；2. 开发符合幼儿成长需要的“经历学习”活动的内容和资源，形成小、中、大各年龄段幼儿“经历学习”的系列活动，突破原有的课程活动方式，丰富和发展园本课程的内涵，形成幼儿“经历学习”系列活动的操作方式；3. 增强教师研究幼儿学习的意识，提高教师从幼儿成长需要设计和实施活动的能力，实现我园教师专业素质的内涵式提升。①

（三）确定课题研究的方法

在课题研究中，我们除了运用一般的哲学思辨法和逻辑推论法之外，还需要有具体科学的研究方法。针对不同的研究课题，教师们可以选择一种或多种科学研究方法。如要对幼儿园优秀教师进行研究，就需要使用经验总结法、实物研究、观察法等。在实践中，我们常常采用多种研究方法以避免信息的遗漏，如在以调查研究为主的课题中，往往会辅助使用文献研究法、经验总结法、案例研究法和访谈调查法等多种方法，以帮助研究者获得更为完整、真实的研究信息资料。

（四）研究内容的设计

课题研究的内容是根据课题研究的目标而形成的，研究者可以围绕研究的目标来具体分解和细化研究的内容，从理论或实践操作的角度来确定具体的研究内容。例如，在“娃娃情趣日记的研究开发与实施”课题中，研究者就根据研究的目标，将研究内容确定为三个方面：1. 娃娃情趣日记解读的个案研究；2. 娃娃情趣日记本的设计研究；3. 娃娃情趣日记和教师专业成长关系的研究。

需要注意的是，在进行课题研究内容的设计和表述过程中，切勿把研究内容描述为

---

① 全国教育教学“十一五”规划课题，课题主持人：叶岚，无锡市实验幼儿园。

研究的目的和意义。

（五）规划研究步骤

规划好研究步骤，就可以明确整个研究要经历多长时间，研究将分为几个阶段，每个研究阶段的主要任务以及起止时间、研究中的日程安排，等等。

任务三　课题研究的实施

一、围绕研究目标，扎实有效地推进研究的开展

1. 建立课题管理的常规制度，具体落实研究方案

研究者要督促课题研究组全体成员在课题确立以后，尽快建立健全各项课题管理的常规。如定期的活动制度、学习制度、档案管理制度、评价和奖励制度等等，通过细化研究计划将课题研究落到实处。

2. 确定课题研究重点，深化课题研究工作

实践证明，抓住研究的重点有利于分解研究的重难点，有利于形成突破口，也有利于提高研究的效益，确保课题研究能够按期完成。

3. 定期开展交流和总结，形成阶段性的成果

课题负责人可以通过定期交流的方式，为课题组成员提供交流和展示的平台，让大家不断总结经验教训，明确下一阶段的任务和要求。这样的交流平台可以让教师们感受到自身独特的价值，也能从别人的交流中获得新的启发。一般来说，每个学期结束时，都需要开展一次较大规模的专题讨论，以及书面总结与交流，从而形成阶段性的课题研究成果。

二、做好课题研究资料的收集和整理工作

一些课题研究者平时能够围绕课题开展大量的深入研究，但由于缺乏资料收集、整理的意识，往往是到了课题结题时才开始收集相关资料。这样一来，不仅会错失收集资料的最佳时机，而且会影响课题研究的深入拓展。因此，从课题研究的一开始，研究者就要做好课题研究资料的收集和整理工作。一般来说，课题研究资料包括以下几个方面：1. 课题管理资料，包括课题申报书、课题立项通知书、课题开题报告、课题研究方案、课题中期评估报告和课题结题报告；2. 过程性资料，包括课题的年度实施和学期实施计划、各项规章制度、课例分析、教育日志、教育随笔、日常课题活动记录、调查问卷、工作总结等；3. 成果性资料，包括幼儿的成果资料、教师的成果资料和课题组或幼儿园的成果资料。

任务四　课题研究的结题

一、课题研究的结题内容

课题研究的结题内容包括以下相关材料的准备：

1. 结题申请报告；
2. 课题申报书、评审书；
3. 立项通知；
4. 开题报告和专家意见；
5. 课题实施大事记；
6. 课题执行情况表；
7. 过程性资料（包括调查表、统计表、数据分析、照片、音像资料、计划总结等）；
8. 结题研究报告和工作报告；
9. 成果附件（调查报告、案例、活动设计、论文、教育随笔、教学日志、获奖情况等）。

二、课题研究的成果

通过形成课题研究成果，有利于研究者总结经验、发现教育规律，将研究成果应用到实际之中。同时，也有利于将成果以书面的形式与同行共享，为本领域的专业发展提供理论或实践上的贡献，以取得更大的社会效益。一般来说，课题研究结题的成果包括以下几种类型：

1. 课题研究报告

课题研究报告是在课题研究结束后，对研究过程和成果进行客观、全面和实事求是的描述与总结的文字材料。结题报告既是研究者与他人共享研究成果的一种方式，也是课题验收的一个重要依据。

结题报告包括以下内容：(1) 问题的提出；(2) 理论依据；(3) 研究目标；(4) 研究的内容；(5) 研究的方法；(6) 研究的过程；(7) 研究成果；(8) 研究结论；(9) 存在的问题；(10) 参考资料和附录。

幼儿教师可以在把握课题研究基本规范的基础上，借鉴学习优秀的课题研究报告，围绕自己研究的主题，加强对课题研究力度和深度的分析，在此基础上写出高水平的研究报告。

2. 工作报告

通过经验总结法，对研究的历程进行总体汇报，详细介绍课题的组织过程、课题研究的具体进程以及人员分工情况等。

3. 调查报告

是运用调查法，对某些问题进行调查研究后撰写的报告。

4. 研究论文

即教师通过课题研究，就某个问题进行深层次的探讨研究，提出新的观点和工作策略而撰写的文章。幼儿园教师的研究论文往往以实践研究论文为主。

5. 其他文本和音像资料

与课题研究相关的优秀教育随笔、教育叙事、评课记录、教学日志都可以成为研究的成果。此外，在研究过程中，积累的大量照片、音像以及幼儿的作品等也都是极具说服力的研究成果资料。

三、课题研究的结题形式

1. 现场结题

通常由课题组织者邀请评审专家组（5 人以上）来研究单位结题。在听取课题负责人汇报课题研究的有关情况，介绍课题研究的具体过程性资料后，专家可以与课题研究者进行交流，最后由专家评审组提出鉴定意见，做出是否予以结题的决定，并报课题立项部门审批。

2. 通讯结题

由课题研究者把主要的结题材料分批送达到课题结题鉴定组的各位专家手中，由各位专家仔细审阅后提出具体的鉴定意见，并将意见反馈给课题立项单位，最后由课题立项单位根据专家的鉴定意见做出是否予以结题的结论。

任务五　课题研究成果的推广与传播

幼儿园的课题研究成果一般以实践成果为主，如优秀活动设计、优秀案例和先进的教学经验等。一项好的课题研究往往会耗费研究者大量的心血和精力，也会取得很多具体的研究成果。因此，研究单位要以专题报告、教学活动观摩和研讨会等多种形式对这些好的成果予以推广。

如果课题研究的成果尤为明显，就需要由课题立项单位组织各部门共同推广课题研究的成果。可以通过现场观摩会或专题研讨会的方式，让更多的同行分享学习到先进的教育教学思想和课题研究方法。

【拓展阅读】

如何展示幼儿园课题研究成果①

华南师范大学教育科学学院　赵芹英

近十几年来，全国各地的幼儿园，尤其是示范园或省市的一级园都十分重视课题研究，而且取得了丰硕的研究成果。其中相当多的课题研究成果十分有价值，值得大力推广。然而许多幼儿园对展示

① http://blog.sina.com.cn/s/blog_6c5895c50100lb2h.html

推广课题研究成果的意识和方法都不足，致使这些研究成果未能让更多的人受益。也未能使幼教知识宝库中增添更多新的理论与事实等知识，很是可惜！因此，本文就如何展示幼儿园课题研究的成果，提出一些建议，供大家参考。

首先就要清楚展示什么。课题成果展示的内容一般应包括“做了什么课题”、“这个课题是怎么做的”和“课题的成果有哪些”这三个方面。尤其是在展出“成果”时，不能忽视“过程”，要能够让其他人看了成果展示后知道自己以后可以如何做。其次就是考虑怎样展示，才可以有更好的推广效应。可以说展示的途径与方法是多种多样的，可以根据课题的内容或性质，根据幼儿园的条件，选择适合自己的途径与方法。以下是我们提出的一些展示途径与方法，供选择之用：

一、展示会

通过成果展示会可以快速地向同行或家长展示研究的成果。这种形式包括如下类型：

1. 专题研讨会。以专题研讨的方式发布课题成果，这样还可以听到其他人对这一专题的高论，通过分享、互动，共同提高。

2. 课题成果介绍会。详细介绍课题取得的具体成效，如矫正了幼儿的不良行为、使幼儿摆脱了入园焦虑等促进幼儿健康成长的成果，以及促进教师专业成长、园长管理水平提高和家长满意度提高等。

3. 课题研究经验介绍与交流会。由教师或课题组负责人介绍自己园所课题开展的经验，如选题的经验、组织实施课题的经验以及研究报告撰写的经验等。

4. 课件、课例观摩。如果是涉及教学的课题，就可以通过精心制作的课件、教学活动录像带以及现场教育教学观摩课等形式向同行展示。

二、教育展览

通过教育展览可以较大范围地向同行和家长展示研究的成果，瑞吉欧教育展览的经验值得我们借鉴。1981 年马拉古兹率团在瑞典举办《如果眼睛能越过围墙》的教育展览，当时这个教育成果展览轰动了整个欧洲。命名为《孩子的一百种语言》的瑞吉欧教育展览已经巡回全球展出多次，不断向世界各国展示他们的成果，也正是通过这种展板展览的形式，引起全球教育界的瞩目。用展板展示课题成果时要注意突出展示活动的标题，使正标题尽可能醒目，然后用副标题分块展示，使展示清楚明了，展板上可以展示活动照片、幼儿作品和教师的感想和评论等。

三、论文和书籍

论文和书籍是理论化的课题成果，通过这种形式不但展示了课题的研究成果，而且提升了教师对课题成果提炼、表达的能力，促进了教师的专业成长。

1. 发表论文。一是通过在期刊上发表论文展示课题的研究成果，如《教育导刊（幼儿教育）》2009 年第 8 期刊登的《开展感觉统合训练，促进幼儿健康成长》，以实例的形式介绍了广州市第一幼儿园开展课题研究的成果；二是介绍课题开展的经验，如《山东教育》2007 年 Z6 期刊登的《如何让家长参与幼儿园课题研究》，介绍了江苏省张家港市东莱幼儿园开展课题研究的经验。

2. 出版书籍。就研究的结果进行分类整理，编辑成书出版发行。如北京师范大学出版社 2009 年出版了一套园本课程理论与实践探索丛书，介绍了北京市一些幼儿园课题研究的成果，包括《根深方能叶茂：幼儿养成教育经验荟萃》、《数学教育走进幼儿生活的探索与研究》、《幼儿健康生活教育》和《幼儿自我保护教育的实践探索》等，这套丛书大约有 20 本，向我们展示了幼儿园课题研究的丰硕成果。

四、活动材料

幼教界对蒙台梭利的教具和学具都不陌生，家长也都希望能够给孩子买上乐高和孩之宝等品牌的好玩具。但是，现有的材料不可能满足所有人的需求，课题研究过程中教师自制的活动材料，却能够满足一些人的特殊需求，具有它的独特价值，这些自制的材料可以向幼教界和家长展示，有的材料也可以通过玩具公司开发并投入生产，使得成果展示的范围更广。

五、课　程

如果课题研究项目比较大，且课题研究成果涉及的面比较宽，就可以把成果转化为幼儿园的活动课程或教师培训课程。

1. 幼儿园活动课程。我国幼儿园与中小学相比拥有更多的课程自主权，可以自主选择各类课程。因此，课题研究的成果不但可以形成园本课程，还可以更大范围地展示和推广幼儿园的特色课程，如安全教育课程、体育特色课程等等。

2. 教师培训课程。如果在幼儿园开展礼仪教育的课题，如果想要幼儿学习、遵守礼仪，教师必须展现自己的良好修养和规范、严谨、专业、有礼、有节的良好印象，这也就需要对教师进行礼仪课程的培训。有需要就有市场，幼儿园教师也要不断学习各种课程。假如幼儿园环境教育的课题开展得比较好，那么就可以形成环境教育的教师培训课程，介绍幼儿园环境教育的目标与内容；环境教育的实施途径与方法；环境教育主题活动的设计；国内外环境教育的信息介绍等。

六、家长开放日

家长是幼儿园教师的重要合作伙伴，在家长开放日活动中，向家长介绍幼儿园的课题研究成果，让家长切实感受课题研究如何能更好地促进他们孩子的健康成长，能够争取到家长对课题的理解、支持并主动参与幼儿园的教育工作。

七、环境设备

环境是重要的教育资源，很多到过幼儿园的人都能感受到环境与人对话的力量，通过环境展示能够使到过幼儿园的每一个人都能够了解幼儿园课题的研究成果。

1. 环境布置。幼儿园的每一根柱子、每一面墙都可以用来展示课题研究的成果。

2. 设施设备。幼儿园课题开展离不开幼儿园的设施设备，同样设施设备也能展示课题研究的成果。如一个开展体育特色课题研究的幼儿园，必然少不了要有多种多样的体育器材，或者对日常设施设备的特别的用法，这些也可以作为课题研究的成果来展示。

3. 幼儿的作品。课题研究的最终目的是更好地促进幼儿的健康成长，那么课题实施中幼儿的作品正是课题的成果之一，向外界展示幼儿的作品也就达到了展示课题成果的目的。

八、媒　体

现在媒体已经走进了千家万户，采用媒体形式展示和推广课题成果有覆盖面广、传播速度快的特点。

1. 网络媒体。很多幼儿园都建有自己的网站，例如在育儿网上（http://ping.ci123.com/）点击可以进入广州市的600所幼儿园，进入全国的上万所幼儿园。现在已经有不少幼儿园对他们的特色课程和活动以及课题成果进行了简单介绍，但是介绍的不是很详细，没有充分利用网络这个工具。

2. 电视媒体。相信大家都看过爱心传递、孝敬父母的经典公益广告“妈妈洗脚”，并且对这个广告印象深刻。如果幼儿园开展了养成教育课题，完全可以从幼儿的实际情况出发，联系生活，把幼儿生活中的好习惯、好行为进行提升放大，以公益广告或教育短片的形式由电视台播放，寓教于乐，传播的范围也广。

九、广场活动

大型户外亲子活动、大型亲子晚会等广场活动不但能展示幼儿园课题的卓越成果，还能展示幼儿园教师的魅力，更重要的是能够使幼儿园的教育走进社区，走向社会，使更多的人了解幼儿园，了解幼儿教育。

十、评比活动

积极参加优质课评比、优秀幼儿教师评比、幼儿教师论文评比和教育科研奖评选活动等，不仅可以展示课题的创新性成果，而且可以提供互动与交流的舞台。这些评比活动不仅为教师快速成长搭建了舞台，更是实现教育教学质量可持续提高的有效手段。

（注：本文感谢导师袁爱玲教授的指导）

任务六　课题研究相关文本的撰写

一、课题申报书的撰写

课题申报书往往包括以下内容：课题名称、研究的背景、概念界定、研究现状、课题的理论依据、研究目标和内容、研究方法和步骤、预期的研究成果、人员分工和保障机制。课题申报书往往是面向评审课题的专家，力图让专家们感受到研究课题具有研究的价值，研究方案切实可行，研究者有能力和条件来保障研究得以顺利进行。

二、开题报告的撰写

开题报告侧重的是研究的可行性和方案具有可操作性，面向的是参加开题论证的专家和课题组成员。大家可以通过对开题报告的讨论，进一步强化研究的理论依据，分析把握研究的目标和重点，进一步讨论研究的可操作性。

三、课题结题报告的撰写

一般来说，一份规范的课题结题报告大致包括以下几个部分：

1. 课题提出的背景；
2. 课题研究的意义（理论和实践意义）；
3. 课题研究的理论依据；
4. 课题研究的目标；
5. 课题研究的主要内容；
6. 课题研究的方法；
7. 课题研究的步骤；
8. 课题研究的主要过程；
9. 课题研究的成果；
10. 课题研究存在的主要问题及今后的设想。

其中，1、2 两个部分主要回答“为什么选择这项课题研究”，3—8 部分则主要说明“这项课题是怎样进行研究的”，第 9 部分是回答“课题研究取得哪些研究成果”。

结题报告的前 8 个部分，除了第 8 部分外，1—7 部分在填报课题立项申报表、在制订课题研究方案和撰写开题报告时均有要求且内容基本相同，因此在撰写结题报告时只需照抄或作适当修改即可。而第 8 部分，则需要在对课题研究过程进行回顾、梳理、归纳和提炼的基础上进行撰写。有时候，第 7、8 两个部分也可以合并起来撰写。

全国教育科学十一五规划课题
《幼儿园综合课程文化的再构》课题申报书

南京市实验幼儿园

一、选题意义

1. 幼儿园综合课程深化发展的要求

自1983年以来，我园在南京师范大学原学前教育研究室的指导下，在全国率先进行了综合教育课程的开发、实验研究，初步形成了综合课程的基本架构。20多年来，在《幼儿园工作规程》、《幼儿园教育指导纲要（试行）》的指导下，我园的教科研与时俱进，不断深化对幼儿园综合课程的认识与实践，已取得显著的成效。然而，“课程并不是一种固定的框架，而是一个持续发展的动态流程”（赵寄石，2004）。近几年来，各种学前教育理论与课程模式不断涌现。在学习新理论的过程中，我们隐约感觉到综合课程有继续发展的空间，但是目前尚未进行系统的研究。

2. 幼儿教师课程文化自觉的需要

教师课程行为的背后总有一定的课程思想作为指导，然而，这种课程思想并不一定都能被意识到。当前我园的课程文化建设与课程实践都有了一定程度的停滞，产生了“高原期”现象。在我园，年龄较大的教师由于工作过于熟练而产生了思维惰性，大批年轻教师入职后虽然很快掌握了综合课程的操作技术，但是却将综合课程视为约定俗成，缺少对为什么要综合、为什么要如此综合、综合的根本内涵是什么、我园的综合课程还有哪些不足等问题的深入思考。幼儿园综合课程的发展需要教师们具有清醒的课程文化意识，及时反思与更新各自的课程文化，这首先需要唤醒沉睡在教师头脑中的课程文化。

3. 我国幼儿园综合课程实践发展的需要

缺乏理性思考，盲目跟风是我国幼儿园课程实践中普遍存在的问题。面对涌现出的每一种先进理论或课程模式，一些幼儿园在热血沸腾之后，自艾自怨，认为双方的客观条件差距太大，无法借鉴；另一些幼儿园则东施效颦，拘于形而疏于意。这说明我国的大多数幼儿园都没有形成理性的课程文化，没有自己的课程信念。以综合课程为例，现在我国大多数幼儿园都实施了综合课程，然而，综合的精髓荡然无存，所谓的综合只不过是各科内容的大拼盘，内容之间以及课程与幼儿的生活之间都缺乏有机联系。因此，我国幼儿园综合课程实践的窘境迫切需要建设幼儿园综合课程文化。

二、研究价值

1. 有利于综合课程的自我更新。

2. 有利于幼儿教师的文化自觉。

3. 有利于走出幼儿园综合课程实践发展的“高原期”。

4. 可以为其他幼儿园进行课程文化研究提供方向和借鉴。

三、概念界定

幼儿园综合课程：是指我园在南京师范大学幼教专家们指导下持续探索与建构的课程模式。它是根据幼儿身体、心理发展的需要，顺应各种教育要素之间相互联系、交互作用的客观规律，从综合性入手，通过合理地选择教育内容、教育手段和方法，科学地组织教育过程而建构的一种课程模式。

文化有广义与狭义之分。广义文化是指人类后天获得的并为一定社会群体所共有的一切事物。狭义文化是指一定社会群体习得且共有的一切观念和行为。美国人类学家哈维兰和古德纳夫都反对文化中包括可见的行为，而应为导致行为并为行为所反映的价值和信仰等。在本研究中，我们认同美国人类学家哈维兰和古德纳夫的观点，将文化定义为：一定社会群体习得且共有的一切观念，它常常反映在该社会群体的行为之中。

课程文化目前有两方面的含义：一是课程体现一定的社会群体的文化；二是课程本身的文化特征。前者主要是就课程是文化的载体而言的，后者主要是就课程就是一种文化形式而言的。它与学生文化和教师文化不同，它不是体现在学校中的某个社会群体上，即不是以学校中的某个群体为载体，而是以群体间的关系和活动为载体，教师和学生中任何一个方面的活动及所体现出的文化特征，无不在课程文化上有所体现。课程文化是教师和学生双方互动的产物。我们认同第二种课程文化的含义，再结合本研究对文化的规定，将课程文化定义为课程实践背后所隐藏的深层观念体系。

综合课程文化：是指指导我园进行综合课程实践的深层观念体系。再构：是指反思我园现已存在的综合课程文化，分析其优势与不足，然后借鉴学前教育相关理论，如脑科学、幼儿学习理论、实习场理论、全语言教学理论、鹰架理论、儿童的一百种语言等，推进我园的综合课程文化建设。

四、国内外研究现状述评

在学校教育领域，对课程文化的研究是近年来兴起的一个研究领域。从文献的检索来看，对课程文化的定义仍在探讨之中（郑金洲，2000；黄忠敬，2002 等）；从文化学的视角对课程的文化制约性、课程的文化适宜性、课程与文化的关系、多元文化课程等进行研究较多（张曾田，2006；彭寿清，2005），有研究者从后现代的角度重建了课程与文化的关系（郝德永，2002）；也有研究者从社会学的视角对不同文化在课程中的地位进行研究（黄忠敬，2002；吴永军，1999 等）。

在幼儿教育领域，对课程文化的研究也多关注课程的文化适宜性（朱家雄，2006 等）、多元文化与幼儿园课程（喻小琴，2006 等）、儿童文化与幼儿园课程（束从敏，2001；张海丽，2006 等）、课程与文化的关系（潘月娟，2006 等）、民族文化与幼儿园课程（虞永平，2004 等）。在幼儿教育研究领域，还未出现“课程文化”一词。

就综合课程研究来看，虽然当前出现的很多课程模式都具有综合的性质，对它们的研究多少也会涉及综合的理念，但是几乎没有人专门对幼儿园综合课程实践系统地进行文化反思。

五、研究目标

本研究旨在唤醒教师的课程文化自觉，树立课程信念；在新的时代背景下，促进幼儿园综合课程体系的自我更新；完善幼儿园综合课程文化；同时，间接为我国其他幼儿

园课程发展与课程研究提供新思路。

六、研究内容

1. 揭示幼儿园综合课程的机制。如如何处理幼儿园课程的知识逻辑与心理逻辑的关系；如何认识知识、幼儿与教师的关系；如何认识课程、教学、游戏以及日常生活的关系；如何理解幼儿的学习，如何理解教师的教学，如何理解两者的关系；如何认识不同性质的知识对课程综合的要求等。

2. 反思并再构园级综合课程体系。本研究拟先总结现有的综合课程体系（综合课程理念、目标、内容组织、实施、评价）与综合课程实践，同时，学习脑科学、幼儿学习心理学、实习场理论、全语言教学理论、儿童的一百种语言等先进理论，在这些理论的指导下，理性反思现有的综合课程体系与综合课程实践的不足，发展综合课程。

3. 反思并再构班级综合课程文化。综合课程不是一种呆板的课程模式，在不同的班级，由于教师、幼儿与家长的情况各不相同，自然会产生各具特色的综合课程文化。

4. 反思并再构教师个人的课程文化。每位教师都有指导自己进行综合课程实践的观念，这些观念不一定都能被意识到，也不一定都正确。本研究拟通过各种途径，帮助教师将影响自己课程行为的内隐观念明朗化，在此基础上，吐故纳新，扬长补短，构建符合综合课程理念的个人课程文化。

5. 探索与综合课程文化相一致的幼儿园课程管理文化。幼儿园综合课程文化的反思与重构，需要同时建构相应的课程管理文化。

七、研究假设

1. 幼儿园综合课程文化是流动的，而不是凝固的，它体现在幼儿园综合课程文化需要与时俱进，不断发展。

2. 幼儿园综合课程文化体现在综合课程的各项实践之中，因此，研究幼儿园综合课程文化不能脱离课程实践，进行书斋内的研究；而应该密切关注课程实践，在反思和改变课程实践的过程中建构课程文化。

3. 揭示幼儿园综合课程机制，是反思与重构幼儿园综合课程文化的关键。

4. 幼儿园综合课程文化的建设是一项立体工程，需要从幼儿园层面、班级层面和教师个体层面共同建设。

5. 幼儿园综合课程文化的反思与建构必然需要幼儿园课程管理文化的改变，如果课程管理文化建设滞后，就会使综合课程文化建设因遭遇制度或政策的阻碍而无法实施。

八、创新之处

本研究是我国自幼儿园综合课程建设以来，首次以幼儿园为主体对综合课程文化进行的系统反思，其研究成果将会对我国幼儿园综合课程实践产生巨大影响；本研究也是我国首次以幼儿园为主体，系统思考幼儿园综合课程的发展走向，拟从相关理论中汲取营养，在课程内容组织模式、课程实施与课程评价等方面都有所突破。

九、研究思路

1. 本研究采纳行动研究的支持模式。由我园领导与教师在多次研讨的基础上提出阻碍我园综合课程发展的问题，在形成研究假设、计划研究行动、评价研究过程和结果时，都需要得到专家的帮助和支持。

2. 本研究内容大致可以分为三个部分：第一部分，探讨幼儿园综合课程的机制；第二部分，分别从园级、班级和教师个人三个层面反思和重构综合课程文化；第三部分，探讨幼儿园综合课程管理文化。

3. 本研究采用“向后”、“向上”和“向前”三条研究路径：“向后”：指回顾反思综合课程研究二十年已经取得的成果与不足；“向上”：指进行理论学习，接受专家的指导，不断接受新的观念；“向前”：立足实践，通过各种方法，脚踏实地地推进课程文化发展。

十、研究方法

叙事研究法。这是本研究的重要研究方法。它主要用来揭示行为背后的观念。主要用在两个方面：第一，我们可以定期召开“故事大会”，请教师们分享各自在课程实践过程中发生的“故事”。在分享故事的同时，对故事背后所隐藏的观念进行研讨，显化教师的隐性观念，在研讨中更新教师的课程文化。第二，我园有一些20世纪80年代曾参加综合课程研究与实验的老教师，她们是综合课程文化建设的宝贵资源。我们拟邀请她们回园，向教师们介绍当年进行综合课程研究的“故事”。

实物分析法。通过对20多年来我园综合课程建设的相关资料（包括文本资料和录像资料等）进行整理分析，回顾总结综合课程产生的背景、要解决的关键问题，以及各个阶段取得的成果。

访谈法。定期对教师进行访谈，了解她们在课程实践当中遇到的困惑，以及她们在课程实施中的进步。

理论思辨法。不断进行理论学习，探索综合课程的机制，更新综合课程的观念。

录像分析法。轮流对每位教师的课程实施过程进行录像拍摄，然后观看录像，帮助教师反思课程行为背后潜在的课程观念。

课程实施观摩法。定期举行公开观摩活动，邀请专家和相关教师参与，对活动进行深度评析。

十一、实施步骤

幼儿园综合课程文化研究是一项较为复杂的系统研究，需要统筹兼顾、合理安排。为了便于研究系统有序地展开，我们在研究过程中将坚持统筹兼顾、阶段突破的原则。具体研究步骤如下：

第一阶段：2007年10月—2008年6月

1. 从课程文化角度梳理我园综合课程文化，总结现有综合课程文化的优势与不足。

2. 学习先进的课程文化理论，紧密结合实践经验，构建与幼儿园综合课程相适应的课程文化基本架构。

第二阶段：2008年7月—2009年7月

1. 探讨幼儿园综合课程的课程特质与运行机制。主要解决以下问题：幼儿园综合课程的知识逻辑与心理逻辑的关系；幼儿、教师与知识三者间的关系；课程、教学、游戏及日常生活的关系；教师教学与幼儿学习之间的关系等。

2. 重构幼儿园综合课程体系。主要是总结现有的综合课程体系与综合课程实践，

在新的课程文化观念的统摄下对现有课程体系进行全面的课程审查、筛选与增补，以便构建更加符合儿童文化的课程体系。

3. 中期研究成果汇报

第三阶段：2009 年 8 月—2010 年 8 月

重构幼儿园综合课程文化体系。主要是探索与幼儿园综合课程相适应的课程管理文化、教师文化、儿童文化，从而完善课程管理文化、教师文化与儿童文化三者间互促共进的综合课程文化体系。

第四阶段：2010 年 9 月—2010 年 12 月

整合课题研究成果，撰写研究报告，准备结题。

从以上这份课题申报书中，我们可以看到课题申报书的主要内容包括“选题意义”、“研究价值”、“概念界定”、“国内外研究现状述评”、“研究目标”、“研究内容”、“研究假设”、“创新之处”、“研究思路”、“研究方法”、“实施步骤”这样几方面，填写时应按各部分的内容要求分别进行填写。

案例与分析

江苏省陈鹤琴教育思想研究会“十一五”立项课
户外游戏中幼儿自主性发展的家园社区合作共育研究
开题报告

南京幼儿高等师范学校暨江苏省军区机关幼儿园

一、课题研究组基本信息（略）

（一）课题主持人

（二）课题组其他主要成员

姓　名	专业技术职务	工作单位	研究方向	课题中的分工

二、课题研究背景

1. 重视家园社区共育的学前教育背景

(1) 世界学前教育发展的潮流

学前教育是一项极为复杂的系统工程，需要幼儿园、家庭和社区的通力合作，才能充分发挥其整体功能，给幼儿的发展以全方位的、连续的良好影响。当今世界学前教育发达国家都倡导幼儿园充分利用家庭和社区资源对儿童进行教育，一些国家还制定了相应的教育计划或方案，如日本制定了《第三个幼稚园振兴计划》（1991—2000 年）、美国制定了《0—8 岁儿童适宜性发展教育方案》（1997 年），以更好地促进儿童在体力、认知、情感、社会性等方面的最佳发展。

国际教育组织也呼吁加强幼儿园与家庭、社区的紧密配合，世界学前教育组织（OMEP）和国家儿童教育协会（ACEI）在1999年召开的“21世纪国际幼儿教育研讨会”上，通过了《全球幼儿教育大纲》，指出：儿童的发展是“家庭、教师、保育人员和社区共同的责任”，教师要和家长“就儿童的成长以及和儿童家庭有关的问题，经常进行讨论、交流”，教师要和各方面人员建立合作关系。

因此，加强家园社区合作共育，是我国学前教育走向世界、顺应世界潮流的需要。

(2) 我国学前教育政策法规的要求

20世纪90年代以来，我国政府在颁布的一系列学前教育政策法规，如1992年国务院发布的《九十年代中国儿童发展规划纲要》、1996年原国家教委颁布的《幼儿园工作规程》、2001年教育部颁发的《幼儿园教育指导纲要（试行）》中，也明确指出幼儿园必须与家庭、社区相互配合，提高教育影响的一致性和有效性，通过综合利用各种教育资源，共同为幼儿的发展创造良好的条件。所以，加强幼儿园与家庭、社区的合作共育，也是贯彻执行幼儿教育法规的需要。

2. 强调游戏活动的幼儿园教育背景

(1) 幼儿园以游戏为基本活动的实践含义

游戏对儿童早期学习和发展具有重要意义，“让幼儿在游戏中学习”是幼儿教育区别于中小学教育的一个显著标志。《幼儿园教育指导纲要》指出：“幼儿园教育应尊重幼儿的人格和权利，尊重幼儿身心发展的规律和特点，以游戏为基本活动……”其根本目的在于满足与保障幼儿游戏的需要与权利，为幼儿创造与他们年龄特点相适应的幼儿园生活，培育和发展幼儿的主体性。幼儿园以游戏为基本活动的实践含义可以概括为把游戏活动的主体精神与有社会文化内容的教学因素结合起来，让幼儿在游戏中和在游戏化的活动中生动活泼、积极主动地学习与发展。

(2) 幼儿园户外游戏活动的开展现状

户外游戏活动是幼儿在幼儿园生活的不可或缺的重要内容。户外的活动空间，相对于室内的活动场所来说，对幼儿意味着更多的自由和快乐，因此更富有吸引力。在户外展开的各种游戏活动中，幼儿不仅学习运动的基本技能，使身体和运动能力得到发展，而且在认识自我，探索、体验并认识外部环境，从而有益于心理健康和身心各方面的发展。因此，户外游戏活动具有“学习运动”和“通过运动学习”两种不可分割的、相互关联的教育功能。

然而在当前的幼儿园教育实践中，不少幼儿园关注的往往还只是户外游戏的“学习运动”功能，更多是从“促进身体活动，提高运动质量”的角度出发组织活动，而没有足够重视在户外展开的各种游戏中充分满足幼儿的好奇心，使户外游戏环境成为幼儿探索、发现自然界“奥秘”的课堂，并在充分发挥主体性的活动中更好地发展社会交往、解决问题等各方面的能力。另外，在户外游戏的开展方面，也缺乏幼儿园与家庭、社区的通力合作。因此，怎样在教育实践中充分利用家庭和社区的各种资源，更好地发挥户外游戏的双重教育功能，促进幼儿身心健康和谐地发展，还需要我们深入进行研究。

3. 讲求脚踏实地作风的幼儿园科研背景

我国自改革开放以来随着教育实践与改革的蓬勃发展，幼教科研有了很大发展，取得的成就是毋庸置疑的。但是，当前一些幼儿园的科研工作也存在着一定问题，如研究的急功近利倾向，以实用主义态度对待科研，为了研究而研究；忙于跟风赶潮流，样样学，样样试，频于追求形式上的先进不落伍，对幼儿的发展没有起到真正意义上的推进作用。

而作为本课题研究实验基地的江苏省军区机关幼儿园，不仅参加过国家级、省级、市级等多项课题的研究，具有一定科研实力，更为难能可贵的是园领导讲求脚踏实地的工作作风，以端正的科学态度对待课题研究，力求通过逐层深入的系统研究，探索有效的幼儿教育途径和操作化方法，切实推动幼教实践的不断深入。

本研究课题的提出，就是该幼儿园在刚完成的中国学前教育研究会“十五”立项课题“在户外环境中促进幼儿自主性发展的研究”基础上，结合当前国际和国内的幼儿教育发展趋势，力图推动科研工作向纵深发展，使研究课题具有可持续性和系统性的结果。

三、选题缘由

1. 国内外同一研究领域的现状与趋势

从国外来看，不少学前教育发达国家，如英国、美国、德国、日本，都非常注重让幼儿通过在幼儿园户外展开的游戏活动积极主动地学习与发展。为了让户外的游戏活动满足幼儿自主发展的需要，对教师的游戏指导方式、户外游戏组织形式、户外游戏环境创设及对幼儿游戏行为的影响等方面都进行了大量的实践研究。

同时，随着近年来人们越来越意识到一些现代生活方式，如电视、电子游戏的家庭普及、居住环境的舒适与邻里关系的疏离、城乡都市化发展与交通的过度密集、社会对高学历的追求等对幼儿游戏，特别是户外游戏带来的种种不利影响，一些国家（如日本）的学前教育工作者开始重视发挥家庭、社区的整体教育功能，充分利用各种户外资源开展游戏活动，以更好地促进幼儿身心的健康发展。

尽管现代生活中的诸多相似因素同样也在影响着我国幼儿的户外游戏开展情况，并有逐渐加剧的趋势，但是仍未引起人们足够的重视。对于怎样通过家园社区合作共育的方式更好地发挥户外游戏的教育功能，目前国内尚缺乏深入系统的研究。

2. 课题研究的意义与价值

本课题将针对国内幼儿园游戏研究存在的不足，在借鉴国外先进教育经验的基础上，以促进幼儿主体性发展为目的，构建家园社区合作共育体系为重点，围绕户外展开的游戏活动进行教育实践研究。

课题研究的实践意义与理论价值：

(1) 有助于更好地贯彻执行我国一系列学前教育政策法规的要求，同时也顺应了世界学前教育的潮流，有利于更好地与发达国家的学前教育接轨。

(2) 有助于丰富当前的幼儿园教育实践研究，促进教师的教育观念更好地向教育行为转化，不断深化幼教改革。

(3) 有利于调动各方面力量，形成一体化的教育大环境，通过充分发挥家庭的教育功能及社区在发展教育中的功能，更好地满足幼儿身心健康和谐发展的需要。

四、课题研究设计报告

（一）课题界定与理论支撑

1. 课题界定

（1）户外游戏

这里指在户外展开的各种游戏活动，包括幼儿在家庭生活中和幼儿园生活中进行的户外游戏活动，后者从活动场所上又分为在幼儿园庭院范围内进行的户外游戏活动和在幼儿园以外进行的户外游戏活动。

（2）自主性

游戏中的“自主性”，具体表现为幼儿对游戏主题、内容、活动展开方式、游戏场地创设、规则制订以及游戏同伴等具有决定权、选择权和参与权；能够根据自己的兴趣、需要、经验和特点（包括思维方式、表现方式等的特点）对环境进行充分探索，获得对事物的各种体验，并随着游戏及活动思路的展开不断拓展游戏内容、尽情展开活动，使良好的个性品质（如开朗、乐观、不怕挫折、勇于探索等）及各方面能力（如运动能力、创造力、社会交往能力、独立解决问题的能力等）得到发展。

（3）家园社区的合作共育

本课题是指幼儿园与家庭、社区密切合作，综合利用各种户外游戏资源，全方位地为幼儿的自主性发展创造良好的条件，共同担负起教育幼儿的任务。

2. 理论支撑

（1）家园社区合作共育方面

A. 陈鹤琴先生的家庭教育思想

陈鹤琴先生认为，“社会、学校、家庭三者要相辅而行，有机地联系起来，儿童教育的理想才容易达到”。他同时指出了存在的一些错误观念，那就是许多家长“以为只要把孩子送进学校，管教问题都可由学校解决，自己只要负一部分养卫的责任”。针对这种情况，陈先生认为，学校固然有管教的责任，但父母如果不与学校取得密切的联系和合理的配合，恐怕是不能称职的。他不但认为家庭应与幼儿园取得联系，还指出，幼儿园教育应指导和改善家庭教育，详细地提出了幼儿园指导家庭教育可以有恳谈会、讨论会、报告和探访家庭等形式。他非常重视幼儿园与家庭通过互动来真正提高儿童教育的质量。

B. 生物生态学理论

美国学者U. 布朗芬布伦纳创建的生物生态学理论认为，儿童发展受到与其有直接或间接联系的生态环境制约，这种生态环境是由若干个相互镶嵌在一起的系统组成，每个系统都对儿童的发展有着复杂的生态学意义，且各个系统相互联系、相互制约，其中任何一个系统的变化都会波及另外一个系统；儿童的发展过程是其不断地扩展对生态环境的认识的过程，从家庭到幼儿园再到社会；儿童的生态过渡（即生态环境的变化）对其发展具有举足轻重的作用。

C. 自我概念理论

美国学前教育专家E. L. 埃斯萨等人提出的自我概念理论指出，儿童生活的环境是由家庭、学校、社区三个同心圆组成的；家庭、学校、社区中的成人之间、成人与儿童之间的关系对儿童的发展至关重要；家庭、学校、社区的密切合作有助于儿童形成积极的自我概念。

D. 多元智能理论

美国教育家H. 加德纳提出的多元智能理论认为，在每个儿童身上都有语言智能、逻辑—数学智能、空间智能、身体—运动智能、音乐智能、人际关系智能、自我认识智能、自然观察智能等九种智能，教育工作者只有加强学校和社区、家庭之间的联系，为儿童创建一个开放的、支持的环境，才能发展儿童的智能强项，改进儿童的智能弱项，促进儿童心灵全面而充分地成长。

(2) 游戏方面

A. 陈鹤琴先生的关于儿童游戏和玩具的思想

陈鹤琴先生明确提出：儿童喜好游戏是天然的倾向，应依儿童的年龄，给予各种游戏的工具，使他们有适当的游戏；要尊重儿童游戏的意愿，要知道成人的意思未必尽善尽美，儿童的意思也未必都是错的。况且儿童在年龄、动作、能力、兴趣、智力上都有极大的差异，因此要随儿童的意思为好。凡是儿童能够自己做的事情，成人千万不要替他去做；虽然儿童做事不能随心所欲，也应从旁暗示、指导。并且要给儿童提供丰富的户外生活环境，给他们有玩水、玩沙的机会，有从事各种活动的机会。他认为大自然为孩子提供了各种很好的天然玩具资源，通过和它们接触，以它们为游戏伙伴，可以很好地激发幼儿的探索精神，使幼儿通过亲身体验获得关于自然的多方面知识，培养起热爱自然的真挚情感，它们对儿童发展所具有的重要价值是人造玩具所无法替代的，因此他主张要注意让孩子多到户外、野外去玩。

B. 杜威的经验观和教育观

杜威认为，经验是学习的基础，是人的主动探索与尝试行为和环境的反作用之间形成的一种特殊的结果；在原始本能与冲动的驱力作用下，儿童主动地与环境相互作用、获得经验；儿童的活动是他们经验的来源；游戏是幼年期主要的活动形式，幼儿在游戏中形成对周围世界的认识与理解；教育应以儿童的本能和冲动为出发点，通过活动使其得到新的发展。

C. 儿童发展理论

从20世纪20年代开始，人们逐渐注意把儿童发展理论用作幼儿园教育的基础，观察儿童、了解儿童的兴趣与活动被认为是课程设计的有效方法；游戏被认为可以形成幼儿独立的态度、自我创造的精神、审美的能力与趣味，有益于情绪、社会性的发展和身体的健康；教师的任务在于为幼儿的游戏活动创设安全的物质环境和提高适宜的游戏材料；教师被要求尽可能减少对儿童游戏不必要的干预，使儿童能够发现自己的潜在能力而不致因不能实现由教师设立的不切实际的期望而产生挫折感，避免养成幼儿过度依赖成人的习惯与态度。

D. “人”本位的课程观

以“人”为本位出发的课程观，不仅关注知识的传授与学习，也关注人的需要、发展和幸福问题；童年的生活不再被仅仅看作是成年生活的准备而被看作是具有独立存在的价值和意义；注重以幼儿的主体性、独立性和创造性为表现形式的主体性发展；游戏作为最能够充分体现幼儿主体性的基本活动、作为幼儿主动学习的基本形式和童年幸福快乐必不可少的元素必须受到重视。

（二）课题研究目标

通过本课题的研究，在促进家庭更好地发挥教育功能的同时，通过幼儿园、家庭、社区形成的教育合力使幼儿园户外游戏得以拓展和深化，并提高教师的专业素质，促进教师教育观念进一步向教育行为转化，在户外游戏的开展过程中切实满足幼儿自主成长的需要。

（三）课题研究内容

1. 协助家庭更好地发挥教育功能

“走入”家庭教育，帮助家长树立科学的育儿观和正确的儿童游戏观，学会引导和支持幼儿自主地展开户外游戏活动。

2. 推动幼儿园、家庭和社区教育合力的形成

(1)“请进”家长资源，构建家园合作体系，推动幼儿园户外自主游戏活动的全面深入开展。

(2)“联合”社区力量，发掘社区的户外活动资源，开辟幼儿园和社区的合作通道，使幼儿园的户外自主游戏得到进一步拓展。

3. 促进异龄、异班幼儿之间自主交往能力的发展

针对当前由于家庭因素和现代生活方式的影响，使得幼儿在日常生活中与不同年龄伙伴的交往经验不足，由此产生一些交往问题的现状，通过开展各种形式的户外混龄、混班游戏，促进幼儿自主交往能力的发展。

（四）课题研究方法

行动研究法。

（五）研究过程

准备阶段（2005 年 10 月—2006 年 6 月）

(1) 达成目标：

A. 通过课题论证，组建课题组，确定具体的课题实施方案；

B. 收集有关信息，获得有益启示，为课题研究的展开奠定基础。

(2) 研究内容：

A. 课题的具体实施方案（通过向专家咨询、集体讨论方式进行）；

B. 家长的教育观、儿童游戏观现状、家庭生活中幼儿户外游戏开展情况

（进行访谈/问卷调查，对调查结果进行统计分析）；

C. 国内外可供借鉴的幼儿教育理论和幼儿园教育实践经验

（通过查阅文献资料、进行实地考察、参加学术交流活动等方式收集资料）。

实施阶段（2006 年 9 月—2008 年 9 月）

(1) 达成目标：

A. 协助家庭更好地发挥家庭教育功能，满足幼儿户外游戏的需要；

B. 在幼儿园户外游戏的开展上形成幼儿园、家庭、社区的教育合力；

C. 提高教师的专业素质，完善幼儿园户外游戏的教育实践。

(2) 研究内容：

A. 帮助家长树立正确的儿童教育观和幼儿游戏观

(通过讲座、座谈会、讨论会等方式进行)；

B. 指导家长掌握正确方法，使其能引导和支持幼儿展开户外游戏

(通过讲座、家教宣传栏、家园联系手册、家长交流等多种方式进行)；

C. 针对户外游戏的开展，构建家园社区合作共育体系

(实施活动计划，进行活动观察，用文字和录像的方式进行活动记录，活动后教师进行反思，再通过讨论等方式改进活动方案)；

D. 通过户外混龄、混班游戏的开展，促进幼儿自主交往能力的发展

(选择有代表性的个体进行个案追踪，进行有重点的观察和记录)；

E. 怎样从实践层面上更好地满足幼儿园户外游戏中幼儿自主性发展的需要

(教师在活动后及时进行个人反思和集体反思，并在独立思考和集体讨论的基础上制订下面的活动计划)。

3. 总结阶段（2008 年 7 月—2008 年 12 月）

(1) 目标：

A. 进行成果总结、整理；

B. 完成结题工作。

(2) 研究内容：本课题研究的经验、成果和不足。

（六）课题研究预期成果

1. 家长的教育观、儿童游戏观和家庭生活中幼儿户外游戏开展情况调查报告；

2. 混龄游戏活动案例集、家园社区合作共育案例集；

3. 教师研究日志、教育叙事、教学反思；

4. 户外游戏活动实录（DVD 集锦）；

5. 结题报告。

（七）完成本课题研究任务的保证措施

1. 有关课题负责人加强对课题研究工作的领导与管理，创造良好的课题研究氛围和环境；

2. 保证科研经费和时间的投入；

3. 组织教师进行理论学习、经验交流和总结；

4. 创造条件多方学习取经。

本研究的开题报告分别从“课题研究背景”（包括国内、国际以及幼儿园的相关研究背景）和“选题缘由”（包括国内外同一研究领域的现状与趋势、课题研究的意义与价值）两方面介绍了“为什么要做这个研究”，其意义何在。接下来重点介绍了“课题研究设计”，对“课题界定与理论支撑”、“课题研究目标”、“课题研究内容”、“课题研究方法”和“课题研究过程”进行了详细的阐述，并提出了“课题研究预期成果”以及“完成本课题研究任务的保证措施”，对研究课题的确立和课题研究的开展做了较为充分的开题论证。

【拓展阅读】

娃娃情趣日记的研究开发与实施（结题报告）

南京市长江路小学幼儿园　李漫　李铭

一、研究源起

90年代初，我区、我园的幼教工作者从对幼儿语言学科研究的角度出发，开发设计了“娃娃情趣日记本”，指导孩子每周在“娃娃情趣日记本”上，把生活中自己感到有兴趣、有体验，感受比较深刻的事、物记录下来。直至“十五”我们一直在使用它。从当时迈出这一步，用记日记的方式关注幼儿的语言发展，到在其后的实践研究中逐步认识到日记对幼儿观察能力、思维能力、绘画能力的发展以及良好品德行为习惯养成的促进作用，“娃娃情趣日记”作为载体，使老师、家长对幼儿语言、绘画等方面的辅导有了具体的操作对象，辅导行为有明确的针对性，应该说在当时是具有一定先进性的。

近年来，随着对新的教育理论的深入学习，新的教育观、儿童观的不断更新，我们越来越深刻认识到，在将新的儿童观转化为教育行为的过程中，应更加重视了解儿童的想法、兴趣和需要。《幼儿园教育指导纲要》中明确指出创设适时、适宜的教育环境，促进幼儿主动而富有个性地发展，更给了我们深刻的启示。

当前，国内外的同行们对儿童成长档案的研究和实施十分广泛，积累了丰富的经验。我园近年来也进行了相关的尝试性研究。从对相关文献的查阅检索，资料的收集分析，我们感到儿童成长档案主要记载着儿童成长的精彩片段、成长的进步，反映着儿童发展的串串足迹，但档案中的作品、照片等图文资料却多为教师或家长收集，更多的是教师将自己认为有价值的作品进行整理和筛选，更多的是从成人的视角关注儿童、评价儿童。

“娃娃情趣日记”是孩子以自己独特的视角，用自己喜爱的方式记下自己的所思所想，“日记”不仅可以让孩子真实自主地表达自我，而且是成人了解儿童的窗口，通过课题研究教师对“儿童日记”进行解读，期望从中发现促进每个儿童富有个性发展的突破口。

二、研究意义

本课题侧重对“娃娃情趣日记”的解读研究，在解读的基础上，教师采取有针对性的教育行为促进幼儿的发展。“娃娃情趣日记”有利于满足幼儿表达内心世界、表达真实情感的需要；通过对幼儿日记的解读，有利于教师采取真正有效的教育策略促进每个幼儿富有个性的发展，总结、提升教育经验，提高教育研究能力，同时引导家长树立科学的教育观，增强家园合作的有效性。

三、理论基础

（一）绘画心理学

绘画心理学认为，绘画是儿童表达自己的重要途径之一，儿童创造的图画世界从某种角度反映了儿童的内心世界和人格特质，体现了人际交往风格。

在19世纪末20世纪初，人们对儿童绘画的研究主要集中于关注儿童画了什么，以及不同年龄阶段的儿童是怎么画的，曾出现许多关于儿童绘画发展水平和儿童艺术行为发展不同阶段的研究。到20世纪40年代，人们越来越倾向于将绘画作品作为绘画者内部心理状态的视觉表征来研究。他们认为，绘画不但反映作者的心理世界，而且表现绘画者的主体体验①。

20世纪最有影响力的艺术教育家维克多·罗恩菲尔德认为，儿童的表征是情感性的陈述，是以象征的形式表达作者主观上感受到的价值。儿童图画中的突出特点——比例和大小上的变化，表达了

① ［美］Cathy A. Mzlchiodi. 儿童绘画心理学：儿童创造的图画世界［M］. 李更，李晓庆，译. 北京：中国轻工业出版社，2005：10.

儿童的意图及他们对物体和时间的情感性评价。在儿童的图画中，他们表现的仅仅是对它重要的东西以及与他身体感觉密切联系的东西；因此，自我塑造的经验成为艺术表达的工具①。

儿童画的魅力之处在于它不仅反映了绘画者的绘画水平，更加向我们透露出绘画者的心理状态和生活经验。本研究以“绘画心理学”作为理论基础，尝试解读儿童日记。

（二）人类发展生态学理论

人类发展生态学理论认为，有机体与其所处的及时环境的相互适应过程受各种环境之间的相互关系，以及这些环境已存在的更大环境的影响。布朗芬布伦纳认为此概念具备三个特征：一，发展着的人不能被看作是环境在其之上任意施加影响的一块，而是一个不断成长的并时刻重新建构其所在环境的动态个体；二，人与环境之间的作用过程是双向的，呈现一种互动的关系；三，与发展过程相联系的环境不仅是指单一的、即时的情景，还包括了各情景之间的相互联系，以及这些情景所根植于的更大环境。②

休伊特根据布朗芬布伦纳的人类发展生态学理论编制了以儿童为中心的生态网络，其中儿童是同心圆最内层的小圆，是整个关系网络的核心，家长、教师以及与儿童最为密切接触的其他人员都在同心圆的最内层中，即所谓的小系统，小系统中的人会对儿童产生最直接的影响；同心圆的外一层是中建系统，它由“儿童直接接触的环境之间的相互关系”组成，包括家庭、幼儿园、邻居等抚育儿童成长的小系统之间的相互关系；外系统是指影响儿童发展的社会环境，不包括儿童本身。

根据人类发展生态学的理论，儿童生活在一个系统中，教师、父母、主要抚养者对儿童产生了直接、明显的影响。本课题从该理论出发，从孩子真实的日记表达中了解与关注每一个儿童的生态系统，了解每一个儿童的家庭背景、成长经历，特别是孩子所面临的发展问题，从家庭和幼儿园两方面出发，为儿童的发展提供更多支持。

四、关键概念的界定

“娃娃情趣日记”是指引导儿童运用自己喜爱的方式，把生活中自己感兴趣、有体验或印象比较深刻的事情记录下来的文本。

“研究”定位于“日记解读”，“日记解读”是指教师或家长从多个角度、以多种方式、采取多种策略，通过阅读、倾听儿童的日记，发现孩子的兴趣、爱好、需要、特点等，通过分析、品味儿童的日记，深入了解儿童的内心世界，发现个体差异，探寻群体发展规律，关注其成长过程。

“开发”是指在原有“娃娃情趣日记”相关研究的基础上，对“娃娃情趣日记本”的自身结构、表现形式如何激发、启发幼儿记日记进行深入的研究；在儿童自主记日记的前提下，成人解读幼儿日记并依据对幼儿日记的解读调整自己的教育教学策略等方面开拓思路而展开的研究。

五、课题研究目标

1. 通过课题研究，让孩子获得自己、自主、自愿、自由表达内心的喜、怒、哀、乐吐露心声的平台和媒介。

2. 通过课题研究，教师能够获得比较客观真实地了解对儿童内心世界的途径，学会多视角关注、解读、评价儿童，提高教师观察儿童、了解儿童的能力，提升教师的教育技能，促进教师的专业化成长。

3. 通过课题研究，提高家长参与教育的意识与解读儿童的能力，树立正确的儿童观、教育观。

六、课题研究内容

1. 娃娃情趣日记解读的个案研究。

---

① ［美］Claire Golomb. 儿童绘画与心理治疗：解读儿童画［M］. 李更，译. 北京：中国轻工业出版社，2007：181.

② 薛烨，朱家雄. 生态学视野下的学前教育［M］. 上海：华东师范大学出版社，2007：66.

2.“娃娃情趣日记本”的设计研究。

3. 娃娃情趣日记与教师的专业成长研究。

七、课题研究方法

本课题的研究主要运用行动研究法的研究范式，运用访谈法、观察法、样本分析法，了解研究对象，积极运用相应的探究方法进行行动研究。

（一）访谈法

本课题首先运用访谈法，访谈对象主要是孩子、教师、家长，访谈的内容依据“娃娃情趣日记”解读与拓展的课题研究中的情况确立。

（二）观察法

本课题中主要采取非参与式观察法，观察孩子自然的表现和表达，为教师解读日记提供客观依据。

（三）样本分析法

选取“娃娃情趣日”的样本，对孩子的日记进行解读，从中发现孩子的个体性格特点，发现孩子对人、对事的态度，看法，发现孩子所遇到的困难、困惑、烦恼及需要，研究应对的方法、策略，从而达到调整、完善、教育行为的目的。

（四）文献研究法

本研究采用文献研究法，尝试立足于绘画心理学解读幼儿作品，透析作品中所反映的儿童的情绪情感和人际交往风格。文献资料的获得通过两个方面，一是通过学术期刊网、书籍了解绘画心理学，二是搜集、整理幼儿的绘画作品，并对幼儿不同阶段的作品做统一分析。

八、研究过程的实施

（一）对研究方向的重新审视和定位

根据专家的鉴定意见，将课题研究中的开发与实施定位在幼儿日记的解读，通过阅读、倾听、品味幼儿的日记，发现孩子的所思所想，深入了解幼儿的内心世界，发现幼儿发展的独特性，探寻群体发展的基本规律。

将课题研究中的开发与实施定位在拓展：1. 在原有“娃娃情趣日记”研究的基础上，对“娃娃情趣日记本”的自身结构、表现形式如何激发、启发幼儿记日记进行深入的研究。2. 在幼儿自主记日记的前提下，成人如何支持、引导孩子记日记进行研究。3. 成人（教师、家长）如何依据对日记的解读，调整自己的教育教学等方面开拓思路。

通过对以往与本课题相关研究所留下来的幼儿园小、中、大班大量幼儿所记“娃娃情趣日记”文本的研究分析，以及在本课题研究准备阶段，对现幼儿园小班、中班和大班幼儿语言、绘画以及思维等方面发展情况的分析所得到的信息和经验，认真思考幼儿记日记所应具备的多元能力，将本课题中的“娃娃”定位在大班幼儿。

（二）课题组根据计划开展研究

1. 教师对原有“娃娃情趣日记”研究的回顾，对现阶段研究的新认识

课题主持人在幼儿园了组织了一次讨论交流活动，全体教师在一起围绕幼儿园在“九五”、“十五”期间进行“娃娃情趣日记”研究做了哪些工作？积累了哪些经验？再深入地研究此课题，还可以做哪些事情等议题进行讨论和畅谈。大家一致认“娃娃情趣日记”对幼儿观察能力、思维能力、绘画能力的发展以及良好品德行为习惯养成有一定的促进作用，娃娃情趣日记作为载体，使成人对幼儿的辅导有了具体的操作对象，辅导行为有明确的针对性。但仔细观察和品味孩子的日记，不难发现追求画面的完整和美观，追求语言表达流畅家长辅导的痕迹过多。

现在我们意识到，要重视了解儿童的想法、兴趣和需要，特别是成人对“娃娃情趣日记”记录的干预要有所控制，将干预减少到最低程度。因此，当今天再回看“娃娃情趣日记”时，我们又对她有

了新的认识：即“娃娃情趣日记”不仅可以让孩子真实自主地表达自己的所看、所听、所想，还可以帮助我们更好地了解儿童的想法，尊重儿童的意愿，关注儿童的成长，而这些教育价值的体现，首先是“解读”——成人读懂孩子的日记内容。

2. 对相隔多长时间记一次“娃娃情趣日记”的合理性进行思考

通过多次的记娃娃日记实践活动我们发现，研究和找准孩子记日记活动的时间，与孩子们是否热情高涨且投入地记日记有比较大的关系，若记日记的时间相隔太短，孩子就可能产生找不到内容可记，坐在那里无从下手的现象，若记日记的时间相隔太长，等到记日记的时候，对孩子来说学习、生活中一些有趣、有意义的事情往往会淡漠甚至忘掉了，到了记日记的时候孩子苦思冥想，无所适从，这些都往往会引发幼儿的焦虑感，对孩子记日记的兴趣产生不利的影响。经过对孩子记日记情绪的认真观察和分析，加上对此的实践，我们觉得两周进行一次记日记活动是比较科学的。

3. 以解读“娃娃情趣日记”入手的研究活动

（1）就教师解读幼儿日记做调查

调查的目的：了解教师对解读幼儿日记所持的态度和面临的困难。

问题设置：

A. 你解读幼儿的日记有困难吗？有哪些困难？

B. 你需要哪些帮助？

16 位教师参与调查，调查后得知教师对解读幼儿的日记存在的困难：

A1. 对幼儿日记画面所反映的孩子内心世界不能很准确地把握；对孩子日记所反映的情况，不能用较准确地书面语言进行表达。

A2. 孩子的绘画与语言表达时常不能统一，对教师的客观解读带来困难。

A3. 幼儿间由于绘画和表达能力的差异，也给教师带来解读的困难。

A4. 对从哪些方面对幼儿的日记进行解读不太清楚。

教师需要的帮助：

B1. 需要增强幼儿认知心理学方面的理论学习。

B2. 需要增强绘画、语言学科的深入研究。

B3. 解读日记，教师要看着孩子画，及时记录下幼儿的表达并当面交流，需要提供相关的条件。

B4. 需要就解读幼儿日记的具体案例分析的学习。

（2）对同以班级孩子不同阶段的“娃娃日记”样本内容进行统计分析

了解孩子日记内容的选择，是教师解读孩子日记研究内容的一部分研究工作，我们设计了“娃娃情趣日记”记录统计表（见右图），从大班孩子第一次记日记开始，教师对孩子每一次的日记内容选择进行统计。通过对不同阶段孩子日记样本的统计、分析发现孩子开始记日记阶段，他们对日记的含义不甚理解，日记的内容绝大多数占文本数50%以上是外出玩耍，和爸爸、妈妈一起玩、和小伙伴一起玩、自己一人玩；随着记日记次数的增多，孩子对日记的含义有了一定的认识，日记的内容开始逐步扩大，不仅反映外出玩耍，而且还反映孩子兴趣爱好如：弹琴、下棋、跳绳等生活内容，绝大多数的孩子记的是高兴地事；渐渐地孩子记日记的状态越来越放松，孩子不同情感情绪真实表达的内容也丰富起来，如：对妈妈去超市不给自己买喜欢的东西不开心；对爸爸经常不回家有意见；对老师总是让个别小朋友放茶杯有想法；对妈妈逼自己弹琴无可奈何等更加情绪化、生活化的内容逐渐显现出来，让我们感受到此时孩子在用记日记的方式与自己对话，客观真实地表达自己此时此刻的心境。

(3) 组织集体解读日记的教研活动

课题研究过程，紧紧伴随教师个体和集体对幼儿日记的解读，因为这是课题研究的本位，幼儿园以园本培训的形式，多次开展集体解读幼儿日记的教研活动，例：

“对某孩子的日记前后二次解读”

选取一个孩子的日记，将教师记录的文字隐去，让教师观察，这是一个大班幼儿所画的图画，请你就这张画，做一个评价。(从孩子日记画面上看，孩子的绘画水平一般) 教师再次看孩子的画，对该幼儿进行评价。这是一个大班幼儿所记的“娃娃情趣日记”，听了他的叙述以后，你对这个幼儿又有怎样的评价？教师阅读该幼儿所叙述的自己的日记，然后再次对该幼儿进行评价。请你从前后两次对该幼儿的评价，谈一谈自己的感想。教师们从心里感到：同一个教师对同一个孩子前后两次的评价产生了偏差，单纯以孩子的绘画不能够做到比较客观地了解孩子，“娃娃日记”能给教师一个较客观了解孩子的机会，走近孩子的内心，更好地采取有针对性地教育措施。

(4) 开发日记本

随着课题研究的不断深入，我们发现原“娃娃情趣日记本”自身的栏目设置和结构比较简单，缺乏美观和艺术性，特别是表情图标太少，因此以表情图标提示、暗示幼儿选择日记内容的范围也较少，因此，我们对“娃娃情趣日记本”进行了完善和改进，增加了艺术性使之更加美观，让孩子们喜爱，特别是增加了不同的表情图标，对幼儿选择日记内容的提示宽泛多了。

随着教师对孩子日记解读、分析意识地加强，即行为逐步成为一种习惯，我们渐渐地觉得教师观察孩子、分析孩子成为日常工作的一部分了，“教师日记本”孕育而生。

看了自己孩子日记以后，每一个家长都感到非常的惊喜，原来孩子的心里有那样丰富的世界，原来孩子有那样丰富的情感，让家长始料不及，家长在孩子的感染下，产生了记日记的冲动，有家长向幼儿园明确提出自己也要记日记，记下孩子成长的点点滴滴，“家长日记本”也孕育而生。

九、课题研究成果

“娃娃情趣日记”的研究过程表现为儿童记日记，教师解读日记，发现儿童的兴趣、需要、情绪情感体验，最后，教师采用各种教育策略促进幼儿发展。通过近五年的研究发现，“娃娃情趣日记”的研究，基本达到促进幼儿富有个性的发展，提高教师的专业能力，有效地增强家园之间的互动、同时也为幼儿园的管理提供了新视角的研究目的。

(一) 满足幼儿自我表达的需要，促进幼儿个性化的发展

“娃娃情趣日记”为每个儿童创设了自主表达的机会，引导幼儿用绘画的方式描述自己的生活、感受，教师对之进行解读，了解幼儿个性化的兴趣和需要，在此基础上，促进幼儿个性化的发展。

1. 为幼儿提供了自我表达的机会

幼儿园的集体教育活动，比较注重在有限的时间内高效地实现教学目标，促进全班幼儿能力水平的共同提高。它着眼于班级大部分孩子的能力发展水平、兴趣需要，缺乏顾及每个幼儿的兴趣和发展需要的条件。“娃娃情趣日记”关注每个幼儿的兴趣、需要，为每个幼儿提供表达自我的机会，同时也为教师提供了“发现儿童”的新视角。

在“娃娃情趣日记”中，儿童真实地表现了自己内心的情绪情感体验。如有的幼儿在日记中画出了对“放茶杯”事件的感受(见图一)。幼儿认为，放茶杯的孩子是好孩子，也只有表现好的孩子才能得到放茶杯的机会。他渴望得到放茶杯的机会，但苦于每次放茶杯的都是那两个孩子。这幅画真切地反映了儿童内心的情感需要，他渴望成为一名好孩子，渴望有放茶杯的机会。

在“娃娃情趣日记”中，儿童真实地再现了自己的幼儿园生活、家庭生活。如“大头爸爸”日记中(见图二)，爸爸占据画面的一半，妈妈和姐姐居于一角，其中，爸爸和姐姐的嘴角上扬，妈妈的嘴角下垂。在这幅画中，儿童从他内心的感受出发，以图画的方式建构自己对家庭成员之间关系、情绪的认知。

图一

图二

2. 为幼儿提供了个性化发展的机会

《幼儿园教育指导纲要》中指出，幼儿园的教育是为所有在园幼儿的健康成长服务的，要为每一个儿童提供积极的支持和帮助。“娃娃情趣日记”的宗旨是了解、发现每个幼儿的内心感受，切实从每个幼儿的实际出发，满足需要，帮助幼儿解决困难，促进其发展。教师针对“儿童日记”中的特殊需要，有针对性开展研究，促进幼儿发展。

在“大头爸爸”事件中，教师阅读该孩子的日记，画面和语言表达反映出该孩子情绪低落，通过分析看出，在该幼儿的家庭中，爸爸处于权威地位，妈妈处于弱势地位，孩子爱妈妈。随后，教师深入了解了该幼儿的家庭状况——爸爸妈妈忙于工作，该幼儿长期寄居在大伯家，她想妈妈，非常渴望得到爸爸妈妈的关心和爱护。针对此情况，教师与其父母深入交流，希望他们关注孩子的内心情感需要，尽量多照顾孩子，在班级中采用多种策略调整孩子的情绪。经过近 3 个月的研究发现（如图三所示），该幼儿的情绪体验明显变化，她记录到“我知道妈妈回来很高兴，以前妈妈接我，我很开心，现在妈妈接我，我更开心”。

图三

（二）促进了教师专业能力的成长

1. 更新了教师的教育观、儿童观

“娃娃情趣日记”需要教师关注幼儿的特殊需要，关注每个幼儿的生活状态、内心感受，为幼儿的发展提供帮助和支持。该研究需要教师具备一双能够“发现儿童”的眼睛，需要教师将目光聚焦到每个幼儿身上，聚焦到以每个幼儿为中心的独特的生态圈。

该课题实施后，教师的脑海中逐步形成关注每一个孩子的意识，教师的眼中更加有每一个孩子的停留，孩子们有着自己独特的家庭背景、人生经历，能够建构出自己独特的对人、对事物独特的认知。在看到幼儿关于“放茶杯”的日记时，教师反映，她们本习以为常的举动竟然对幼儿的心灵造成了如此大的影响，她们发现了幼儿的另一面，这一面隐藏在幼儿真实的外表下，恰又实实在在地存在着。随着该课题的深入，教师逐步了解到每个幼儿的不同需要，真实地感受到一百个儿童有一百种表达方式。每个儿童的心里都装着一个大世界，如想切实有效地促进每个幼儿的发展，需要真切了解幼儿个体的需要。

2. 提高了教师的教学反思能力

幼儿园课题的研究是建立在满足教师专业发展的需要、幼儿发展需要的基础上的，是为了切实有效地促进教师的发展、儿童的发展而进行的研究，它不是单纯地为了研究而研究。该课题的研究特质，要求教师对幼儿的观察、分析，通过研究活动，教师对幼儿了解的敏感性明显增强，反思自己教

育行为是否科学的能力明显增强。有一位教师写下了一篇这样的日记：今天是大班召开“民族大联欢”活动的第二天，大一班的小朋友又进行记《娃娃情趣日记》的活动。大一班的老师还有别的班级的老师被召集起来，在小朋友们完成画日记以后，在第一时间记录下小朋友们的日记内容。在活动之前，大一班的老师还有别的班级的老师就说：今天肯定会有很多的小朋友会记昨天“民族大联欢”活动的事情。小朋友完成绘画以后，将自己的日记讲给老师听，老师用文字将其讲的事情记录下来。记录完成以后，教师相互间做了交流。教师间相互问：你记录的孩子日记中有没有记《民族大联欢》活动的？几乎所有的老师的回答都是一个字：“没有！”就在大家都觉得失望和不可思议的时候，大一班的班主任老师高兴地大声说：“我这里有一篇！”

从小朋友的日记中我们发现，虽然写的是进行“民族大联欢”活动当天发生的事情，但事件的主要内容并不是教师们所预测和期待的“民族大联欢”会上欢乐的舞蹈、悠扬的歌声，而是发现民族食品品尝会（见图四）。

图四

这个发现给我们全体课题研究组成员一个启示：不能以成人的思维代替孩子的思维，成人决不能有我以为孩子会……的想法，反观以往的研究，教师指定主题让孩子记日记，很有可能是违背孩子自己意愿的，从这样的日记中，成人很难发现幼儿最真实的想法。

3. 提高了教师的教育研究能力

该课题的研究需要教师先“无为”再“有为”。在幼儿记“娃娃日记”的过程中，首先，教师需要为幼儿创设宽松舒适的氛围，引导幼儿充分地自我表达；其次，在幼儿绘画的过程中，教师应“不作为”，鼓励幼儿真实地表现自己的真情实感；最后，在幼儿语言表达的过程中，教师应真实地记录幼儿的语言。此一系列行为表现为教师的“无为”，其目的在于帮助教师真正地了解幼儿，为下一阶段的“有为”做准备。在教师深入地研究、解读幼儿作品，了解该幼儿的基础上，教师应有所作为，针对“娃娃日记”中反映的不同内容，展开相应的研究。

在该课题研究过程中，教师的教育研究能力——发现问题、分析问题、解决问题的能力得到了提高。如在一名幼儿三次的娃娃日记中（详见图五、图六、图七）教师首先运用绘画心理学的理论解读幼儿的日记发现，幼儿记录的内容都与动物有关，但情节是幼儿虚构的；画面凌乱，比例失调；语言的表述简单，缺乏一定的逻辑；画面中的色彩较浓艳。随后，教师对该幼儿在幼儿园的表现进行了追踪研究，发现该幼儿比较胆小，缺乏自信，常常独处，易紧张，小动作多。针对幼儿在园的各种表现，教师运用访谈法和观察法深入了解其原因，研究发现，形成该幼儿性格特点的主要原因来自于家庭矛盾。在此基础上，教师考虑实施相应的策略，如运用多种方式和家长交流，引导家长为幼儿创设良好的家庭氛围；建立安全舒适的班级人际环境；利用游戏活动，鼓励幼儿积极地与其他幼儿互动，在纠正该孩子行为偏差上取得可喜的效果。

图五

图六

图七

（三）引领家长成为幼儿教育的合作者

该课题具有家长参与性的特质，课题研究的深入进行，引领家长成为幼儿教育的合作者，首先，引领家长创设良好的家庭氛围，满足幼儿的情感需要。

从人类发展生态学理论中得知，幼儿生态圈的重要组成部分是家长、教师及主要抚养者。家长，以及由之组成的家庭在幼儿的早期教育中扮演着至关重要的角色，对幼儿在园的各种行为表现产生了不可磨灭的影响。因此，鼓励家长为幼儿的健康成长提供支持成为该课题得以顺利进行的重要依托。

“娃娃日记”中幼儿记录的事件大致分为幼儿园的生活、家庭生活、幼儿自己虚幻想象的场景等。在幼儿记录的家庭生活中，“大头爸爸”（见图二）、“我想婆婆”（见图八）、“孤单的我和妈妈”（见图九、十）等日记都反映了幼儿的情感缺失。在“大头爸爸”中，该幼儿父母长期在外地工作，其与伯父一家生活，非常渴望全家团聚；“我想婆婆”中的幼儿在入园前长期与婆婆住在栖霞，后因妈妈工作调动到南京，被迫离开婆婆，其思念婆婆的程度可见一斑；“孤单的我和妈妈”是一个系列日记，日记中的幼儿每次都只和妈妈两个人在外游玩。通过解读幼儿的日记，教师逐步开展有目的地家长工作，指导、帮助家长创设良好的家庭教育环境，满足幼儿的情感需要。在该课题的研究过程中，家长在教室的指导下，重新认识自己的孩子，重新审视自己的行为，重新改善和调整家庭环境，更加真切了解了孩子的需要，同时能够主动为幼儿的发展创设各种有利的条件。

图八

图九

图十

（四）丰富、完善园本课程的内容。

对娃娃情趣日记的有效解读，使教师更加了解了孩子的内心世界、个体发展特点以及班级群体行为，更加准确地掌握幼儿的发展需要，不但使园本课程的科学制订与实施获得了有价值的依据，而且使园本课程获得丰富与完善，更使园本课程的教育目标与幼儿的发展过程有机联系，更好地促进儿童主动和谐地发展。

例如：在汶川地震发生之后，在一次“娃娃情趣日记”中，大一班竟然有七位孩子们表现相关的内容，日记让老师体验的是一种震撼。于是，班上老师决定结合这一社会重大事件，生成一个谈话活动，话题就是：“我能为灾区小朋友做些什么？”

讨论中，孩子们非常激动。杰杰说，给钱吧，乐乐说，那又不是你自己的钱，杰杰说，我有压岁钱；天天说，我不想把零花钱给他们，我要买好吃的，遭到大家的一致反对，天天脸红红的低下了头。接着，有的孩子说要把自己的玩具送给他们，有的孩子说要给他们送衣服、好吃的和自己喝的奶粉，还有的孩子要送书，等等，想了很多的主意。谈话活动中的热烈讨论，孩子相互间的观点和情感的碰撞，认识得到升华。这次的讨论后，紧接着正好是幼儿园的捐款活动。孩子们都很踊跃，还发动自己的爸爸妈妈也参与。在给他们准备的红信封中，放进了自己的零花钱。在之后的一次日记中，熙熙小朋友表达了自己帮助四川小朋友的高兴心情。而天天小朋友这次在日记中的记录，和在讨论中完全不一样了，虽然表达了因为不能看娱乐性节目的沮丧，但是细致描述了自己所知道的地震情况，和

自己难过的心情。由此而生成的教育活动，真实生动的让爱在孩子幼小的心灵悄悄地发芽。

（五）为幼儿园的管理提供了新思路

该课题注重教师为每个幼儿创设安全舒适的人际环境，关注每个幼儿的生态圈，与家庭形成教育合力，促进幼儿的发展。此课题的实施为幼儿园的管理提供了新思路。教师是幼儿园教学实践、教育研究的直接参与者，要想更好地促进幼儿的发展，首先要满足教师的需要，促进教师的发展。每个教师都有自己独特的生态圈，都有自己独特的教育经历、性格特征，管理工作中应该更加树立起尊重教师个性化发展的理念，给教师创设安全稳定和谐的工作环境，尊重每个教师兴趣、需要，为教师创设发展的机会和平台。家长来自不同的家庭，他们的生活环境、学习经历、社会角色不尽相同，家长工作不仅要组织共性的活动，而且要依据家长个体的性格特点、教养态度以及在培育孩子方面所面临的个性化的问题、困惑开展有针对性的工作，让社会、幼儿园、家庭所组成的生态园更加能够满足每一个幼儿富有个性的发展。

十、对课题后续深入研究的思考

1. 本课题研究的核心之一是解读孩子的日记，教师从哪些维度去审视和分析，用什么样的方法能够较客观、准确地解读孩子的日记，需要研究出具体的做法，便于引导教师操作，这也就是本课题深入研究的问题。

2. 对于开发出的“教师日记”、“家长日记”文本如何有效地操作，使之真正成为教师、家长解读孩子日记进行思考的平台，更成为提升教师和家长教育能力的媒介，是本课题深入研究的问题。

附录：

立项课题研究评价表

课题名称： **主持人：**

研究单位： **完成时间：**

一级指标	二级指标	权重分值	评分说明	自评得分	专家组评分
课题选择方案设计12分	课题研究价值	3	理论和实践意义强3分，一般2分		
	有研究方案	3	有研究方案3分，没有0分		
	方案设计规范	3	方案设计规范3分，一般2分		
	领导重视 措施明确	3	较好者3分，一般2分		
立项开题5分	召开开题会	2	有开题会2分，为开题0分		
	有方案论证意见	3	有论证意见并修改3分，有意见未修改1分，没有论证意见0分		
研究成果43分	有课题研究档案	8	有档案8分，没有0分		
	档案形式规范	16	内容翔实规范16分，一般12分，较差5分		
	课题大事记完整	6	记录完整6分，较完整4分，没有0分		
	有阶段研究小结	5	1次3分，2次以上5分，没有0分		
	研究方法科学合理	8	科学合理8分，一般5分，较差2分		

续　表

一级指标	二级指标	权重分值	评分说明	自评得分	专家组评分
研究结构40分	有研究报告	3	有研究报告3分，没有0分		
	报告规范，结论科学	5	规范5分，较规范4分，一般3分，较差2分		
	其他成果丰富	10	丰富10分，一般6分，较少3分，没有0分		
	阶段成果获奖和发表	4	市级以上获奖或发表4分，没有0分		
	成果的学术水平	3	理论价值和创新意义较高3分，一般2分，较差1分		
	成果的实践价值	15	对幼儿教育教学发展作用较大或有推广价值15分，一般10分，无推广价值但对教育教学有一定作用8分		
总分					

此表为南京市制定的《教育规划课题研究评价表》，略有修改。

【典型工作任务】确定一个自己感兴趣的个人课题，练习填写一份课题申报书。

要求：1. 可由教师给出一些个人课题项目，学生从中进行选择；2. 可以个人作业或小组合作作业的形式进行，先由学生自己尝试填写，然后教师组织讨论，就其中出现的一些共性和个性问题进行集体或个别辅导。

参 考 文 献

[1] 霍力岩，等. 学前教育研究方法 [M]. 北京：高等教育出版社，2010.

[2] 姚伟. 幼儿园教育评价行动研究 [M]. 南京：南京师范大学出版社，2011.

[3] 王彩凤，等. 学前教育研究方法 [M]. 北京：北京师范大学出版社，2013.

[4] 汝茵佳，等. 幼儿教师教育研究 [M]. 长春：东北师范大学出版社，2009.

[5] 陈丽萍. 幼儿园小班科学教育资源包的创建与使用的实践研究 [J]. 浙江教育科学，2013 (3).

[6] 夏正江. 案例教学法在职前教师教育中的应用探索 [J]. 全球教育展望，2013 (7).

[7] 冯艳芬，等. 不同群体家长学前教育需求调查 [J]. 幼儿教育（教育科学），2013 (4).

[8] 刘桂宏，刘云艳. 促进幼儿社会观点采择能力发展的行动研究 [J]. 早期教育，2012 (7).

[9] 李灵. 行动研究在学前教育中的应用概述 [J]. 教育科学，2002 (2).

[10] 田宇，等. 幼儿园班级图画书投放与使用现状的调查及思考 [J]. 幼儿教育（教育科学），2013 (4).

[11] 邱学青. 对一名边缘儿童绘画作品的分析 [J]. 幼儿教育，2008 (2).

[12] 陈向明. 教师如何作质的研究 [M]. 北京：教育科学出版社，2001.

[13] 孔起英. 学前儿童美术教育 [M]. 南京：南京师范大学出版社，1998.

[14] 伊·格朗伦，贝夫·英吉儿. 聚焦式幼儿成长档案 [M]. 南京：南京师范大学出版社，2007.

[15] 杨朝军. 近十年我国幼儿发展评价研究文献综述 [J]. 齐齐哈尔师范高等专科学校学报，2010 (6).

[16] 刘焱. 儿童游戏通论 [M]. 北京：北京师范大学出版社，2004.

[17] 吴玲玲. 拓展幼小衔接视角 关注幼儿情感发展："健康运动周"记 [J]. 幼儿教育，2013 (13).

[18] 沈群英. 日常活动中幼儿语言学习指导的误区及对策例谈 [J]. 幼儿教育，2013 (7\ \8).

[19] 陈燕. 记事本出炉记 [J]. 幼儿教育，2013 (7).

[20] 应彩云博客. http：//blog. age06. com/u/yingcaiyun/Blog/Default. aspx

[21] 杨晓萍. 教育科学研究方法 [M]. 重庆：西南师范大学出版社，2006.

[22] 乔伊斯. P. 高尔，等. 教育研究方法实用指南 [M]. 第5版. 北京：北京大学出版社，2007.

[23] 郑金洲，等. 学校教育研究方法 [M]. 北京：教育科学出版社，2003.

[24] 张燕，邢利娅. 学前教育科学研究方法 [M]. 北京：北京师范大学出版社，1999.

[25] 王旭，等. 现代教育科研 [M]. 青岛：青岛海洋大学出版社，1998.

[26] 安颖. 幼儿交往能力个案研究 [J]. 教育革新，2007 (12).

[27] 倪慧芳. 教师对幼儿情绪的有效回应 [J]. 幼儿教育，2013 (Z4).

[28] 祝晓燕，蒋云. 在游戏中建构幼儿的数学经 [J]. 早期教育（教师版)，2013 (10).

[29] 吕洪波. 教师反思的方法 [M]. 北京：教育科学出版社，2006.

[30] 刘晶波. 学前教育研究方法 [M]. 北京：人民教育出版社，2006.

[31] 陶保平. 学前教育科研方法 [M]. 上海：华东师范大学出版社，2006.

[32] 吴玲玲，徐冰. 幼儿教师如何做研究 [M]. 上海：华东师范大学出版社，2013.

[33] [美] 安. S. 爱泼斯坦. 有准备的教师：为幼儿学习选择最佳策略 [M]. 北京：教育科学出版社，2012.

[34] 但菲，赵小华，刘晓娟. 幼儿园说课、听课与评课 [M]. 北京：北京师范大学出版社，2012.

[35] 朱家雄，张亚军. 给幼儿教师的建议 [M]. 上海：华东师范大学出版社，2012.

[36] 陈秀云，陈一飞. 陈鹤琴文集 [M]. 南京：江苏教育出版社，2007.

[37] 陶行知文集 [M]. 南京：江苏教育出版社，2010.

[38] 中华人民共和国教育部. 3—6岁儿童学习与发展指南. 2012.

[39] 张晖. 幼儿园教育科研指南 [M]. 南京：南京师范大学出版社，2011.

[40] 教育部基础教育司. 幼儿园教育指导纲要（试行）解读. 南京：江苏教育出版社，2002.

[41] 周希冰. 学前教育科学研究 [M]. 北京：高等教育出版社，2011.

[42] 杨汉麟，周采. 外国幼儿教育史 [M]. 南宁：广西教育出版社，1998.

[43] [美] Cathy A. Mzlchiodi. 儿童绘画心理学：儿童创造的图画世界 [M]. 李更，李晓庆，译. 北京：中国轻工业出版社，2005.

[44] [美] Claire Golomb. 儿童绘画与心理治疗：解读儿童画 [M]. 李更，译. 北京：中国轻工业出版社，2007.

[45] 薛烨，朱家雄. 生态学视野下的学前教育 [M]. 上海：华东师范大学出版社，2007.

[46] [意] 卡洛琳·爱德华兹，莱拉·甘第尼，乔治·福尔曼，罗雅芬. 儿童的一百种语言 [M]. 连英式，金乃琪，等，译. 南京：南京师范大学出版社，2006.

[47] 王坚红. 学前儿童发展与教育科学研究方法 [M]. 北京：人民教育出版

社，1991.

[48]［澳］麦克诺顿，等. 早期教育研究方法：国际视野下的理论与实践［M］. 李敏谊，等，译. 北京：教育科学出版社，2008.

[49]［美］米勒. 发展的研究方法［M］. 郭力平，等，译. 上海：华东师范大学出版社，2006.

[50] 刘电芝. 现代学前教育研究方法［M］. 重庆：西南师范大学出版社，1999.

[51] 张晖，等. 幼儿园课题研究［M］. 北京：高等教育出版社，2012.

[52] 毛曙阳. 幼儿园教师文案写作指导［M］. 上海：华东师范大学出版社，2014.

[53] 刘桂宏，刘云艳. 促进幼儿社会观点采择能力发展的行动研究［J］. 早期教育（教育科学版），2013（1）.

[54] 徐晓莉. 幼儿发展评价：关注过程重在发展［J］. 学前教育研究，2008（8）.

[55] 刘彤. 1985 年以来我国学前教育评价研究综述：一种期刊文献分析的视角［J］. 早期教育，2008（7—8）.

[56] 蒲汝玲. 近十年我国学前教育评价研究文献综述［J］. 中华女子学院学报，2009（4）.

[57] 彭俊英. 近六年来我国学前教育评价研究的文献综述［J］. 山东教育，2003（1—2）.

[58] 郑名，冯莉. 幼儿发展评价方法的现状与分析：以兰州市为例［J］. 教育导刊，2008（6）.